Myret Zaki

UBS

OS BASTIDORES DE UM ESCÂNDALO

Actual Editora
Conjuntura Actual Editora, S. A.

Missão

Editar livros no domínio da Gestão e da Economia e tornar-se uma editora de referência nestas áreas. Ser reconhecida pela sua qualidade técnica, **actualidade** e relevância de conteúdos, imagem e *design* inovador.

Visão

Apostar na facilidade e compreensão de conceitos e ideias que contribuam para informar e formar estudantes, professores, gestores e todos os interessados, para que através do seu contributo participem na melhoria da sociedade e gestão das empresas em Portugal e nos países de língua oficial portuguesa.

Estímulos

Encontrar novas edições interessantes e **actuais** para as necessidades e expectativas dos leitores das áreas de Economia e de Gestão. Investir na qualidade das traduções técnicas. Adequar o preço às necessidades do mercado. Oferecer um *design* de excelência e contemporâneo. Apresentar uma leitura fácil através de uma paginação estudada. Facilitar o acesso ao livro, por intermédio de vendas especiais, *website*, *marketing*, etc.

Transformar um livro técnico num produto atractivo. Produzir um livro acessível e que, pelas suas características, seja **actual** e inovador no mercado.

Myret Zaki

UBS

OS BASTIDORES DE UM ESCÂNDALO

Actual Editora
Conjuntura Actual Editora, S. A.
Rua Luciano Cordeiro, 123 - 1º Esq.
1069-157 Lisboa
Portugal

TEL: (+351) 21 3190240
FAX: (+351) 21 3190249

Website: www.actualeditora.com

Título original: *UBS: Les Lessons d'un Scandale.*
Copyright © 2008 Éditions Favre SA, Lausanne

Edição original publicada por Éditions Favre SA

1.ª **edição:** Actual Editora – Outubro de 2009
2.ª **edição:** Actual Editora – Novembro de 2009
Todos os direitos para a publicação desta obra em Portugal reservados por Conjuntura Actual Editora, S. A. Edição exclusiva para a Liberty Seguros
Tradução: Vera Falcão Martins
Copy: Marta Pereira da Silva
Design **da capa e paginação:** Fernando Mateus
Gráfica: Guide – Artes Gráficas, L.da
Depósito legal: 302509/09

> *Biblioteca Nacional de Portugal - Catalogação na Publicação*
>
> ZAKI, Myret
>
> UBS – Os bastidores de um escândalo
> ISBN: 978-989-8101-71-6
>
> CDU 336
>   343

Nenhuma parte deste livro pode ser utilizada ou reproduzida, no todo ou em parte, por qualquer processo mecânico, fotográfico, electrónico ou de gravação, ou qualquer outra forma copiada, para uso público ou privado (além do uso legal como breve citação em artigos e críticas) sem autorização prévia por escrito da Conjuntura Actual Editora.
Este livro não pode ser emprestado, revendido, alugado ou estar disponível em qualquer forma comercial que não seja o seu actual formato sem o consentimento da sua editora.

ÍNDICE

Prefácio	9
Agradecimentos	13
Prólogo	15

Capítulo 1	UBS, *game over!*	17
Capítulo 2	O fim de um mito	31
Capítulo 3	Greenspan, a era da decadência	45
Capítulo 4	A histeria do crédito	65
Capítulo 5	O desastre	77
Capítulo 6	O fantasma norte-americano do UBS	99
Capítulo 7	A verdade dos factos	129
Capítulo 8	A "irresistível" queda de Marcel Ospel	171
Capítulo 9	O declínio de Wall Street	195
Capítulo 10	O UBS na hora da retirada	219
Capítulo 11	Viragem a Leste	243

Conclusão	261

Ao Philippe

Prefácio

Vivi cinco anos na Suíça, mas mesmo aqueles que nunca o fizeram sempre tiveram uma enorme reverência e carinho especial por esse "pequeno–grande" país. A sua vida ordeira e regrada, a sua limpeza quase asséptica, a educação esmerada das pessoas, as *Schweizer Tugenden* (virtudes suíças, na tradução literal), as famosas características intrínsecas deste povo, a sua maneira de estar na vida e de se comportar em sociedade, das quais eles se orgulham e não se cansam de destacar e exaltar, como a ética no trabalho, a educação e não o dinheiro como factor diferenciador universalmente aceite (um trabalhador manual não questiona nem inveja o banqueiro, ele sabe exactamente as razões pelas quais são diferentes na sociedade; e o banqueiro de maneira nenhuma menospreza, trata mal ou olha com desprezo para o trabalhador manual, rural ou não, sabendo perfeitamente que ele cumpre um papel fundamental e imprescindível na sociedade, podendo mesmo ter até mais dinheiro do que o próprio banqueiro), o respeito pela propriedade privada, a humildade, o recato, a qualidade e a perfeição em tudo aquilo que fazem.

O Povo Suíço, um daqueles que eu mais admiro no mundo, foi fortemente abalado nas suas crenças mais profundas por uma série de escândalos que agitaram a Suíça empresarial na última década, começando com o desaparecimento da linha área de bandeira, a Swissair, em finais do século passado, empresa pela qual os suíços tinham uma reverência, um orgulho profundos.

A crise financeira internacional veio destapar alguns "podres" no outro "ícone sagrado" dos suíços, os seus bancos. O UBS, um poderosíssimo banco que chegou a ser o maior gestor de fortunas a nível mundial, cujas recomendações eram aceites sem pestanejar quer por privados quer por empresas para decidir sobre investimentos, cujas análises a empresas cotadas em bolsa podiam influir nos mercados e fazer com que o valor de uma empresa analisada subisse centenas de milhões de dólares em capitalização bolsista, só por receber uma recomendação de compra por parte do UBS, apresentou os maiores prejuízos da história empresarial da Suíça e só se "safou" da falência com a ajuda do Estado.

Como se isso não bastasse, o banco enfrenta uma série de problemas jurídicos nos Estados Unidos (pelo facto de executivos do banco terem exercido as suas funções naquele país sem obedecer às leis em vigor), ainda não conseguiu estabilizar as suas actividades, continua a apresentar prejuízos, viu-se forçado a fechar ou a vender operações internacionais e a despedir largos milhares de trabalhadores.

Como foi possível chegar-se a tamanho descalabro, à quase destruição de um ícone nacional? A leitura deste livro fascinante leva-nos lá. É um livro muito parecido com um *case study* de uma Escola de Negócios, trazido pela Liberty Seguros para Portugal, em parceria com a Actual Editora, e que consideramos fundamental para entender o que aconteceu e o que se deve fazer para evitar que estes exemplos se repitam na História.

Outros escândalos virão no futuro, certamente, porque a ganância e a ambição intrínsecas do ser humano, da mesma maneira que, usadas positivamente, têm levado a Humanidade a dar saltos fantásticos em termos de qualidade de vida e avanços tecnológicos, sempre que usadas para o mal e para fins pessoais têm deixado a Humanidade à beira do caos e da miséria. As guerras e as crises financeiras que assolaram o mundo ao longo de toda a História da Humanidade assim o mostram e os anos de 2008 e 2009 foram particularmente ricos em exemplos negativos que destruíram as poupanças, a vida, a esperança de centenas de milhões de pessoas de todo o mundo.

Portugal escapou com um "olho negro" da crise internacional, pelo menos no que respeita à crise que abalou o sector financeiro. É certo que temos ou tivemos também escândalos a afectar o nosso sector financeiro, mas os piores problemas afectaram essencialmente bancos periféricos, cujo desaparecimento não teria tido qualquer consequência de natureza estruturante ou sistémica para o sector, apenas (e já é suficiente...) para os accionistas e, claro, os inocentes investidores e conta-correntistas. Portugal não ficou incólume, isso sim, em relação ao impacto que a crise financeira mundial teve na "Economia Real", a economia das empresas que produzem bens e serviços tangíveis e que são responsáveis pela geração da riqueza de um país. São aos milhares as empresas que fecharam por falta de crédito para operar ou por sobreendividamento, e são às centenas de milhares as pessoas que perderam o seu emprego na sequência da crise.

Ao trazer este livro para Portugal, a Liberty Seguros pretende deixar um documento em português, e portanto acessível a uma ampla camada da população, que sirva como alerta e como apelo ao bom senso. Num momento em que a nível nacional se discutem medidas perfeitamente ridículas para combater os efeitos nefastos da ganância e da ambição desmedida do ser humano, como a taxação aumentada em sede de IRS dos bónus dos gestores ou a taxação penalizadora para indivíduos e empresas dos bónus compensadores de saídas (*golden parachutes*), este livro indica-nos que o melhor sistema preventivo para as *man-made catastrophies* (desastres provocados pelo Homem) é uma educação sólida dos nossos jovens, baseada em princípios e valores éticos fortes.

JOSÉ ANTÓNIO DE SOUSA
Presidente e CEO da Liberty Seguros

Agradecimentos

Muitíssimo obrigada aos meus inestimáveis colaboradores do mundo financeiro e académico, pelo tempo que me dispensaram e o contributo essencial dos seus conhecimentos: Luqman Arnold, da Olivant Advisors; Konrad Hummler, da Wegelin & Co.; Daniel Zuberbühler, da Comissão Federal dos Bancos; Prof. Hans Geiger, da Swiss Banking School de Zurique; Prof. Joseph Stiglitz, da Universidade de Columbia; Prof. Jean-Pierre Lehman, do IMD; Prof. Darrell Duffie, da Universidade de Stanford; George Blum, anteriormente do SBS; Burkhard Varnholt, da Sarasin & Cie.; Olivier Baumgartner-Bézelgues, da Unigestion; Frédéric Binggeli e Flavio Mossi, do banco privado Edmond de Rothschild; Benoît Genecand, anteriormente do UBS; Michel Santi, economista em Genebra; e Prof. Emmanuel Fragnière, da HEC de Genebra.

Juntam-se a esta lista todas as pessoas que comigo colaboraram em segredo, ainda em maior número, que devido à sua situação actual ou passada preferiram manter o anonimato e às quais expresso a minha mais profunda gratidão. Sem as suas informações, este livro não teria sido possível.

O meu reconhecimento vai também para o Dr. Didier Bottage, advogado e banqueiro, por ter passado este texto a pente fino e pelo seu olhar avisado sobre as subtilezas terminológicas que fazem toda a diferença.

Agradeço do fundo do coração a Eva Zaki-Cruz, minha adorada irmã, excelente observadora e interveniente do mundo bancário, pela sua inspiração e releitura assídua, assim como a Gabriel Cruz, seu marido e financeiro experiente, pelos conselhos e o apoio que me deu.

Por fim, um enorme obrigada a Philippe Longchamp, meu marido e mais fiel conselheiro, com cujo apoio moral, experiência de escrita, erudição e crítica inspirada pude contar e que releu e editou este texto de modo a torná-lo bem mais claro e acessível do que ele seria sem a sua ajuda.

Prólogo

Cara leitora, caro leitor,

Há que admitir que é raro encontrar uma obra em francês que aborde seriamente o universo bancário e financeiro actual e que seja de fonte independente e acessível ao grande público.

Esta carência deve-se ao facto de o mundo das finanças globais ser intrinsecamente anglo-saxónico. Dá-se uma enorme diminuição do saber e da cultura financeira logo que nos afastamos dos centros londrino e nova-iorquino e que, de um modo mais geral, saímos da esfera anglófona.

Enquanto atravessamos a mais grave crise financeira desde a Grande Depressão, existe a necessidade imperiosa de compreender a fundo os mecanismos do planeta financeiro e as estratégias dos intervenientes mundiais que – como o UBS – o governam.

As finanças globais são um clube privado, barricado atrás da sua complexidade crescente. É um "bólide" que passa a grande velocidade e deixa o comum dos mortais bem para trás de si, numa nuvem de poeira. Em geral, é preciso um grave acidente para o apanharmos. Destruído, deixa, então, escapar os seus segredos, mas aí já é tarde de mais. É então que avaliamos até que ponto, no auge da corrida, nos faltavam elementos de reflexão crítica.

Este livro, o primeiro que aborda o UBS na língua francesa, pretende contribuir para uma melhor compreensão da experiência financeira global, da qual depende cada vez mais a economia do mundo. Esta viagem pelos labirintos nova-iorquinos do gigante suíço propõe-se ser um guia para o coração de um mundo cujos êxitos e fracassos dizem respeito não só aos accionistas e investidores, mas a todos nós.

MYRET ZAKI

CAPÍTULO I

UBS, *game over!*

O UBS abandona as suas ambições nos EUA. Contudo, o gigante tornara-se um banco mais norte-americano do que suíço, tendo 40 por cento dos seus efectivos do outro lado do Atlântico, enquanto na Suíça tinha apenas 35 por cento. Chegou, porém, a hora do entrincheiramento. É uma importante viragem para o UBS.

O banco suíço com sede na Bahnhofstrasse, em Zurique, sofreu perdas colossais no sector imobiliário norte-americano. Ao especular no mercado dos créditos hipotecários de risco (*subprime*), injectou perto de 50 mil milhões de francos neste mesmo mercado.

Enquanto os governos dos EUA e, posteriormente, da Europa tiveram de se decidir, em Setembro e Outubro de 2008, a resgatar os seus bancos da catástrofe, injectando cerca de três biliões de dólares nos seus sectores financeiros, a Suíça ficou impávida e serena durante a semana decisiva de 8 a 16 de Outubro. Foi aí que o UBS esteve muito perto da catástrofe. Exposto, então, a activos "tóxicos" que ascendiam a 50 mil milhões de dólares, o gigante de Zurique já não inspirava confiança aos outros bancos, que recusavam ceder-lhe liquidez. Por outras palavras, o mercado interbancário em francos suíços ficou totalmente congelado entre o final de Setembro e o início de Outubro. Não conseguindo refinanciar-se, o UBS, que precisa de 700 mil milhões de francos por trimestre para funcionar, estava à beira da asfixia. Além disso, numa situação de pânico sem precedentes, o banco viu os seus clientes levantarem nada mais, nada menos do que 130 mil milhões de francos em dinheiro entre Abril e Setembro de 2008. Também a febre dos levantamentos constituía uma séria ameaça à sua sobrevivência. Foi então que o UBS recorreu à ajuda das autoridades suíças, que praticamente desde o Verão de 2007 vinham aperfeiçoando diversos cenários de intervenção.

Na manhã do dia 16 de Outubro, a Confederação Suíça e o Banco Nacional Suíço (BNS) anunciavam, cada um por sua vez, um plano de ajuda ao UBS. O balanço do banco será liberto de activos de risco até um montante de 60 mil milhões de dólares, dos quais 54 mil milhões serão financiados pelo BNS. Este gerirá esses maus activos no âmbito de uma sociedade de financiamento, uma espécie de "fundação de valorização" que será propriedade do BNS. O facto de o UBS ter precisado de transferir tamanha quantidade de activos para este fundo especial significa que, além dos 50 mil milhões de francos de valor que já perdera nas suas carteiras de activos de risco, o grande banco suíço corria ainda o risco de perdas potenciais de 60 mil milhões ou, teoricamente, até 110 mil milhões, se não tivesse podido livrar-se delas junto do BNS! Dá para ter uma ideia do ponto a que o UBS se expôs em mercados extremamente sobrevalorizados. Na mesma altura, o UBS recolheu seis mil milhões de francos em novos capitais junto da Confederação, que se torna proprietária de obrigações convertíveis em acções do UBS no prazo de dois anos e meio.

O plano é, no fim de contas, muito semelhante ao que prevê a recuperação de 700 mil milhões de activos tóxicos dos bancos norte-americanos por parte da Reserva Federal, aprovado por Washington no final de Setembro.

O resgate público do UBS tinha certamente como objectivo preservar este banco, que faz parte dos pulmões da economia suíça, servindo cerca de 50 mil pequenas empresas. Porém, a questão que se coloca é a seguinte: por que motivo tinham de ser dinheiros públicos a compensar essas perdas?

Recordemos que o UBS Investment Bank, a entidade que esteve na origem das perdas, é um banco nova-iorquino, com uma licença bancária norte-americana, regulado pela Securities and Exchange Commission*. O UBS empregava cerca de 32 mil norte-americanos, figurava entre os cinco maiores bancos de Wall Street e financiava campanhas eleitorais nos EUA. Contudo, quando o UBS Investment Bank teve necessidade de se livrar de 60 mil milhões de activos tóxicos norte-americanos, não pôde recorrer ao fundo de resgate do Tesouro dos EUA, que, contudo, prometia ajudar todos os bancos de Wall Street. Teve de recorrer ao Banco Nacional Suíço, cujo balanço é 15 vezes inferior ao seu. Doravante, o BNS é proprietário do maior fundo de activos tóxicos da Europa!

A assimetria na distribuição transatlântica das perdas e dos ganhos é aberrante. O grupo suíço terá, *a posteriori*, desempenhado o papel de garantia implícita dos riscos extraordinários que o UBS correu nos EUA. Se soubesse, o cidadão suíço poderia ter exigido, e conseguido, partilhar o pacote de bónus de 16 mil milhões de francos pagos aos corretores e gestores do UBS, em troca de tal garantia.

Contudo, os suíços desconheciam, então, que iriam herdar perdas deste banco meio suíço, meio norte-americano. "O plano norte--americano não teria permitido intervir a tempo; o UBS estava numa situação em que era preciso intervir com urgência", justificou Jean-Pierre Roth, presidente do BNS. A solução eficaz e imediata revelou, portanto, ser suíça. No final de Outubro, o assumir dos riscos norte-americanos do UBS pelos contribuintes suíços levantou, sem surpresas, um coro de protestos contra os bónus recebidos pelos antigos gestores do grupo.

O presidente do partido socialista, Christian Levrat, exigiu que fossem proibidos bónus superiores a um milhão de francos e que se procedesse judicialmente contra os antigos responsáveis do UBS, começando por Marcel Ospel. O partido socialista defendeu a nacionalização do banco, com um maior controlo sobre a sua gestão e orientações futuras.

---

* **Nota da Tradutora** (N. T.) O equivalente norte-americano à Comissão do Mercado de Valores Mobiliários (CMVM) em Portugal.

Outros, como Johann Schneider-Amman, presidente da associação Swissmen, exigiram a restituição dos bónus abusivos por parte dos antigos responsáveis. Mesmo que, juridicamente, fosse difícil obrigar quem os recebera a fazer isso, o radical natural de Berna considerou que "no mínimo, deviam devolver o que lhes foi pago após os maus desempenhos operacionais".

Outros ainda, como Thomas Minder, autor da iniciativa contra as remunerações abusivas, lutam para que volte às mãos dos accionistas o poder de decidir sobre quais as importâncias auferidas pelos gestores e administradores. É da mesma opinião o director da administração federal das finanças, Peter Siegenthaler, assim como Éveline Widmer-Schlumpf. Para a conselheira federal, seria necessário ir mais longe na revisão em curso do direito dos accionistas, de modo a permitir a estes últimos votar numa margem específica que delimitasse os salários. Propõe também regras para limitar o salário mais alto da empresa, impondo-lhe uma diferença máxima em relação ao mais baixo.

Quanto a Peter Kurer, o presidente do UBS, parecia desorientado após o resgate público do banco. No dia 16 de Outubro, na televisão, o sucessor de Marcel Ospel ainda não excluía a hipótese de, no futuro, haver bónus na ordem das dezenas de milhões. Depois, quando a 17 de Outubro Éveline Widmer-Schlumpf se mostrou escandalizada com as suas declarações, Peter Kurer desculpou-se, a 18 de Outubro, na rádio germanófona, falando de um "mal-entendido", considerando que os bónus na ordem das dezenas de milhões eram exagerados e prometendo que as remunerações seriam revistas "drasticamente" em baixa, relembrando, a propósito, que renunciara a um bónus em 2007 e que faria o mesmo em 2008, para "dar o exemplo". Peter Kurer chegou mesmo a apelar publicamente à antiga equipa, à qual fora muito leal no início, começando por Marcel Ospel, para que "reflectissem seriamente sobre o que poderiam restituir, mesmo na ausência de base jurídica para os obrigar a fazê-lo". O director-geral Marcel Rohner chegou mesmo a revelar, no final de Outubro, que estavam em curso "discussões" com a antiga equipa de gestão sobre este tema.

Sob pressão, o UBS mostrou-se disposto, no final de Outubro, a introduzir *malus** que viriam atenuar os efeitos dos bónus mais elevados. A solução, aperfeiçoada sob a pressão da Comissão Federal dos Bancos, consistiria em congelar o pagamento dos bónus durante alguns anos e, enquanto isso, assegurava-se que as prestações recompensadas correspondiam às expectativas. Sem contestação, os dois grandes bancos orientam-se para sistemas que associam muito directamente as remunerações aos resultados a longo prazo da empresa.

Claramente, com a intervenção dos Estados, as condições da profissão de banqueiro vão mudar. Se o UBS recorreu a Berna, foi porque Washington desistiu dele. E ele desistiu do mercado norte-americano. Reconhecer o erro da estratégia norte-americana não foi, porém, uma tarefa isenta de dificuldades.

Enquanto a derrocada do mercado dos créditos *subprime* acelerava a hemorragia financeira do UBS, o banco viveu alguns meses de desorientação estratégica. Após a saída precipitada do director do grupo, Peter Wuffli, em Junho de 2007, os restantes responsáveis pela crise, Marcel Ospel e o seu conselho de administração, levaram entre seis a nove meses a demitir-se, adiando a hora da reflexão e da mudança.

Depois, quando o UBS anunciou, em Julho de 2008, que iria remodelar o conselho de administração, era chegada a hora de tirar as necessárias ilações da aventura norte-americana e tomar decisões.

Surgira, entretanto, uma nova visão que reunia o consenso dos accionistas, de uma boa parte dos colaboradores, assim como da autoridade reguladora, a Comissão Federal dos Bancos: as actividades de banca de financiamento e investimento (*investment banking*) não são para o UBS. Estas actividades de mercado eram desenvolvidas pelo UBS sobretudo desde que se estabelecera em Nova Iorque. Eram elas que englobavam, entre outras, a transacção, estruturação e reserva de hipotecas de risco. Correr riscos e associá-los a este tipo de actividades revela-se, como comprovam os factos, profundamente incompatível com a principal vocação do banco suíço, que é a gestão de fortunas privadas, área em que é imbatível no plano mundial. Quando o UBS perde 50 mil milhões de dólares na sua divisão de

---

* N. T. Penalizações.

mercado, é a reputação do grupo no seu todo que sofre as consequências, como bem o demonstrou a fuga de muitos clientes privados e, com eles, gestores de fortunas. O teste da realidade impõe, portanto, ao UBS que volte a centrar-se na gestão de fortunas e deixe para outros o *investment banking* e os altos voos no mercado financeiro norte-americano.

Esta é a visão de um determinado número de accionistas suíços e anglo-saxónicos. O seu mais acérrimo defensor foi um britânico com talento de comunicador que se impôs no debate, no primeiro semestre de 2008: Luqman Arnold. O financeiro conhecia bem o UBS, já que, sete anos antes, o dirigira por um breve período. Uma lembrança dolorosa. Este poliglota diplomado pela Universidade de Londres ocupara o cargo de director financeiro do UBS em 1999. Em 2001, acede à gestão operacional do grupo. Neste lugar, sente-se desconsiderado por um intrometido Marcel Ospel, que, na sua função de presidente do conselho de administração, segura firmemente as rédeas. Ao fim de oito meses, Arnold perde o cargo, na sequência de um duelo humilhante com o implacável natural de Basileia. O destino reservava-lhe uma desforra: quando o seu antigo "carrasco" se despede coberto de desonra, ele, o mal pago ex-director, redefine com a nova equipa de gestão a estratégia do UBS que fará esquecer a era Ospel.

Quando o banco se afundou na crise, no Outono passado, Luqman Arnold entrou em cena. Através da sua sociedade de investimento londrina Olivant Advisors, começa a comprar acções do UBS no início de 2008, anunciando posteriormente deter 0,7 por cento do capital do banco. A meio do ano, a fatia aumenta para 2,8 por cento.

Aparece na primeira página do *Financial Times*, propondo que o UBS se dote de um presidente forte, capaz de romper com a visão dos últimos anos. Todavia, lança sobretudo uma campanha audaciosa: pretende, tal como outros accionistas, que o UBS se separe do seu banco de investimento, o que implica abdicar do seu papel de primeiro plano nos EUA. Por outras palavras, o sonho de Marcel Ospel, que era o de tornar o UBS o concorrente directo do Goldman Sachs e do Merrill Lynch, deve ser enterrado.

No entanto, Marcel Rohner, o novo director-geral que foi substituir Peter Wuffli em Julho de 2007, e o director financeiro Marco Suter não se mostram receptivos aos seus argumentos. Esta equipa esforça-se por se libertar do jugo de dez anos de Marcel Ospel. Além disso, Marco Suter fazia parte dos responsáveis pelos factos. Este homem próximo de Ospel, que era então membro do conselho de administração, tinha mesmo a responsabilidade máxima pela política de risco do banco. Para nada resolver, a nomeação de Peter Kurer como sucessor de Marcel Ospel, em Abril de 2008, à frente do conselho de administração revelara uma resistência à mudança, já que o jurista fazia parte da equipa de gestão. Até Julho de 2008, o conselho de administração continuava por remodelar. Contava ainda com "resistentes" da velha guarda, entre os quais Stephan Haeringer, vice-presidente do conselho, que, tal como Marco Suter, fora um dos colaboradores mais próximos de Marcel Ospel. Luqman Arnold conhecera-o em 2001, quando este natural de Zurique era chefe da gestão de fortunas e, nessa altura, Haeringer nunca aceitara a autoridade do britânico.

Esta situação explica por que motivo, ao início, a "nova" gestão do UBS continua a seguir a doutrina dominante, considerando que o modelo que integra o banco de investimento e a gestão de fortunas é um modelo vencedor, sem o qual o UBS perderia muito.

Porém, Luqman Arnold consegue um aliado no interior do conselho de administração: Sergio Marchionne, com quem contacta no início de 2008. O ilustre director da Fiat fez a sua entrada no conselho do UBS em Abril de 2007. É o único a não ser considerado responsável pelas decisões que deram origem à crise. Além disso, o ítalo-canadiano, que reergueu a Fiat, tem uma reputação sólida: é conhecido pelas suas acções decisivas. Tem este traço em comum com Arnold. Tanto para um como para outro, nada é sagrado e nenhum deles tem qualquer problema em imaginar, no futuro, um UBS radicalmente diferente do colosso instável da actualidade. Com determinação, Luqman Arnold aposta, portanto, em Marchionne, vendo nele o mediador ideal, respeitado tanto pela nova gestão do UBS como pelos accionistas dissidentes. No início, Marchionne hesita, consciente da dificuldade que terá em convencer os seus colegas, alguns dos quais, como Peter Kurer, se mantêm fiéis à visão de Marcel Ospel, perante um accionista que, no fim de contas, é bastante minoritário. Entretanto, Arnold consegue reunir o apoio de uma dúzia de accionistas importantes, entre os quais os activistas norte-americanos Harris Associates, que detêm mais de um por cento do capital.

Em Junho de 2008, Peter Kurer, carecendo de legitimidade, decide remodelar o seu conselho de administração e Stephan Haeringer despedir-se-á em Outubro de 2008. Ultrapassam-se as últimas resistências. Ospel e Haeringer eram os mais ferozes opositores da mudança de estratégia. Agora que já não decidem a sorte do UBS, o caminho está finalmente livre. Voltando as costas ao passado, Kurer adere ao lado da mudança. Decide encontrar-se com Arnold e mostra-se atento ao seu plano. A partir daí, a nova equipa do UBS considera a Olivant Advisors sua parceira para a redefinição da estratégia.

Será menos difícil para Kurer e Marchionne reunir os quatro novos administradores nomeados em Agosto de 2008. O plano radical traçado pelo director da Olivant Advisors poderá ter recebido, além disso, o apoio decisivo do mercado bolsista. Isto porque a pressão dos accionistas não diminui: a cotação das acções do UBS atinge o seu mínimo histórico a 16 de Julho de 2008, nos 17,52 francos. A mudança de estratégia torna-se incontornável. O maior risco para a administração do UBS é, doravante, a manutenção do *statu quo*, a confiança manifestada num modelo de negócios responsável por anular todo o valor accionista criado desde a fusão do Union de Banques Suisses e o Societé de Banque Suisse, em 1998. Sob a influência da dupla Arnold-Marchionne, o UBS tomará, em Agosto de 2008, as primeiras medidas com vista a separar-se do seu banco de investimento. Anuncia que as suas três divisões, a gestão de fortunas, o banco de investimento e a gestão institucional, se tornarão doravante autónomas e deixarão de estar dependentes umas das outras. Esta nova flexibilidade permitirá, quando for altura disso, vender o banco de investimento sem prejudicar as restantes actividades. Na mesma altura, Peter Kurer esclarece que a actividade realmente "estratégica" do grupo é a gestão de fortunas.

A Comissão Federal dos Bancos, consciente da impossibilidade de controlar este tipo de riscos, incentiva esta viragem estratégica. Tal como o banqueiro Konrad Hummler do banco Wegelin & Co. em Saint-Gall, accionista do UBS, e também o Professor Hans Geiger, do Swiss Banking Institute em Zurique, ambos muito críticos relativamente à americanização do UBS e suas consequências: desvio salarial, desvio especulativo, perda de perspectiva quanto ao interesse do mercado financeiro suíço: "O UBS perdeu muito dinheiro nos últimos anos nos EUA. Não é do interesse dos accionistas", resume Hans Geiger.

No entanto, desde Setembro de 2008, o mundo financeiro assiste à mais grave agitação da sua história. Começa quando a falência iminente dos dois gigantes hipotecários norte-americanos Fannie Mae e Freddie Mac obriga o governo dos EUA a intervir. No início de Setembro, Washington coloca sob tutela as duas instituições, tendo como principal objectivo – embora não o assuma – salvar os cerca de 400 mil milhões de dólares investidos pela China na dívida destas duas agências. Depois, no dia 15 de Setembro, dá-se a falência do Lehman Brothers, o quinto maior banco de investimento norte-americano. O mercado bancário mundial sofre um bloqueio sem precedentes. As contrapartes deste banco, muito activo nos derivados sobre o risco de incumprimento (CDS), eram múltiplas: bancos, *hedge funds*, produtos estruturados, danos colaterais em cadeia seguem-se à falência deste grande nome da finança norte-americana. O governo dos EUA, que depressa se arrepende de não ter salvado o Lehman Brothers, irá doravante injectar, do seu próprio bolso, quantias cada vez mais exorbitantes para ajudar, uma a uma, as "meninas dos olhos" da sua indústria financeira, destruídas pela crise. No dia 17 de Setembro, é a vez da gigante norte-americana dos seguros, a American International Group (AIG), de estar perto da falência e, desta feita, Washington intervém através de uma nacionalização que custa 85 mil milhões de dólares.

Na mesma altura, a cotação das acções do UBS atinge novos mínimos na bolsa suíça. Os investidores preocupados com a exposição do UBS ao Lehman Brothers ou à AIG não são a única razão.

Surgiu outro problema, totalmente inesperado: foi liquidado um enorme pacote de acções. A Olivant Advisors, a sociedade de Luqman Arnold, possuía acções no valor de 1,55 mil milhões de francos. Perdeu-as na totalidade. O Lehman Brothers, principal corretor da Olivant Advisors, era o depositário dos seus títulos do UBS. Ora, o banco utilizara esses títulos e os que lhe tinham sido facultados por outros investidores como garantia para contrair empréstimos junto de outros bancos. Quando foi à falência, os bancos credores apoderaram-se dos seus títulos e simplesmente liquidaram-nos. De um dia para o outro, a sociedade de Luqman Arnold deixa de deter 2,8 por cento do capital do UBS. O destino pregou uma grande partida ao britânico, precisamente sete anos após o seu duelo contra Marcel Ospel, aquando do caso Swissair, em Outubro de 2001. Tal como muitos outros investidores, Luqman Arnold não podia prever a falência do Lehman Brothers, a única instituição que o governo não salvou. Contudo, a sua sociedade cometera o erro de permitir ao corretor contrair empréstimos, dando como garantia os seus títulos, que nunca mais recuperará. A queda das acções do UBS explicar-se-ia, portanto, pela liquidação deste infeliz pacote de acções por parte dos bancos credores. Ocorre um episódio triste a 25 de Setembro, dez dias após a falência do corretor, quando a Olivant Advisors, que já sabia ter perdido os títulos do UBS, anuncia que o seu director de operações e co-fundador, Kirk Stephenson, se suicidou, deitando-se numa linha de comboio.

Em meados de Setembro, a Olivant Advisors deixou, portanto, de influenciar a estratégia do UBS. Luqman Arnold terá, porém, deixado a sua marca estratégica no UBS, encontrando-se já o grupo a seguir o caminho por ele traçado. Restava um obstáculo intransponível: a agitação dos mercados financeiros tornava irrealista qualquer intenção de venda da divisão atingida, que não suscitava o interesse de qualquer comprador.

Ao mesmo tempo que o balanço do UBS continuava contaminado – na fasquia dos 50 mil milhões de francos – pelos títulos *subprime*, a estrutura do grupo ameaçava a divisão principal: a da gestão de fortunas. Nada podia garantir que não haveria solidariedade entre divisões em caso de problemas graves no banco de investimento. Por esse motivo, até à intervenção do governo helvético o UBS sofria levantamentos de dinheiro em massa por parte de clientes privados.

A partir daí, os dois executores da estratégia, Peter Kurer e Sergio Marchionne, podem prosseguir em conjunto com a equipa de gestão de Marcel Rohner o trabalho de reorganização, com um balanço limpo. Assim, o banco de investimento oferece duas opções estratégicas. Por um lado, a venda ou cotação em bolsa, caso o UBS decida desligar-se definitivamente desta actividade e contratar externamente os serviços de outros bancos de investimento junto de outras instituições. Por outro, o UBS pode perseguir o objectivo de um banco de investimento redimensionado, que lhe permitiria continuar a prestar determinados serviços próprios de um banco de investimento.

Inicialmente, o UBS defendeu acerrimamente a ideia de conservar o seu banco de investimento numa versão "redimensionada". Previu apenas abandonar algumas actividades de mercado para se concentrar nos sectores em que mais se distinguia em Wall Street. Segundo Luqman Arnold e outros especialistas em *investment banking*, uma estratégia destas não tem a mínima hipótese: "Manter um 'pequeno' banco de investimento não é realista: a natureza de um banco de investimento é ser ambicioso, desdobrar-se no plano mundial e integrar, ao mesmo tempo, a consultoria em fusões e aquisições, a emissão de títulos e as transacções. É preciso uma dimensão crítica para atrair os melhores talentos e conseguir transacções de primeira ordem com empresas mundiais. Praticar o *investment banking* em pequena escala não tem qualquer sentido e não vale a pena." Um especialista explica-nos: "Um banco de investimento ou é global ou não é: o redimensionamento do UBS Investment Bank deixa-me algumas dúvidas. Ou o UBS está entre os cinco melhores, ou deve abandonar esta actividade. Não é possível sobreviver sem ser um interveniente de primeiro plano nos EUA. Além disso, não é possível vencer na Europa e na Ásia sem conhecer a fundo as empresas norte-americanas. Com efeito", explica o especialista, "quem presta serviços de consultoria a um banco chinês deve conhecer a estratégia do Bank of America, tal como quem presta esse tipo de serviços à Peugeot deve conhecer a estratégia da Nissan. Um banco de investimento deve compreender os sectores a nível global." O UBS, conclui, já não possui os recursos necessários para voltar a criar um banco de investimento de importância mundial.

O banco suíço poderá chegar, gradualmente e contra a sua própria vontade, à mesma conclusão.

Ao fazê-lo, a nova equipa de gestão virará a página sobre a era de Marcel Ospel. No seu apogeu, de 2003 a 2006, o sucesso do natural de Basileia era universalmente aplaudido. O império financeiro do UBS assentava no seu banco privado, o maior do mundo, e também no seu poderoso banco de investimento, respeitado em Wall Street. Todavia, a crise imobiliária nos EUA fez desmoronar um dos seus pilares, deixando a sua estrutura debilitada. Não voltará a ser o mesmo.

No fim de contas, não foi Luqman Arnold que derrotou Marcel Ospel, mas sim a sua própria ambição. O seu modelo de banco integrado tinha uma perigosa falha: como veremos no Capítulo 10, era demasiado vulnerável a uma crise financeira grave. Detestando não ter razão, o antigo homem forte do UBS elogiou até ao fim as virtudes de uma combinação entre um banco de investimento e a gestão de fortunas. Agora, mais desacreditado do que nunca e vendo as suas remunerações contestadas pelas consequências actuais da sua gestão, tem de se submeter a outras visões. Quando apresentou a sua demissão em Abril de 2008, e apesar de continuar a ocupar, durante os meses que se seguiram, os escritórios da Bahnhofstrasse para assegurar a transição para o seu sucessor, Peter Kurer, Marcel Ospel viu mesmo o seu período áureo chegar ao fim.

Para maximizar os lucros nos EUA, o UBS sacrificou alguns dos valores tradicionais que construíram a sua grandeza.

CAPÍTULO 2

O fim de um mito

Decidi não encerrar a minha conta no UBS, mas isso foi porque não disponho de um saldo milionário. É apenas uma conta ordenado perfeitamente inofensiva.

Não fui a única a interrogar-me sobre esta questão. O gigante bancário helvético conta com mais de oito milhões de clientes em 52 países. Não são todos iguais perante a sua conta bancária: de uns míseros francos a vários milhares de milhões, a diferença é abismal. São, contudo, iguais perante o choque: o banco mais bem gerido do mundo acaba de perder 50 mil milhões de dólares em alguns meses, especulando no mercado imobiliário norte-americano.

É o fim do mito UBS. O banco era para o sector financeiro o que a Swissair era para a indústria aérea até 2001: o símbolo de uma certa perfeição helvética. O seu logótipo vermelho de campeão bancário e o sucesso junto das grandes fortunas mundiais faziam dele o padrão de excelência. Hoje em dia, essa reputação está manchada. O mito, o UBS sacrificou-o nos EUA, sobre o altar das hipotecas norte-americanas de qualidade medíocre denominadas *subprime* (ver Capítulos 4 a 7), concedidas a devedores com baixos rendimentos, que se revelaram insolventes a curto ou médio prazo, logo que o banco central subiu a taxa de juro para cerca de cinco por cento. A empresa suíça via nestes instrumentos especulativos o trampolim ideal para o primeiro lugar mundial do *investment banking*, isto é, das actividades de banco de financiamento e investimento. O UBS ambicionava esta posição, além da liderança na gestão de fortunas mundial. O mercado do *subprime*, porém, reservou-lhe uma crise que volta a pôr em causa a sua estrutura bipolar. O UBS está em condições de se retirar do mercado financeiro norte-americano. Com a entrada do fundo estatal de Singapura GIC no seu capital, em Dezembro de 2007, que controla cerca de oito por cento do banco, começa uma nova era. Uma era asiática. O UBS estivera sempre de olhos pregados em Wall Street quando se tratava de se lançar nos maiores desafios, mas os EUA fizeram-no pagar um preço tão alto que o que está em jogo é a sua continuidade.

É o abandono de um rumo estratégico mantido por Marcel Ospel, o "natural de Basileia americanizado", desde a criação deste colosso financeiro em 1998, após a fusão entre o Union de Banques Suisses e o Societé de Banque Suisse.

Marcel Ospel, o arquitecto da fusão, deixou, mais do que ninguém, a sua marca neste banco. O presidente do UBS, que se demitiu em Abril de 2008, alimentava há dez anos as ambições norte-americanas deste banco. Esperava que elas lhe trouxessem o êxito com o qual contava coroar a sua carreira, em Abril de 2008. A realidade obriga-o a demitir-se depois de o "seu" banco ter destruído tudo o que conquistara no período pós-fusão.

A extensão dos danos, revelada ao público apenas em Outubro de 2007, teve o efeito de uma bomba. As manchetes dos jornais expunham os milhares de milhões perdidos pelo UBS, em vez de se desfazerem em elogios, como de costume.

O que acontecera? O público simplesmente descobria o desastre que, na realidade, germinava desde 2004. Foi nessa época que o presidente Marcel Ospel e o director-geral Peter Wuffli, impressionados com os resultados astronómicos gerados pelos corretores reunidos sob a gestão de John Costas, nos EUA, "namoraram" a ideia de criar para ele uma unidade de elite independente. O corretor norte-americano dominava a transacção de instrumentos obrigacionistas (*fixed income*), que tirava pleno proveito da expansão imobiliária norte-americana.

O FIM DE UM MITO

Gerido por John Costas de 2001 a 2005, o banco de investimento do UBS conquista importantes quotas de mercado nos EUA. Os resultados obtidos, em particular pelos corretores que transaccionam para a conta própria do banco (*proprietary traders*), são de tal modo impressionantes que os chefes planeiam fazer lucrar com isso os clientes externos do UBS. John Costas, que se apercebe da ambição de Marcel Ospel para o UBS, faz-lhe uma proposta em 2004: "Quer elevar este banco ao primeiro lugar de Wall Street? Deixe-me tratar disso." A estrela norte-americana, que fora nomeada adjunto de Peter Wuffli na gestão do UBS, tinha a confiança total da administração de Zurique. John Costas cria, em 2005, um fundo especulativo (*hedge fund*) interno no banco, que deverá colocar o grupo entre os primeiros no mercado dos títulos obrigacionistas (ou de rendimento fixo). Explorará, em particular, as estratégias mais sofisticadas no muito cobiçado mercado do crédito imobiliário. Em Julho de 2005, John Costas assume o comando desta nova entidade: o Dillon Read Capital Management (DRCM). Esta filial do UBS, com sede em Nova Iorque, visa gerar o máximo de lucro para a conta própria do banco e, numa segunda fase, para os clientes externos do UBS.

Esta ofensiva no mercado do crédito mobilizará enormes recursos. John Costas recruta 120 colaboradores, dos quais 80 são os melhores corretores do banco de investimento que dirigia anteriormente (o UBS Investment Bank), esvaziando-o das suas competências na área obrigacionista e dos créditos estruturados no mercado imobiliário.

O Investment Bank, relegado para segundo plano em benefício da nova filial DRCM, dota-se de novos gestores, que também querem uma fatia do bolo das "finanças imobiliárias". Contudo, para tal têm de provar que as suas competências valem tanto como as da equipa querida do DRCM. No início de 2006, o novo administrador do banco de investimento, Huw Jenkins, contrata um consultor externo, Oliver Wyman. Veredicto: a divisão tem de se reforçar nas actividades obrigacionistas e de rendimento fixo, especialmente no mercado dos títulos hipotecários de risco, que oferece "oportunidades de lucro consideráveis". Jenkins, que quer fazer concorrência ao DRCM, lança, então, em grande escala várias actividades no mercado mais especulativo do momento. Estas vão desde a negociação de derivados de créditos hipotecários *subprime* vendidos aos investidores à transacção destes títulos para a conta própria do banco, passando pela reserva dos mesmos no balanço, de modo a obter um lucro fácil.

A partir daí, o UBS desenvolve duas actividades muito semelhantes em duas unidades paralelas. Está, portanto, duplamente exposto a um mercado imobiliário prestes a desmoronar-se. Em Março de 2007, os corretores do DRCM dão o sinal de alarme. Encontram-se nos postos avançados do mercado. Pressentindo a reviravolta do mesmo, recomendam uma redução dos riscos. É então que o banco de investimento trava uma verdadeira guerra contra eles. Os seus responsáveis recomendam que se mantenha intacta a exposição ao mercado do crédito de risco. Nesse momento, o UBS faz uma escolha determinante. Decide encerrar o *hedge fund* e dissocia-se de John Costas. Estamos em Maio de 2007, dois meses antes da crise. O maior segredo do UBS, revelado pelo nosso estudo mais adiante, é o seguinte: o banco não dissolveu o Dillon Read Capital Management para reduzir os riscos, mas sim para correr ainda mais!

Isto porque, a partir daí, o UBS prossegue as suas actividades no mercado *subprime* sem qualquer refreio, até Julho/Agosto de 2007, quando o mercado se desmorona. Menos experientes do que a elite de corretores do DRCM, os quadros do banco de investimento, incitados ao êxito pela administração do UBS e as ambições de Marcel Ospel, acabarão por provocar, no final de 2007, 86 por cento das perdas do banco neste mercado hipotecário de riscos mal calculados.

O nosso estudo no Capítulo 7 revela, através de uma cronologia pormenorizada dos factos, como no plano interno estas decisões temerárias foram tomadas pelas chefias do banco a partir de Março/Abril de 2007. Se tivessem sido adoptadas estratégias prudentes antes de Junho, o UBS teria podido limitar as suas perdas a 500 milhões de dólares, em vez dos 50 mil milhões perdidos até à data! Teria figurado, como aconteceu após a bolha tecnológica, entre os bancos menos afectados.

Nada disso. É que as condições eram propícias a uma guerra interna entre equipas, levando os quadros frustrados e desvalorizados pela administração, ou seja, os do Investment Bank, a "fazer ore-lhas moucas" aos avisos do Dillon Read Capital Management. Ao ignorar estes sinais, o UBS deu por si no meio do furacão.

A forte rajada de vento vinda de Wall Street desestabilizou o "paquete das três chaves" no seu todo. Os colaboradores tiveram de se agarrar para não caírem ao mar. Em Genebra, houve quadros que tiveram de assumir a imagem de um banco que esteve perto da falência, enquanto os seus desempenhos eram excelentes. "Era preciso explicar aos clientes as asneiras que outros fizeram!", relata um quadro do UBS em Genebra. Pelo menos sete mil postos de trabalho estão em vias de ser eliminados, mil dos quais em Stamford (Connecticut), onde se situa uma sala de mercados do tamanho de dois campos de futebol. Nova Iorque e Londres também estão na mira dos despedimentos. Em Zurique e Genebra, gestores de fortunas abandonam o navio, em alguns casos para acompanharem os seus próprios clientes, descontentes com o banco.

Encerrar a conta no UBS? Nunca antes passara pela cabeça dos clientes deste banco a ideia de temerem pelas suas poupanças.

Já os accionistas estão atordoados: em nove meses, as actividades de mercado do UBS perderam mais dinheiro no *subprime* do que os lucros que geraram em dez anos! É esse o balanço da era Marcel Ospel. Esta triste verdade reflecte-se na cotação em bolsa do UBS, até então muito forte: entre Maio de 2007 e Julho de 2008, é reduzida a um quarto. Se, deixando-se levar pelas promessas do sector bancário mundial, um accionista tivesse comprado acções da nova entidade resultante da fusão entre o UBS e o SBS, no dia 29 de Junho de 1998, o seu investimento perdia metade do seu valor dez anos depois. E, no Outono de 2008, as suas acções encontrar-se-iam nos mesmos níveis de dez anos antes quando, em Outubro de 1998, o banco se debatia com as atribulações de uma fusão. Um detentor de 20 mil acções do UBS desde 1998 pode na verdade confortar-se, pensando nos cerca de 120 mil francos de dividendos com que o UBS o gratificou até 2006. Contudo, quase de certeza que a compra de uma casa na Suíça lhe teria rendido mais…

No início, o banco suíço quis acreditar num acidente de percurso. Em Fevereiro de 2008, Marcel Ospel ainda relativizava as perdas, recordando que o grupo obtivera 66 mil milhões de francos de lucro nos últimos dez anos. A crise não invalidava em nada a estratégia levada a cabo no mercado norte-americano, afirmava ele. Contudo, enquanto a factura do *subprime* se encaminha para os 50 mil milhões e os prejuízos para o mercado financeiro suíço e para a gestão de fortunas do grupo UBS se solidificam, a negação dá agora lugar à evidência. A forte intervenção da Comissão Federal dos Bancos, a conjuntura que atingiu os negócios nos EUA (ver Capítulo 9) e a fúria dos accionistas impuseram aos novos gestores do UBS uma mudança de tom, acompanhada de uma viragem estratégica radical.

O banco queixou-se muitas vezes do "exagero" dos seus accionistas e clientes suíços em comparação com a serenidade relativa manifestada no estrangeiro. Ora, para os cidadãos deste país, as raízes suíças do UBS fazem dele uma instituição portadora de valores tradicionais, a começar pela integridade, prudência e fiabilidade. Após terem feito o luto da Swissair, os helvéticos sentem-se traídos por outro símbolo nacional. A sua indignação fê-los sair de uma longa letargia. Exigiram total transparência das contas, mas também uma mudança de gestão, de estratégias e de política de remuneração. A sua atitude denuncia o fosso cultural que separa o banco da sua base. A política salarial do UBS nos EUA figura entre essas práticas incompreendidas. Perante perdas líquidas num total de 25 mil milhões de francos entre Outubro de 2007 e Junho de 2008 e os sete mil postos de trabalho eliminados, foi pago aos quadros um bónus recorde de 16 mil milhões de francos para 2007. Como se justifica isso?

A fúria dos suíços é encarnada no rosto de Thomas Minder. Transmitida pela televisão, a imagem do chefe da sociedade de Schaffhausen Trybol, fervoroso militante contra as remunerações abusivas, a ser detido pelos agentes de segurança quando se aproximava para falar com Marcel Ospel correu o país. Raras vezes se assistiu na Suíça a uma assembleia-geral como a do dia 27 de Fevereiro de 2008, da qual as paredes do Mercado Saint-Jacques de Basileia farão eco ainda durante muito tempo.

O FIM DE UM MITO

Outra prática reveladora do fosso cultural: a primeira recapitalização do UBS, anunciada em Dezembro de 2007. Executada ao estilo norte-americano, permitiu ao fundo estatal de Singapura GIC e a um investidor anónimo do Médio Oriente, que se julga ser o banco central da Arábia Saudita, entrar com 13 mil milhões de francos no capital do UBS. Os outros accionistas não foram convidados a subscrever esta primeira recapitalização. Os defensores do rigor na gestão e dos direitos dos accionistas suíços assumiram, então, a palavra. O fundo Ethos, dirigido por Dominique Biedermann, Herbert Brändli, presidente da caixa de pensões Profond, e a associação Actares denunciaram a desigualdade de tratamento entre os novos sócios capitalistas e os accionistas já existentes. Banqueiros suíços como Ivan Pictet, sócio do banco Pictet & Cie., Konrad Hummler, sócio do Wegelin & Co., ou Thierry Lombard, sócio do Lombard Odier Darier Hentsch & Cie., ficaram sensibilizados com a situação.

Na verdade, o UBS tivera o mesmo procedimento que os seus concorrentes mais afectados pela crise, o Citigroup e o Merrill Lynch, que, à pressa, também recorreram a investidores da Ásia e do Golfo. Com a excepção de que as leis norte-americanas os isentam de consultar os accionistas a esse respeito. Pelo contrário, a lei suíça exige ao UBS que peça a aprovação dos seus accionistas, que têm direito de preferência sobre a subscrição. Os accionistas acabaram por se conformar, em Fevereiro de 2008, com esta inevitável e urgente recolha de fundos.

Exprimindo-se, os accionistas manifestaram acima de tudo o seu choque perante a mudança de identidade deste UBS global, na qual já não se revêem.

Actualmente, o UBS prepara-se para ceder à vontade dos seus gestores máximos, os accionistas, que puseram mãos à obra perante um banco desorientado, cujos responsáveis foram quase todos despedidos.

No entanto, o público também gostaria de conhecer o segredo tão bem guardado: como pôde, na verdade, o gigante bancário de Zurique tornar-se vítima, lado a lado com os seus concorrentes norte-americanos Citigroup e Merrill Lynch, de uma crise imobiliária exclusivamente norte-americana? O que pensar de uma empresa de reputação ultraconservadora que se expõe como nenhuma outra ao frenesim das hipotecas de risco, o mais especulativo da história? Intuitivamente, o impecável UBS deveria situar-se nos antípodas desta dívida de má qualidade. Mesmo que os corretores do Dillon Read Capital Management e do Investment Bank fizessem apostas audaciosas, os seus controlos de riscos considerados infalíveis deveriam detectar o perigo antes dos do Credit Suisse ou do Deutsche Bank. Ora, o que aconteceu foi precisamente o contrário: o mais suíço dos bancos foi o que foi mais longe no desregramento, acumulando em massa esses títulos hipotecários de risco, sem perceber que se ia desmoronar o castelo de cartas mais enganador de Wall Street. O Credit Suisse, pelo contrário, reduzira radicalmente a estrutura de títulos ligados às hipotecas *subprime* desde 2006.

Veremos mais adiante como Marcel Ospel ficou cego de ambição. E como a exemplar instituição sofre de dupla personalidade, fruto da globalização financeira; isto porque, na realidade, não há um, mas sim dois UBS. O de Bahnhofstrasse em Zurique, que domina actividades estáveis e seculares, constitutivas da finança tradicional: gestão de fortunas, banca de retalho e banca comercial. Estas actividades são abrangidas e controladas até aos mais altos níveis deste banco, assim como pelo regulador helvético. Depois, há o outro UBS, o de Park Avenue, que aspirou a ser um banco de investimento de vanguarda, querendo ultrapassar os gigantes de Wall Street, tais como o Goldman Sachs e o Merrill Lynch, especulando em derivados de crédito dominados apenas por uma elite anglo-saxónica.

"O UBS dos EUA era realmente um outro banco", testemunha um quadro do banco em Genebra, desconcertado pelos acontecimentos. "No UBS da Suíça, não posso confirmar a existência de uma cultura em que se tenha abdicado do domínio do risco a favor do lucro. No nosso país não. Nunca se assistiu a uma coisa dessas no UBS da Suíça. Essa atitude não correspondia em nada à nossa realidade quotidiana. Era exactamente o oposto: controlos rigorosos, reuniões, papelada. Existia um enorme aparelho burocrático precisamente destinado a preservar a nossa reputação. Só para dar um exemplo, até as hipotecas em França

O FIM DE UM MITO

eram consideradas demasiado arriscadas!" Outros colaboradores do UBS na Suíça salientam o quanto é rigoroso o banco na concessão de hipotecas em território helvético e o quanto é absurdo vê-lo arriscar e perder 50 mil milhões de francos no mercado hipotecário mais especulativo do mundo!

Estes testemunhos reflectem bem o "fosso transatlântico" entre os dois lados do UBS. Esta falha explica por que motivo, quando a todo-poderosa entidade norte-americana do UBS correu riscos ilimitados no mercado do crédito estruturado, a sede suíça se viu impotente perante esses riscos incalculáveis, que se mantiveram invisíveis no radar do regulador de Berna.

No cerne do problema está o fracasso do UBS AG de Zurique em exercer uma autoridade hierárquica sobre as suas equipas do UBS Investment Bank em Nova Iorque e Stamford. As iniciativas dos seus colaboradores-vedeta nos EUA que, porém, comprometiam o grupo no seu todo, escapavam largamente à influência da sede suíça, limitada ao papel de câmara de registo. É fundamentalmente um problema de quadros, que não é exclusivo do UBS. O Credit Suisse deparou-se com os mesmos obstáculos. Já no final da década de 1990, os dois grandes bancos helvéticos tinham recrutado nos EUA colaboradores cujos conhecimentos técnicos prometiam fazê-los chegar ao topo em Wall Street. Já nessa época, estes especialistas norte-americanos eram venerados e tinham uma margem de manobra ilimitada. Assim foi com Frank Quattrone, especialista das entradas em bolsa de sociedades tecnológicas no Credit Suisse First Boston, e Ramy Goldstein, especialista dos derivados sobre acções no Union de Banques Suisses, tal como John Costas no UBS. Estes norte-americanos com perfil de corretores ou de *dealmakers* experientes criaram verdadeiras "baronias" no seio dos grandes bancos suíços, que tinham, certamente, meios para os recrutar, mas não tinham a autoridade necessária para lhes impor limites. Zurique e Basileia foram rapidamente marginalizadas em relação a Londres e Nova Iorque. "Não se pode dizer nada a um norte-americano que faz dinheiro", resume um experiente banqueiro da Suíça germanófona.

A desagregação da base suíça do UBS nas suas actividades de mercado tem, antes de mais, uma explicação pecuniária. Um fosso assombroso separava a remuneração destas actividades da das actividades mais sedentárias do UBS da Suíça. A subida vertiginosa dos salários dos quadros nova-iorquinos do UBS e, nomeadamente, de John Costas e da respectiva equipa de corretores, que recebiam pelo menos 50 milhões de dólares anuais cada um, tinha em vista motivar estes grandes geradores de lucro do grupo. Mas não só. A integração dessas actividades lucrativas permitia aos altos gestores do UBS – a começar pelo presidente Marcel Ospel – maximizar também os próprios salários. Aí residia o conflito de interesses. O braço de ferro salarial invertera-se: doravante, os especialistas anglo-saxónicos pagavam aos gestores do UBS os seus bónus. O interesse evidente do estado-maior de Zurique era o de confiar nestes senhores dos mercados e não se mostrar demasiado "picuinhas" em relação aos riscos. Era o mesmo que passar um cheque em branco a estes príncipes das salas de mercados, na esperança de que elevassem o banco de investimento do UBS ao primeiro lugar mundial. Este sistema resultou em sucessos extraordinários aos bancos suíços, mas reservou sempre grandes acidentes de percurso. No presente caso, a ambição desmesurada do UBS num mercado que não dominava – o dos créditos titularizados – foi explorada por corretores engenhosos para "encherem os bolsos".

Da mesma forma que o UBS perdeu o controlo sobre a sua entidade norte-americana demasiado "dinâmica", o regulador bancário suíço já não tinha autoridade suficiente sobre o UBS. A Comissão Federal dos Bancos (CFB), com sede em Berna, teve falta de influência e de meios para controlar os riscos norte-americanos de um UBS para com o qual a Suíça não está senão demasiado em dívida pela divulgação que lhe proporciona. A dimensão e a influência do grupo conferiam-lhe uma influência exagerada sobre a CFB, no que diz respeito a questões como o nível adequado de capital próprio para certos tipos de risco. Foi a armadilha da *institutional capture* que fez com que faltasse à CFB distanciamento e espírito crítico na fiscalização desta hidra planetária.

O FIM DE UM MITO

Isso remete para as origens mais profundas das tensões entre o UBS e o seu grupo de accionistas suíços: a desproporção em termos de dimensão entre este banco e o seu território. Quem pode, no fundo, controlar este ogre com 80 mil colaboradores? O UBS gerava, no final de 2007, 3200 mil milhões de francos para os seus clientes em todo o mundo, ou seja, dois terços de tudo o que está depositado na Suíça. E o seu balanço chegava aos 2600 mil milhões de francos, ou seja, 20 vezes o balanço do Banco Nacional Suíço, que devia ajudá-lo em caso de falência! Como regular um banco que perde em 12 meses um oitavo do produto interno bruto da Suíça? Acabarão por ser os governos de Singapura (GIC) e dos EUA (através das enormes injecções de capital da Reserva Federal norte-americana) a tirar o gigante bancário suíço da situação difícil em que se encontrava, bem antes de a Confederação e o BNS entrarem em cena.

O UBS coloca, portanto, um problema estrutural à Suíça. Quando a Swissair era sua cliente, o banco recusou-lhe a última linha de crédito que poderia tê-la salvado. E, considerando que o UBS é cliente do Banco Nacional Suíço, este também recusa, no futuro, assumir a responsabilidade pelos seus riscos e pelos do Credit Suisse. Exige que as duas instituições se dotem de uma almofada de capital bem mais volumosa do que era necessário até agora (ver Capítulo 10).

O problema da experiência norte-americana do UBS não se colocaria nestes termos, se não houvesse, por detrás destas tensões, duas concepções muito diferentes da actividade bancária. A concepção tradicional suíça da profissão de banqueiro implica ter em conta, de um modo mais global, os interesses da sociedade e uma certa responsabilidade da instituição na sua qualidade de empregadora e contribuinte. A concepção anglo-saxónica, imbuída de um dogmatismo de mercado "neoliberal", opõe-se claramente a isso, incitando à maximização do lucro individual e acentuando as desigualdades sociais nos EUA.

Na Suíça, os representantes dos bancos locais são os herdeiros da visão tradicional helvética. Tomaram a palavra desde 2007, para lembrar essas diferenças fundamentais. Konrad Hummler, sócio do banco de Saint-Gall Wegelin & Co., nunca aprovou a expansão do

UBS nas actividades de mercado especulativas e difíceis de fiscalizar. O homem forte do mais antigo banco privado da Suíça era, na década de 1980, o secretário pessoal de Robert Holzach, presidente do antigo UBS até 1987. Holzach, já na década de 1980, criticava "esta nova geração de banqueiros que, de modo audaz, especula milhões nos novos mercados financeiros". Para ele, não passavam de "capitalistas de casino". Já previa: "A moda nascente das novidades financeiras arrisca-se a marginalizar os banqueiros que pensam a longo prazo. Estes poderão, então, ser substituídos por corretores que só têm uma ideia na cabeça: o sucesso e depressa." Era um visionário? Já considerava que os produtos derivados transformariam os mercados num "jogo de azar". Este discurso foi extraído do livro do jornalista Dirk Schütz, *La Chute de l'UBS*, publicado em 1998.[*]

Konrad Hummler, como banqueiro astucioso receptivo às inovações financeiras, partilha, actualmente, da filosofia de um banco próximo da economia real. Esta visão é perceptível logo que se entra no edifício do Wegelin & Co., no centro de Saint-Gall. Ainda tem balcões que recebem calorosamente o visitante e servem de base a madeiramentos onde se conservou, a dourado, as inscrições "Títulos", "Gestão de títulos", "Cupões", "Tesouraria", como que para manter sempre presente a longa história da instituição e o lado "real" do dinheiro. A escada em madeira que leva aos escritórios permite ao visitante admirar quadros que representam os Alpes da Suíça central. Tudo liga o banco ao seu tecido económico, às suas raízes. O visitante fica com uma certeza: cada operação feita neste local é perfeitamente compreendida pelos seus directores. Foi sujeita à prova do tempo, pois os proprietários desta instituição puseram mãos à obra durante muitos anos. Esta filosofia não é, de modo algum, incompatível com o progresso, como prova o envolvimento do Wegelin & Co. na investigação em engenharia financeira de ponta, em conjunto com a Escola Superior de Comércio de Saint-Gall. Na Suíça romanda, Blaise Goetschin, o chefe e responsável pela recupe-

---

[*] **Nota da Autora (N. A.)** Dirk Schütz, *Der Fall der UBS*, Bilanz, 1998.

ração do Banque Cantonale de Genève, também promete estes valores. "Não somos remunerados pelo casino", afirmou orgulhosamente em Agosto de 2007, em pleno auge da crise dos mercados. "As nossas receitas dos mandatos de gestão são o resultado da economia real e expostas ao mínimo à finança virtual."

É uma bela vingança para estes bancos, que foram os primeiros a captar clientes descontentes do UBS, em 2008. Isto porque privilegiaram, nos últimos anos, uma gestão conservadora, regras sás que evitaram o efeito de alavanca* e os investimento especulativos e preferiram o bom senso ao domínio absoluto dos modelos matemáticos complexos. A sua política, que nem sempre colheu o entusiasmo dos investidores quando os riscos que corriam eram generosamente remunerados, é talvez a garantia da sua longevidade.

No UBS, sob a era Marcel Ospel, foi nitidamente a cultura anglo--saxónica que levou a melhor. Isso custou o lugar ao suíço Markus Granziol, chefe do banco de investimento até 2001. Este brilhante doutorado em Economia pela Universidade de Zurique, de espírito analítico, deixou de estar nas boas graças de Marcel Ospel, pois não estava de acordo com a estratégia. Em 1998, quando o UBS já perdera 950 milhões de francos na quebra do *hedge fund* LTCM, Granziol, então chefe de acções, criticara a ideia de Marcel Ospel de integrar completamente a gestão de fortunas com o banco de investimento. É certo que prometia sinergias aliciantes, mas Granziol percebeu instintivamente que a banca de investimento, uma actividade intrinsecamente exposta a uma queda da bolsa de cinco em cinco anos, aproximadamente, se arriscava a delapidar os lucros e a reputação da importantíssima gestão de fortunas. Já nessa época, defendia a separação do banco de investimento. Tinha tido razão dez anos cedo de mais. Marcel Ospel, que estimulava ainda mais a

---

* N. A. O efeito de alavanca consiste em comprar títulos a crédito para investir. Aplicando capitais emprestados, o investidor pode apostar uma grande quantia nos mercados sem ter de fornecer a totalidade do capital e, assim, desmultiplicar os potenciais ganhos (e riscos). Por norma, compra os títulos "em margem" e deixa-os num depósito de garantia junto do seu corretor, a quem paga uma taxa de juro preferencial. Esta prática, bastante alargada de 2003 a 2007, entre os corretores dos bancos de investimento e os fundos especulativos, contribuiu para a desestabilização dos mercados quando rebentou a crise do mercado *subprime*.

audácia dos especialistas norte-americanos prontos a correr riscos à primeira vista muito lucrativos, afasta o natural de Zurique em 2001, em benefício do norte-americano John Costas.

Esta política levou os colaboradores nova-iorquinos do UBS a uma irresponsabilidade suicida para o grupo no seu todo. Esta derrapagem denuncia a marginalização da sede suíça no destino de uma multinacional cobiçada pelas poderosas capitais da alta finança.

É precisamente por isso que a crise do UBS nos EUA reflecte outra ainda maior: a de Wall Street.

CAPÍTULO 3

Greenspan, a era da decadência

Nos últimos anos, os EUA promoveram um ambiente económico excessivo. Foi fruto da política monetária de Alan Greenspan, presidente da Reserva Federal norte-americana (Fed) entre 1987 e 2006. Terá sido o principal banqueiro a contribuir, mais do que qualquer outro, para alterar as práticas do mundo financeiro. Durante duas décadas, Greenspan favoreceu uma cultura altamente especulativa, que enriqueceu apenas meia dúzia de indivíduos em Wall Street, enquanto fez perder centenas de milhares de milhões à economia norte-americana e abalou a credibilidade do mercado financeiro de Nova Iorque.

Sob a sua presidência, as taxas de juro mantiveram-se baixas e constantes nos EUA. Isso provocou, em primeiro lugar, uma bolha especulativa nos valores tecnológicos. Depois, à saída desta bolha, um outro período de taxas de juro novamente baixas de mais provocou a bolha seguinte: a do crédito. O resultado foi que, sob o domínio de Alan Greenspan, os EUA viveram duas grandes bolhas especulativas, com dez anos de intervalo. Antes da sua chegada, há 50 anos que este país não vivia semelhante desnorte.

Embora a principal missão da Fed seja manter a estabilidade dos preços e do sistema financeiro, a política de Alan Greenspan tornou estes últimos cronicamente instáveis, favorecendo práticas predadoras na indústria do crédito e estratégias de investimento de alto risco, baseadas na utilização da alavanca financeira.

A política monetária do banqueiro central Alan Greenspan, demasiado favorável aos interesses financeiros, provocou a maior bolha especulativa da história.

Actualmente, é um facto: Alan Greenspan lançou com as próprias mãos a semente da crise das hipotecas de risco.

Querendo libertar a economia norte-americana de uma provável recessão, provocada pelo rebentar da bolha tecnológica em Março de 2000 e posteriormente agravada pelos atentados de 11 de Setembro, Greenspan diminui 11 vezes a taxa de juro directora do banco central só no ano de 2001, fixando-a em 1,75 por cento. Depois, o responsável máximo das finanças continua a efectuar descidas, até a taxa atingir um por cento no dia 25 de Julho de 2003, o valor mais baixo desde 1954. Assim permanecerá durante quase um ano.

O Estado criou as condições para uma bolha de crédito. O consumidor norte-americano, incitado por todos os meios a endividar-se, tem de fazer girar, custe o que custar, a roda económica de uns EUA esgotados pelos custos da guerra no Iraque. Durante 31 meses consecutivos, a taxa de juro real de curto prazo mantém-se negativa nos EUA, penalizando fortemente os aforradores e favorecendo os mutuários. O dinheiro é gratuito. Para fazer a economia sair do desastre da bolha tecnológica, Alan Greenspan cria a bolha imobiliária. Ambas se sobrepóem ainda em 2002: enquanto uma está a decair (o índice dos valores tecnológicos Nasdaq perde 32 por cento nesse ano), começa a surgir a seguinte. A dívida imobiliária já subira até aos 50 por cento entre 1995 e 2000, sob o efeito de riqueza artificialmente provocado pela bolha tecnológica. Actualmente, as baixas taxas "deitavam ainda mais achas para a fogueira". Desencadeia-se o frenesim do endividamento, fazendo aumentar artificialmente os preços dos bens imobiliários. De 2003 a 2005, o volume desta dívida hipotecária aumenta 3700 mil milhões de dólares, ou seja, o equivalente a todas as hipotecas existentes em 1990. Por outras palavras, gerou-se em três anos tantas dívidas hipotecárias como as que o país levou 200 anos a acumular!

Esta dívida é inesgotavelmente refinanciada, graças ao disparar dos preços das casas, que chegam a aumentar 50 por cento entre 2000 e 2005. As famílias dependem cada vez mais das taxas de progressão na ordem das dezenas nos preços das casas. "As famílias norte-americanas quase se tinham transformado em verdadeiros *hedge funds*", ironiza William Fleckenstein[*] num livro de referência sobre o tema. Enquanto os custos da dívida caem a pique, os proprietários de imóveis substituem o endividamento com fundos próprios. A parte de fundos próprios nos bens adquiridos diminui, passando de 70 por cento do valor de uma casa na década de 1980 a quase zero por cento em 2007 para praticamente um em cada cinco proprietários, o qual obtém um financiamento até cem por cento. Em alguns casos, é mesmo possível tomar de empréstimo até 125 por cento dos fundos próprios. Este tipo de empréstimo muito arriscado, feito a famílias financeiramente frágeis, muitas vezes aprovado sem a documentação e as regras de prudência mínimas, representa um quinto do total de empréstimos hipotecários nos EUA em 2006, enquanto em 1997 não passava de três por cento.

Alan Greenspan cria, assim, a mais grave bolha de crédito desde há 50 anos, para não ser considerado responsável pela bolha anterior. Com efeito, inicialmente transmite a ilusão de ter travado os efeitos da bolha tecnológica, quando a única coisa que fez foi incitar os norte-americanos a fazerem uma nova aposta arriscada, desta vez a uma escala muito mais significativa. Esta política de "fuga para a frente" faz os EUA passarem, sem transição, de uma bolha para outra. "É a maior orgia especulativa da história dos EUA e do mundo", escreve William Fleckenstein.

No entanto, ainda nada o fazia prever na Primavera de 2003. Nessa altura, a bolsa norte-americana recuperou e a economia relançou-se. O forte remédio do governo (13 descidas das taxas de juro e três grandes reduções de impostos) cria de raiz uma euforia de quatro anos que se baseia no dinheiro fácil. Na verdade, o crescimento norte-americano assenta, em grande parte, no sector imobiliário: entre 2004 e 2007, mais de metade da evolução do PIB dos EUA baseia-se no sector imobiliário (venda de casas, empregos na construção, estímulos ao consumo através da libertação de fundos próprios e do crescente endividamento). A bolha da "nova economia" deu lugar à da "nova economia imobiliária".

---

[*] **N. A.** William A. Fleckenstein, com a colaboração de Frederik Sheehan, *Greenspan Bubbles, The Age of Ignorance At The Federal Reserve*, The McGraw Hill Companies, 2008.

Nos seus discursos, Greenspan minimiza o risco de uma bolha, alegando que a ocorrência de uma bolha imobiliária é muito mais improvável do que a de uma bolha bolsista. Não só não aprendeu nada com a recentíssima bolha tecnológica como quer apagar as lembranças, mas a experiência japonesa da década de 1990, com a derrocada do sector imobiliário, contradiz a sua teoria.

Em seis anos, o aumento da dívida hipotecária das famílias norte--americanas bate todos os recordes históricos, passando de 5530 mil milhões de dólares em 2001 para 11 biliões em 2007. As compras são, em grande medida, especulativas: 40 por cento das casas adquiridas em 2005 são para investimento ou para segunda residência.

Desde 2002 que está instalada em Wall Street a indústria da "titularização hipotecária". Explorando a abundante matéria-prima imobiliária, os bancos utilizam a sua engenharia para criar "massa de dívida industrial", que vendem em grandes quantidades, em troca de enormes comissões, a investidores enganados pela sua qualidade. Os EUA tornaram-se, assim, uma enorme máquina de fazer dinheiro.

Apesar das evidências, Alan Greenspan nunca reconhecerá a existência de uma bolha especulativa. Vendo que o índice de preços no consumidor (índice CPI)[*] aumentou apenas a uma taxa anual de 2,5 por cento entre 2000 e 2003, afirma que a inflação não é um perigo, justificando assim a manutenção das taxas de juro em valores mínimos. Ora, o banqueiro central sabe que os norte-americanos investiram o capital dos empréstimos em activos da bolsa e do sector imobiliário, que escapam às medidas da inflação oficial. É, portanto, perigoso ignorar a pressão que se manifesta ao nível dos preços das casas, do mercado obrigacionista e das acções. Com efeito, o CPI tem o grande defeito de não ter em conta os preços das casas, mas apenas um índice de rendas que, nos últimos anos, não tem reflectido de modo algum a explosão do mercado imobiliário. Por consequência, a inflação norte-americana oculta perigosamente a inflação do preço de um activo que representa a principal despesa na vida do consumidor norte-americano.

---

[*] N. T. Sigla relativa à designação em inglês *Consumer Price Index*.

No entanto, o antigo presidente da Fed manifesta uma confiança inabalável na continuidade da euforia do crédito. Num discurso proferido no dia 23 de Fevereiro de 2004, chega mesmo a aconselhar os proprietários de imóveis a não subscreverem hipotecas fixas, que podem sair-lhes caras, mas sim hipotecas com taxas variáveis. Isto, quando as taxas de juro estavam a um por cento, o valor mais baixo desde há 50 anos! Em seguida, de Junho de 2004 a Junho de 2006, procederá a 17 aumentos das taxas, que as farão subir até aos 5,25 por cento. Era preciso evitar a todo o custo as taxas variáveis.

De repente, a meio de 2006, a dívida tem de novo um custo… e Greenspan criou uma enorme "bomba retardada". Isto porque os tomadores de hipotecas não sentem logo o choque: com efeito, os menos solventes de entre eles têm taxas ajustáveis que, sendo extremamente baixas à partida, sobem rapidamente de 50 para cem por cento ao fim de dois anos. O efeito não tardará. A partir de Junho de 2006, a bolha imobiliária começa a esvaziar como um balão, furada pela agulha das taxas de juro.

É em 2005 e 2006, quando os preços das casas atingem níveis máximos, ao mesmo tempo que as taxas de juro mostram tendência para aumentar, que a indústria financeira gera as maiores receitas: obtém lucro com a venda de títulos hipotecários extremamente sobrevalorizados em relação à sua qualidade de crédito real. É também por isso que alguns bancos que, como o UBS, se expuseram na pior altura ao mercado *subprime*, ao longo destes anos, deram por si com "colheitas" de 2005 e 2006 destes títulos apoiados em hipotecas relativamente malparadas.

O observador que teria motivos para ser o mais intransigente era Paul Volcker. Presidente da Fed de 1979 a 1987, o antecessor de Alan Greenspan preocupara-se, acima de tudo, com a solidez do dólar e do sistema financeiro, sacrificando, sem grandes hesitações, a sua popularidade junto de Wall Street. Em Abril de 2008, escreverá num editorial do *Washington Post* que os anos de política monetária que o sucederam "levaram a Fed a acções no limite dos seus poderes legais e implícitos e transcenderam todas as práticas e princípios dos banqueiros centrais norte-americanos".

Com efeito, a visão de Greenspan contrasta fortemente com a de Paul Volcker. Enquanto este último preparara o crescimento norte--americano das décadas de 1980 e 1990 combatendo vigorosamente a inflação, Greenspan nunca tentou, como se viu, dominar a inflação dos activos financeiros, criando através da sua política de taxas de juro uma economia de bolhas, mantida sob anabolizantes, sucedendo-se as fases de contracção às fases de nova expansão. Já no dia 10 de Abril de 2005, Volcker expressara o seu cepticismo perante a gestão duvidosa do seu sucessor, assinalando que "as poupanças das famílias norte-americanas praticamente desapareceram" e que "a propriedade imobiliária se tornou um meio tanto de endividamento como de poupança".

A mudança de mentalidades que aconteceu nos EUA nos últimos 25 anos, desde a passagem da era Volcker para a era Greenspan, ilustra aquilo que designamos por "era da decadência",* palavra que escolhemos por fazer referência ao início da degradação e do declínio de uma grande civilização.

Na época em que Paul Volcker presidia à Fed, os bancos de investimento nunca esperavam que o banco central interviesse para os proteger das perdas de mercado, como comprova Jeremy Grantham,** o célebre "guru" de Wall Street que previra a crise do mercado *subprime*. Na época de Volcker, era evidente que o risco e o efeito de alavanca excessivos podiam ser sancionados pelos mercados. Os intervenientes do sector bancário aceitavam assumir isso, sem discussões. Se perdessem as apostas, pagavam do próprio bolso; era essa a lei imutável do investimento privado num sistema liberal, aceite desde há décadas. Paul Volcker impôs esta disciplina aos mercados. Isso explicaria o facto de Ronald Reagan o ter substituído por Alan Greenspan, mais "pró-mercados", em 1987. O novo presidente da Fed, que se manteve muito próximo da Casa Branca, não se mostrou independente dos

---

* **N. A.** Utilizamos esta expressão para fazer eco do título das memórias autojustificativas de Alan Greenspan, publicadas no final de 2007, que ele intitulou *A Era da Turbulência*, evocando o título do célebre romance de Edith Wharton, *A Idade da Inocência*. É também um piscar de olho à crítica rigorosa de William Fleckenstein, publicada no início de 2008 e que citamos mais atrás, cujo título faz referência à *era da ignorância*.

** **N. A.** Jeremy Grantham, "Immortal Hazard", *Quarterly Letter*, *GMO*, Abril de 2008.

interesses de Wall Street, ao contrário de Volcker. Este último, fiel a si mesmo, "não escreveu, como o seu sucessor, memórias autojustificativas nem se desdobrou em aparições a 300 mil dólares por noite para fazer discursos", escreve Grantham, que lamenta profundamente este período. Pelo contrário, a era Greenspan ia mudar a relação entre a Fed e a indústria financeira, subjugando a primeira à segunda. Com a chegada de Greenspan, a política monetária da Fed tornar-se-á um joguete dos mercados financeiros. Wall Street habituar-se-á a depender da complacência da Fed, que intervém sempre que a bolsa sanciona excessos, baixando as taxas mais do que o justificado pela economia real. Foi assim que o arquitecto da política monetária mais tolerante da história deu origem ao famoso *Greenspan put*, a mania de injectar capital no sistema sempre que os índices bolsistas baixam, de modo a salvar os mercados dos seus próprios erros. A ideia do *put*, ou opção de venda, provém do facto de os investidores sentirem estar sempre protegidos pela possibilidade de sair do mercado. "As enormes injecções de capital criadas *ex nihilo* ou provenientes da venda das reservas de ouro por parte dos bancos centrais norte-americano, europeu e asiáticos em Agosto/Setembro de 2007 para sustentar os bancos e os mercados bolsistas mostram, sem margem para dúvidas, que o sistema financeiro actual é incapaz de dominar os excessos especulativos que ele próprio gerou sem dar novas munições à especulação", escreve o economista Pierre Leconte.[*]

O que aconteceu no Outono de 2007 foi o exemplo perfeito disso, quando a Reserva Federal, dirigida por Ben Bernanke, o sucessor de Alan Greenspan, interveio de forma espectacular, baixando a taxa directora, a taxa de desconto e injectando grandes quantidades de capital. No total, mais de 600 mil milhões de dólares serão "vertidos" pelas "torneiras" monetárias. Em paralelo, o banco central baixa sete vezes a sua taxa directora entre Setembro de 2007 e Maio de 2008, fazendo-a passar de 5,25 para dois por cento: trata-se da série de baixas mais agressiva desde a década de 1980. A utilização da alavanca das taxas por parte da Fed, dando uma vez mais um perigoso sinal

---

[*] N. A. Pierre Leconte, *Les Faux-Monnayeurs: sortir du chaos monétaire mondial pour éviter la ruine*, Editions François-Xavier de Guibert, 2008.

de complacência a Wall Street, não é, por isso, uma receita milagrosa. Logo que o sistema comece a limpar-se dos seus excessos, a política monetária actua de forma menos directa sobre as forças do mercado. Não só as baixas das taxas não travaram a descida dos preços exagerados do imobiliário norte-americano como não puderam influenciar as taxas hipotecárias a 30 anos. Estas últimas, pelo contrário, aumentaram no mesmo período: a taxa média da hipoteca fixa a 30 anos nos EUA passou, assim, de 6,10 para 6,50 por cento de Setembro de 2007 a Julho de 2008. E as condições do crédito nos mercados obrigacionistas endureceram de modo sustentável para reflectir a revisão em alta dos riscos.

No entanto, a Fed interveio de forma ainda mais directa. A salvação do Bear Stearns, a quinta maior empresa de Wall Street, no dia 14 de Março de 2008, cria um incrível precedente nos EUA. Este banco de investimento não estava sob a supervisão da Fed, sendo apenas um banco comercial como o Citigroup e o JP Morgan Chase. Contudo, quando se encontra à beira da falência, a Fed e o Departamento do Tesouro decidem que é problema deles, devido às múltiplas contrapartes que o Bear Stearns possui no sector bancário e que significam que a sua ruína constituiria um risco sistémico. A Fed adianta então, em 48 horas, 29 mil milhões de dólares para financiar, de urgência, um plano de resgate do Bear Stearns por parte do JP Morgan Chase. Como garantia, o banco central assume a responsabilidade por igual montante de dívida tóxica que fazia parte do balanço da instituição. Como muitos comentadores defenderam, a dimensão do sistema financeiro e a natureza dos seus riscos parecem doravante justificar a intervenção sistemática das autoridades, instaurando um "risco moral" que suprime a responsabilidade dos intervenientes no mercado. Este acontecimento inspira em Martin Wolf, famoso cronista do *Financial Times*, o seguinte epitáfio: "Fixem a data de quarta-feira, 14 de Março de 2008: neste dia, acabou o sonho de um capitalismo global de livre iniciativa." Já se sabe o que veio a seguir: o Tesouro norte-americano, dirigido por Henry Paulson, antigo chefe do Goldman Sachs, organizou a salvação de todo o sector financeiro norte-americano.

Fannie Mae e Freddie Mac colocadas sob tutela do governo, nacionalização do American International Group, absorção do Merrill
Lynch pelo Bank of America sob a égide do Tesouro. Só um grande
banco, o Lehman Brothers, foi abandonado à falência, no dia 15
de Setembro de 2008. Depois, no início de Outubro, o Congresso
adopta o plano Paulson, nos termos do qual o Tesouro tem em
vista resgatar aos bancos norte-americanos até 700 mil milhões de
dólares em activos contaminados.

Portanto, a desregulamentação financeira dos últimos 25 anos
funcionou, entre as empresas de Wall Street, num só sentido:
quando se tratava de tomar mais liberdades em termos de riscos,
mas não quando se tratava de assumir as consequências. De tal
maneira que, enquanto a euforia reinava nos mercados, de 2003
a 2006, foram acumulados enormes lucros pelo sector financeiro,
incitado a uma especulação desenfreada. Depois, quando o mercado sofreu uma reviravolta, os custos foram bem divididos com a
comunidade em nome do "risco sistémico". Esta degeneração das
práticas financeiras constitui um verdadeiro perigo, dada a enormidade das perdas potenciais resultantes do uso acrescido do efeito
de alavanca e a desproporção que se acentua entre os mercados
financeiros e a economia real.

A crise do mercado hipotecário *subprime* levou este sistema além
dos seus limites. "Não é apenas uma bolha especulativa como as outras
que acaba de rebentar", escreve o célebre investidor George Soros no
seu último livro.* "A crise actual marca o fim de uma era de expansão do crédito que durou 25 anos, baseada no dólar como moeda de
reserva internacional. Anuncia também o fim do fundamentalismo de
mercado que reinou no último quarto de século." Assim, quem desta
vez também põe em causa o "fundamentalismo liberal" são os financeiros. Criticado por ter especulado as divisas na década de 1990, George
Soros, o fundador do Quantum Fund, o fundo pioneiro do investimento especulativo, assumira, porém, inteiramente os seus riscos.

---

* **N. A.** George Soros, *The New Paradigm For Financial Markets – The Credit Crisis of 2008
and What it Means*, PublicAffairs, 2008. [*O novo paradigma para os mercados financeiros –
A crise de crédito de 2008 e as suas implicações*, Edições Almedina, 2008.]

Actualmente, tanto ele como os outros financeiros originais têm uma perspectiva particularmente crítica do facto de as autoridades monetárias lançarem "bóias de salvação" a Wall Street.

Outros comentadores influentes vêem este desnorte como o final da hegemonia norte-americana. "A crise do mercado *subprime* é, claramente, sinal de uns Estados Unidos em declínio", afirma Joseph Stiglitz, professor de Economia na Universidade de Columbia e antigo economista-chefe do Banco Mundial. Esta bolha especulativa foi, precisamente, o complemento da política militar norte-americana. A mobilização por parte de Washington de cerca de três biliões de dólares, segundo Stiglitz, para ocupar o Iraque e controlar as segundas maiores reservas petrolíferas do mundo[*] fragilizou muito a economia norte-americana, fazendo disparar os preços do petróleo. Stiglitz considera que a administração Bush incentivou, por isso, Alan Greenspan, o presidente da Fed mais próximo da Casa Branca, a conduzir esta política monetária expansionista. "Era uma agenda política disfarçada de programa económico", resume o Prémio Nobel da Economia de 2001.

No relatório anual de 2007, o muito oficial Banco de Pagamentos Internacionais (BIS)[**] condenou a permissividade da política de Greenspan, que também considera responsável pela bolha do crédito.

A aspiração do aumento dos lucros

A sociedade norte-americana é a que mais perde com os erros da política monetária. O consumidor viu serem-lhe propostas soluções de endividamento ruinosas por um sector financeiro de ética degradada. A era prolongada do dinheiro fácil aboliu as restrições clássicas do acesso ao crédito e corrompeu a filosofia conservadora que regia, há um século, as práticas de empréstimo nos EUA. "Quando o dinheiro é gratuito, o mutuante racional empresta até já

---

[*] **N. A.** Joseph E. Stiglitz e Linda J. Bilmes, *The Three-Trillion-Dollar War: The True Cost of the Iraq Conflict*, W.W. Norton, 2008.

[**] **N. T.** Sigla relativa à designação em inglês *Bank for International Settlements*.

não haver a quem emprestar", resume George Soros. Este período destruiu a tradição de poupança norte-americana. A taxa de poupança caiu abaixo de zero. A agitação do mercado fundiário retirou à propriedade imobiliária as suas virtudes preservadoras de valor a longo prazo. Milhares de instituições de previdência, que cultivavam então a disciplina financeira da classe média norte-americana, perderam o seu mercado. Um grande número de organismos de crédito predadores, outrora marginais, substituiu-se a elas, elogiando créditos aliciantes a candidatos sem recursos, sobrefacturando-os com encargos por pagamento atrasado, ultrapassagem dos limites e outras penalizações e encerrando-os numa espiral de endividamento, ao longo das tentações dos créditos suplementares.* Jovens famílias com salários baixos, estudantes, imigrantes e até pessoas de idade e inválidas eram o alvo.

Ao contrário da vontade manifestada por Alan Greenspan de melhorar o acesso da maioria à propriedade, as famílias com baixos rendimentos são as maiores vítimas de mutantes hipotecários como a Countrywide, a New Century ou a Fremont General, escreve Charles Morris, o advogado e banqueiro norte-americano especialista em créditos estruturados, que publicou em Fevereiro de 2008 o primeiro livro dedicado à crise do crédito.** Na realidade, à semelhança da bolha tecnológica, o rebentar da bolha imobiliária começou por empobrecer os indivíduos com salários médios e baixos. Oriundos principalmente das comunidades negras e latino-americanas, os novos proprietários mostraram-se confiantes e crédulos, tal era a sua vontade de ter casa própria. Tal como o próprio Alan Greenspan admite no seu livro,*** "muitas famílias com baixos rendimentos que aproveitaram as ofertas de hipotecas *subprime* para se tornarem proprietárias pela primeira

---

* **N. A.** Barbara Dafoe Whitehead, "A Nation in Debt: How We Killed Thrift, Enthroned Loan Sharks, And Undermined American Prosperity", *The American Interest*, Vol. III. N.º 6, Julho/Agosto de 2008, pp. 8-17.
** **N. A.** Charles R. Morris, *The Trillion-Dollar-Meltdown, Easy Money, High Rollers, And The Great Credit Crash*, PublicAffairs, 2008. [*O Colapso de um Bilião de Dólares – Dinheiro fácil, apostas elevadas e a grande crise do crédito*, Gradiva, 2008.]
*** **N. A.** Alan Greenspan, *The Age of Turbulence, Adventures In A New World*, The Penguin Press, 2007. [*A Era da Turbulência*, Editorial Presença, 2007.]

vez aderiram à forte expansão imobiliária tarde de mais para usufruírem dos seus benefícios. Não dispondo de uma almofada de fundos próprios, tiveram dificuldade em pagar as prestações mensais e muitas delas são sujeitas a penhoras." Actualmente, dois milhões e meio de norte-americanos correm o risco de perder ou já perderam as suas casas, pois são incapazes de pagar taxas hipotecárias punitivas (reformuladas para o dobro ou o triplo das condições iniciais). A riqueza imobiliária do país, com a contracção deste mercado, diminuirá de dez a 30 por cento, consoante as estimativas.

Indiscutivelmente, as "bolhas de Greenspan" realizaram uma redistribuição da riqueza pelos banqueiros e corretores de Wall Street, em detrimento das classes médias e populares. A montante desta cadeia, os bónus astronómicos que os corretores recebiam no mercado hipotecário de risco eram possíveis graças à transferência, por via do endividamento, de uma parte dos rendimentos e das poupanças das famílias mais modestas dos EUA para enormes recipientes de dívidas. Esta grande quantidade de dívidas transformava-se em produtos negociáveis em bolsa e titularizáveis sob a forma de pacotes de dívidas. Esta indústria de transformação das dívidas e das transacções especulativas, que apanhou 2,5 milhões de famílias norte-americanas nas suas redes, era muito lucrativa. Nunca poderia, naturalmente, ter surgido se o quadro institucional e legal norte-americano tivesse preservado, como acontecia ainda há 20 anos, a integridade financeira dos mutuários.

Só a indústria financeira aproveitou, assim, entre 2002 e 2006 o frenesim do endividamento hipotecário, retirando lucros generosos, mas efémeros, desta quantidade de insolvências potenciais. Os benefícios do sector financeiro culminaram no primeiro semestre de 2007 e, quando rebentou a bolha de titularização sobre a dívida *subprime*, a indústria financeira já fizera enriquecer os seus melhores especuladores. Os gestores de Wall Street, os *traders* de elite e os "estruturadores" de dívidas nunca devolverão este dinheiro à comunidade.

Eis um motivo para relativizar as virtudes dos mercados financeiros, que se querem criadores de riqueza para a maioria, segundo a doutrina defendida na última década, no contexto de uma desregulamentação desenfreada. Na verdade, durante as quedas mais ou menos quinzenais que os mercados bolsistas reservam nas diversas classes de activos (acções, obrigações, divisas, derivados), é a economia real que, na maior parte das vezes, paga a factura. E já não se trata unicamente da economia nacional: a globalização faz com que, cada vez mais, as perdas financeiras geradas em Wall Street se difundam pelo resto do mundo, prejudicando outras economias além da dos EUA. O emprego no sector financeiro mundial foi muito afectado. Através dos seus dois grandes bancos, a economia suíça importou uma parte das perdas do mercado norte--americano. Sofrerá, certamente, as consequências da diminuição da rentabilidade dos dois gigantes UBS e Credit Suisse, contribuindo o sector bancário com quase 34 mil milhões de francos para o valor acrescentado nacional, ou seja, quase dez por cento do produto interno bruto helvético.

Por outro lado, as turbulências bolsistas prejudicaram as economias de forma muito directa, atingindo o seu sistema nervoso central: os bancos e as condições do crédito. Entre Outubro de 2007 e Abril de 2008, as bolsas mundiais perderam 4,7 biliões de dólares do seu valor. Os resultados dos bancos caíram a pique, com amortizações recorde como pano de fundo, e a sua capacidade de empréstimo foi muito afectada por isso. A crise que começara em Nova Iorque causou, um abrandamento económico global, acentuado pela clara restrição das condições do crédito nos EUA e não só, a começar pela Europa. No fim de contas, quando as quedas das bolsas servem de grande travão ao crescimento e fazem aumentar os custos do crédito, prejudicam a actividade das empresas de muitos sectores e também o consumo, o emprego e a progressão salarial de quem, para viver, depende apenas de um salário fixo e não dos rendimentos dos seus investimentos financeiros.

Assim, a bolha de endividamento nos EUA não afectou tanto os investidores e os seus ganhos em capital como a saúde financeira dos assalariados norte-americanos. Isto porque a classe dos investidores mais desafogados beneficia de um acesso privilegiado aos conselhos dos maiores especialistas em matéria de constituição de poupança, gestão do património e soluções de reforma óptimas. De tal forma que, durante os anos de frenesim do crédito, as famílias norte-americanas com rendimentos mais elevados aproveitaram para aumentar a sua parte de fundos próprios nos seus bens imobiliários e evitaram facilmente as armadilhas do sobreendividamento. Pelo contrário, as famílias com salários baixos, que não têm acesso a uma consultoria financeira qualificada, deram por si como o alvo de eleição de uma indústria do crédito agressiva.

Esta crise reforçou a "financeirização" da economia, um fenómeno em que se vê recuar a parte dos salários na riqueza das economias desenvolvidas, em benefício dos rendimentos do capital.[*] A "financeirização" da economia teve como efeito directo acentuar as desigualdades de rendimentos nos EUA, entre 1980 e 2005. "Os detentores de capitais e os níveis mais elevados da pirâmide salarial – ambos se cruzam – prosperam nos EUA e afastam-se do resto da população", constatam Gérard Duménil e Dominique Lévy, economistas e directores de investigação no CNRS de Paris, num artigo do *Monde diplomatique*.

Esta tendência verifica-se também na Europa, onde "a remuneração média dos directores das 30 sociedades cotadas no DAX, paga em parte sob a forma de acções, aumentou 62 por cento em cinco anos, enquanto o salário do colaborador médio aumentou apenas 2,8 por cento", escreve o correspondente do *Figaro* em Berlim, em Junho de 2008.

Directores e accionistas são, portanto, os impulsionadores do aumento dos rendimentos. Entre 2000 e 2007, as economias dos países ditos mais avançados (zona euro, Japão, EUA, Reino Unido e Canadá) viram a parte dos salários no rendimento nacional passar de 56 para 53,5 por cento, enquanto a parte dos lucros das empresas saltava de dez para 16 por cento, segundo o *Financial Times* de 9 de Junho de 2008.

No entanto, em parte nenhuma as desigualdades de rendimentos são tão grandes como nos EUA. Segundo Charles Morris, a parcela de um por cento dos rendimentos mais elevados (juntando-se

---

[*] **N. A.** Roland Pfefferkorn, *Inégalités et rapports sociaux, rapports de classes, rapports de sexes*, La Dispute, 2007.

salários e ganhos em capital) nos EUA aumentou de forma exponencial em 25 anos, passando de nove para 19 por cento do total de rendimentos tributáveis do país. O essencial da progressão dos rendimentos norte-americanos concentrou-se nesta ínfima parcela da sociedade, que progride, claramente, mais depressa do que os restantes 99 por cento de assalariados do país. Mesmo dentro desta parcela de um por cento, é na casa das centésimas que se representa o essencial da progressão: isto é, cerca de 15 mil contribuintes norte-americanos que viram a sua parte quadruplicar para atingir 3,6 por cento de todos os rendimentos tributáveis norte-americanos, explica o autor de *O Colapso de um Bilião de Dólares.* Esta parcela privilegiada de um por cento é essencialmente composta por profissionais da banca e do investimento, que fazem com que se desencadeie o processo de "financeirização".

Do outro lado da escala, a parcela dos salários inferiores sofre uma erosão do seu poder de compra, sem contar que forma também a categoria mais endividada. Além disso, a sua exposição aos mercados financeiros é reduzida, incluindo através dos fundos de pensões. Em 2004, metade dos assalariados norte-americanos trabalhava para empresas que não ofereciam planos de reforma. Os pequenos proprietários sofrem, actualmente, o duplo efeito da descida dos preços imobiliários e da tormenta bolsista, à medida que esta influencia a economia real e o sector do emprego. Na sequência das más acções da indústria do endividamento, a maioria deles nunca mais pertencerá à classe dos aforradores e investidores.

Em conclusão, a indústria do *subprime*, um resíduo da política de dinheiro gratuito da Reserva Federal, acentuará, mais do que nunca, as desigualdades sociais nos EUA. As perdas para a economia não terão precedentes na história, pois a explosão do mercado *subprime* é apenas um sinal do esvaziamento da enorme bolha de crédito.

Houve quem comparasse esta crise à queda da bolsa de Outubro de 1987, a famosa Black Monday. Esta queda da bolsa destruíra 500 mil milhões de dólares de valor bolsista.

---

* **N. A.** Charles R. Morris, *op. cit.*

Houve quem também a comparasse à crise das Savings & Loans de 1988. Esta aniquilara 150 mil milhões de dólares. Degenerando na mais grave crise de crédito dos 20 anos anteriores, causara a ruptura do mercado das *junk bonds* (obrigações especulativas) e, com ele, nomeadamente a do banco Drexel Burnham, em 1989/90.

Houve ainda quem comparasse a crise das hipotecas de risco à falência, em 1998, do fundo especulativo LTCM, no seguimento da crise russa. Este *hedge fund* gerava cem mil milhões de dólares e, embora a sua exposição teórica chegasse, através dos produtos derivados, ao bilião de dólares, a sua salvação custara quatro mil milhões aos 20 bancos que o resgataram e, depois, liquidaram. A crise do LTCM e com ela a crise russa, seguida da asiática, em 1997/1999, duraram no total dois trimestres e destruíram pouco mais de um trimestre de benefícios bancários.

Houve quem comparasse esta crise com a bolha das *dot-com* ou valores tecnológicos cotados no Nasdaq. Durara sete trimestres e destruíra o equivalente a seis a sete trimestres de lucros bancários, segundo um relatório da corretora Morgan Stanley e da consultora Oliver Wyman.

No entanto, a crise do crédito de 2007/2008 leva-nos a dimensões muito mais cataclísmicas. Provocou, no início de 2008, mais de 500 mil milhões de dólares de perdas no sector bancário mundial. E elas continuam a aumentar... O Fundo Monetário Internacional (FMI) avaliou em um bilião de dólares as perdas totais para o sistema financeiro mundial. A crise deverá destruir o equivalente a dez trimestres de lucros bancários, segundo o relatório Morgan Stanley/ Oliver Wyman,[*] anteriormente referido.

Charles Morris, autor de *O colapso de um Bilião de Dólares*, considera prudente o valor de um bilião de dólares, ao qual também chega no seu livro. O autor, que explica os seus cálculos em pormenor, soma todos os danos sofridos pelos mercados de crédito: amortizações e incumprimentos em hipotecas residenciais, comerciais, obrigações

---

[*] **N. A.** *Outlook For Investment Banking & Capital Market Financials*, Huw van Steenis, Morgan Stanley Research Europe, Nick Studer e James Davis, Oliver Wyman, 1 de Abril de 2008, 40 páginas.

de alto rendimento, financiamentos de resgates de alavanca, cartões de crédito e estruturas obrigacionistas complexas baseadas nestes activos. Estão também de acordo com a estimativa de um bilião de dólares James Wolfensohn, antigo presidente do Banco Mundial, e o norte-americano Bill Gross, gestor do maior fundo obrigacionista do mundo. Um estudo do *hedge fund* Bridgewater Associates, publicado em Julho de 2008, chega mesmo a 1,6 biliões de dólares de perdas totais para o conjunto do sector bancário.

Também para o governo norte-americano esta crise foi, de longe, a que exigiu a salvação mais dispendiosa do sistema financeiro. No Verão de 2008, o governo norte-americano atribuíra 945 mil milhões de dólares de dinheiro do contribuinte para ir em auxílio dos bancos em dificuldades do país, consideraram os analistas do UBS num relatório. É bem mais do que os 300 mil milhões de dólares que a crise bancária japonesa custara ao governo nipónico, na década de 1990. Em termos de percentagem do PIB norte-americano, a crise do mercado *subprime* representa 6,9 por cento, ou seja, mais do que a Grande Depressão, que custara dois por cento, e do que crise das Savings & Loans (três por cento).

É neste contexto que é preciso entender a catástrofe que se abateu sobre o UBS. As dificuldades do grande banco só se foram revelando ao público de forma muito gradual. A meio de 2008, as suas perdas na crise do crédito eram de 50 mil milhões de francos.

A simultaneidade da rápida expansão da "titularização" do crédito e da bolha imobiliária dá origem à crise dos créditos de risco, denominados *subprime*.

CAPÍTULO 4

A histeria do crédito

As décadas de 1980 e 1990 continham em si o embrião da bolha de crédito titularizado que implodiu no decurso do Verão de 2007. O aparecimento das finanças estruturadas, o rápido desenvolvimento dos produtos derivados e a matematização das transacções são os três fenómenos coexistentes que estão na origem da crise dos mercados ligados ao *subprime*, segundo Charles Morris.[*]

A partir da década de 1980, as finanças anglo-saxónicas viveram uma vaga de inovações, graças ao afluxo de jovens matemáticos, físicos e engenheiros que introduziram nos bancos as finanças quantitativas baseadas no modelo matemático de Black and Scholes, destinado a valorizar os produtos derivados e que se tornou, mais tarde, a fórmula universal para valorizar todos os activos financeiros. Nesta época, os produtos derivados – opções e futuros – generalizaram-se nas transacções em bolsa. Ao mesmo tempo, surgiram os derivados, as novas "tecnologias financeiras" da titularização, para atenuar a diminuição dos rendimentos das transacções em bolsa resultante da sua automatização.

A titularização revolucionou incontestavelmente a indústria do crédito bancário desde o seu aparecimento, na década de 1980. O processo consiste, para os bancos, em transformar carteiras de crédito

---

[*] **N. A.** Charles R. Morris, *op. cit.*

em títulos obrigacionistas, para os vender a investidores nos mercados financeiros. Até aí, os bancos detinham os créditos da sua clientela nos seus balanços até ao termo do prazo e, durante esse período, corriam o risco de ver clientes falharem pagamentos. Isso obrigava-os a cobrir o risco de crédito com uma almofada de capital regulamentar. Com a titularização, os bancos podiam, doravante, transferir o risco de crédito para fora do seu balanço nos mercados financeiros, libertando, assim, capital.

A titularização começou por ser um meio para Wall Street renascer das cinzas em 2001, após o rebentar da bolha dos valores tecnológicos. Era preciso encontrar novas fontes de lucro, visto que os corretores sofriam uma erosão das margens de lucro na transacção de acções, tendo as comissões diminuído 70 por cento desde 1975, após a abolição das comissões fixas. As transacções obrigacionistas também rendiam menos desde a chegada do *trading* electrónico. Em 2002, quando os corretores com rendimentos fixos (obrigacionistas) tiveram de passar pelos sistemas informáticos centralizados, a nova transparência das transacções num mercado até então pouco claro fez baixar as despesas. Os custos das transacções obrigacionistas para os investidores diminuíram mais de 50 por cento.

O mercado da titularização também se desenvolveu, indirectamente, em resposta ao endurecimento regulamentar que os EUA viveram após o dia 11 de Setembro de 2001 e que reduziu a competitividade da praça de Nova Iorque. O ambiente policial desfavorável aos EUA empresariais durante os anos de 2001/2003 contribuiu para enfraquecer o poderio de Wall Street. Em 2002, o número de entradas em bolsa em Nova Iorque foi o mais baixo desde há 24 anos, enquanto as fusões e aquisições diminuíram 70 por cento em dois anos. Era preciso compensar os custos elevados das novas regulamentações. Os bancos de investimento precipitaram-se no abismo ainda pouco regulamentado das actividades de titularização.

Além disso, é preciso determinar a posição concorrencial de Nova Iorque no panorama mundial. Nos últimos dez anos, a concorrência de outras praças financeiras prejudicou a competitividade do mercado de capitais nova-iorquino. O desenvolvimento progressivo das economias emergentes favoreceu o aparecimento de indústrias financeiras locais, onde os rendimentos que os investidores podiam esperar e que reflectiam a expansão das economias reais eram bem superiores aos do mercado de acções norte-americano, o mais maduro e saturado do mundo. À medida que se criavam especializações nas novas praças financeiras, Wall Street tinha cada vez mais dificuldade em vender a atractividade do seu mercado financeiro.

Os bancos de investimento sediados nos EUA apoderaram-se, então, da expansão imobiliária para desenvolver freneticamente as novas técnicas financeiras (titularização e derivados de crédito), que podiam garantir-lhes a manutenção da sua superioridade, proporcionando rendimentos elevados, ainda que muito artificiais, neste mercado.

O contexto macroeconómico norte-americano também teve um papel muito importante. Com as taxas de juro reais negativas nos EUA, mantidas abaixo do nível da inflação durante 31 meses consecutivos pelo banco central, os investimentos na dívida norte-americana sem risco nada rendiam. Os investidores em títulos obrigacionistas procuravam rendimento nos segmentos mais arriscados do mercado do crédito.

Portanto, os banqueiros norte-americanos encontraram uma nova fonte de ganhos nos créditos titularizados, um segmento inovador do mercado obrigacionista. A coexistência do desenvolvimento das técnicas de titularização de créditos e do crescimento da bolha imobiliária norte-americana fez despontar um mercado de promessas fabulosas: o das hipotecas titularizadas. A conjuntura era a ideal para este mercado específico: taxa de juro praticamente nula, provocando uma explosão hipotecária sem precedentes, fraca volatilidade dos mercados financeiros, em plena recuperação, e procura de novas classes de activos entre os investidores. Os créditos titularizados iam tornar-se o furor dos anos de 2003/2007 e o imobiliário residencial norte-americano seria a matéria-prima. A actividade dos bancos de investimento rapidamente se concentrou na dívida hipotecária norte-americana de elevado risco, denominada *subprime*, que, como já vimos, dizia respeito a devedores em limite de solvência. Apresentava, contudo, um risco de incumprimento muito reduzido, graças à subida dos preços das casas, oferecendo um enorme potencial em termos de comissões de titularização e de estratégias especulativas. Estes volumes hipotecários em pleno crescimento iam seguir, a partir de 2001, a via mais directa para os mercados financeiros, graças aos prodígios da titularização.

Mais uma vez, o mercado financeiro norte-americano, ainda a restabelecer-se da bolha tecnológica, conseguira colocar-se no centro de um frenesim especulativo, no qual todos os intervenientes financeiros do mundo queriam participar.

A máquina comercial de Wall Street pôs-se, então, em funcionamento para vender esses produtos a todos os bancos do mundo. As hipotecas *subprime* titularizadas, os "Frankenstein" da engenharia financeira, iam infiltrar-se nas finanças mundiais: todos os grandes bancos do mundo a elas se expuseram em níveis variados. Os bancos de investimento europeus Deutsche Bank, UBS e Credit Suisse também quiseram entrar no domínio dos seus grandes concorrentes de Wall Street. Formaram as suas próprias equipas de especialistas em montagem, estruturação e corretagem destes títulos, agrupados nas divisões de rendimentos fixos (*fixed income*). O *fixed income*, e já não o mercado de acções, tornara-se a actividade rainha.

Os bancos de investimento do Velho Continente entraram a bordo, na esperança de finalmente igualarem os seus concorrentes anglo-saxónicos. No UBS, Marcel Ospel viu nesta febre hipotecária uma oportunidade para tornar o banco suíço o campeão do mercado mais "quente" do momento. As promessas de lucro eram tais que o presidente do UBS considerou que era uma ocasião formidável para colocar o banco entre os gigantes de Wall Street e, ao mesmo tempo, aumentar a sua própria remuneração ao nível da dos seus pares norte-americanos.

Foi assim que Nova Iorque exportou as perdas do mercado *subprime* para o resto do mundo. Nunca uma crise norte-americana espalhara tantas perdas por bancos não norte-americanos. O sucesso de Wall Street em vender estes pacotes de dívidas de risco aos bancos europeus foi tal que, em Junho de 2008, estes últimos tinham perdido 200 mil milhões de dólares dos 387 mil milhões até então contabilizados na crise hipotecária *subprime*, enquanto as perdas dos bancos norte-americanos se limitavam a 166 mil milhões, segundo o Institute of International Finance.

A titularização e as suas falsas promessas

A titularização desenvolveu-se realmente com o mercado hipotecário norte-americano, entre 2002 e meados de 2007. Ao longo deste período, o montante das titularizações de hipotecas residenciais nos EUA sofreu uma explosão, até representar mais de sete vezes o dos empréstimos hipotecários tradicionais, segundo a empresa de corretagem Oppenheimer & Co. A trajectória das hipotecas titularizadas seguiu a de uma bolha especulativa típica. Em 1995, o volume de titularizações hipotecárias era ainda ligeiramente inferior ao dos empréstimos bancários tradicionais. Depois, de 30,2 mil milhões de dólares na década de 1990 o volume trimestral médio de titularizações de hipotecas passou para 210 mil milhões entre 2005 e 2007, antes de cair a pique no primeiro trimestre de 2008 para 34 mil milhões, valor igual ao do final de 1996. Agora, os empréstimos hipotecários tradicionais voltam a estar actualizados: o seu volume ultrapassa de novo o das titularizações. Esta expansão seguida de uma queda reflecte a bolha de titularização, que se tornou o jogo favorito de Wall Street.

Concretamente, os bancos de investimento resgatavam carteiras de crédito às agências hipotecárias e aos bancos comerciais que queriam extrair do seu balanço os riscos associados a estes empréstimos. Depois, titularizavam-nas, emitindo obrigações (isto é, títulos) em contrapartida por estes empréstimos hipotecários. Os investidores que compravam as obrigações recebiam os pagamentos dos devedores imobiliários. Quanto aos bancos, começaram a multiplicar as camadas de titularização e a cobrar ao comprador da nova estrutura comissões de estruturação.

A cadeia entre o proprietário da casa e o investidor final no *subprime* titularizado" tornava-se mais complexa à medida que as titularizações se sobrepunham.

As hipotecas *subprime*, que representavam devedores com pouca capacidade de reembolso, constituíam o essencial do mercado de titularização, pois a indústria bancária tinha em vista vender um máximo de dívida de fraca qualidade aos preços de uma dívida de boa qualidade. Uma vez titularizados, estes empréstimos de risco adquiriam, como que por magia, um selo de qualidade superior. Os bancos devem, em grande medida, os seus lucros a esta astúcia no mínimo discutível.

Como funcionava, concretamente, essa magia?

Os bancos de investimento reuniam carteiras de crédito hipotecário que, devido à sua qualidade medíocre, eram classificadas de BBB a BBB- por agências de classificação como a Standard & Poor's. Os bancos titularizavam-nas uma primeira vez: emitiam *Asset Backed Securities* (ABS), ou seja, obrigações garantidas por esses activos hipotecários. Uma obrigação ABS era, geralmente, constituída por um pacote de três mil a seis mil créditos. Era a forma mais corrente de titularização. As ABS de tipo hipotecário designavam-se também, em inglês, por *Mortgage Backed Securities* (MBS) e *Residential Mortgage Backed Securities* (RMBS).

Em seguida, os bancos vendiam directamente essas ABS no mercado, por exemplo a *hedge funds* ou a outros investidores institucionais, ou titularizavam-nas uma segunda vez. Neste último caso, agrupavam-nas sob a forma de fundos, chamados *Collateralized Debt Obligations* (CDO). São "cabazes" de ABS. As CDO compostas por ABS eram divididas em parcelas. Cada parcela conferia direitos diferentes de reembolso ao seu detentor. A parcela que oferecia a maior garantia de pagamento em caso de incumprimento de uma ou mais hipotecas subjacentes era a parcela superior. Era classificada de AA e AAA, ou seja, as qualidades de crédito mais elevadas. Depois, vinha a parcela A, que lhe era subordinada: só podia ser reembolsada logo que a parcela superior também o fosse. Por fim, depois de estas parcelas terem sido totalmente reembol-

A HISTERIA DO CRÉDITO

sadas, a BBB, que lhes era subordinada, tinha direito a reembolso. Como o investidor que a detinha corria o maior risco de não obter qualquer reembolso, recebia o cupão mais elevado. Pelo contrário, o detentor de uma parcela AAA recebia um cupão menos elevado, pois corria menos riscos.

Toda esta montagem era, na verdade, um engodo. Hipotecas de qualidade medíocre (de BBB a BBB-) tornavam-se os ingredientes de obrigações que continham parcelas de dívida cem por cento segura (AAA). Como é isto possível? A justificação era que estas parcelas seguras seriam quase certamente reembolsadas a cem por cento, pois eram protegidas pelas parcelas inferiores. O resultado absurdo destas montagens era que os investidores detinham mais dívidas cem por cento seguras do que as que existiam na realidade.

Comercialmente, a ideia era de génio. Permitia vender 80 por cento de dívida de má qualidade como um investimento aceitável para os investidores mais prudentes, levando-os a crer que estavam protegidos pela "almofada" dos 20 por cento de parcelas de risco.

O mercado das CDO *subprime* teve uma subida fulgurante. Entre 2005 e 2006, quase 80 por cento das CDO incidiam sobre activos imobiliários e cerca de metade destes últimos eram de qualidade *subprime*.

Esta nova tecnologia de crédito foi vista como o "bezerro de ouro" em Wall Street, tanto mais que fornecia ao sector bancário o meio ideal para escapar às exigências de capital regulamentares ligadas aos empréstimos hipotecários clássicos.

Um meio prático, lucrativo e supostamente isento de risco. Quando o mercado das CDO *subprime* realmente vingou, em 2005, a taxa de incumprimento dos devedores imobiliários de risco incluídos nas CDO era ainda de três por cento. Foi por isso que, para os detentores das parcelas superiores destes "cabazes", o *airbag* fornecido pelos detentores das parcelas inferiores parecia, em teoria, amplamente suficiente para amortizar as eventuais perdas. Os modelos assentavam num erro de cálculo: foram emitidos biliões de créditos titularizados, segundo a hipótese de que o mercado imobiliário continuaria a valorizar perpetuamente. Afinal, não sofria uma queda desde a Grande Depressão.

Seguros nessa confiança, os bancos inventaram uma variante sintética dos "cabazes" de hipotecas titularizadas: as "CDO sintéticas". Tratava-se de clones de CDO, nascidos do génio matemático de Wall Street e confeccionados com a ajuda de derivados de crédito (*credit default swaps*). Estes derivados reproduzem os mesmos parâmetros de risco e de rendimento que uma carteira de CDO, sem que seja necessário adquirir e reunir verdadeiras hipotecas titularizadas (ABS). A criação de dívida hipotecária cotada em bolsa podia, portanto, efectuar-se de forma ainda mais célere e com custos menores. A rapidez com que os bancos podiam disponibilizar CDO sintéticas aos investidores apenas agravou a especulação e estimulou ainda mais o mercado do crédito. Em 2006, foi emitido um montante recorde de 524 mil milhões de dólares em CDO sintéticas, além dos 470 mil milhões em CDO reais emitidas no mesmo ano, levando o Banco de Pagamentos Internacionais (BIS) a dar o sinal de alarme sobre a bolha de crédito.

No entanto, o mundo bancário, mantido na ilusão pelas agências de classificação, perdera a ligação com o mercado imobiliário real. Preso neste mundo paralelo onde se trocavam títulos com níveis de abstracção crescentes, o sector bancário perdeu o controlo sobre a dimensão exacta do risco. A titularização ia revelar o seu maior perigo: o de fazer o espírito humano perder o sentido de adequação entre o valor do activo material (neste caso, o imobiliário) e o título financeiro complexo de que este serve de garantia.

O UBS julgava-se protegido contra riscos excessivos: afinal, uma vez que o banco estruturara as parcelas de crédito hipotecário de risco, já não tinha de se livrar delas no mercado, onde muitos investidores as desejavam avidamente. O UBS agia, portanto, como intermediário e encaixava enormes comissões por este trabalho de estruturação, através do qual transformava títulos hipotecários (ABS) em "cabazes" (CDO) divididos em parcelas. O banco conduzia uma segunda actividade que julgava ser, ao mesmo tempo, lucrativa e pouco arriscada. Mantinha as parcelas de dívida hipotecária de qualidade superior no seu balanço. Assim, o grande banco podia encaixar a diferença entre os cupões que rendem estes títulos, considerados muitos seguros pelas agências de classificação, e o baixo custo do capital que pedia emprestado para os adquirir (ver Capítulo 7).

Nada permitia, a quem se baseasse nos novos preceitos da "diversificação", ver aí uma estratégia especulativa. Com efeito, estas misturas hipotecárias eram compostas por milhares de devedores com solvências diversas. Ora, a probabilidade de incumprimento simultâneo por parte de todos esses devedores era muito reduzida, repetiam ao desafio os especialistas de crédito. Devido a esta teoria de grande repartição do risco, estes pacotes de dívidas sem valor vendiam-se como uma dívida de baixo risco. Fenómeno comum a todas as bolhas especulativas: a percepção dos investidores estava errada.

As agências de classificação Standard & Poor's, Moody's e Fitch também ganharam muito com isso. Durante muito tempo considerou-se, erradamente, estas empresas norte-americanas que têm o monopólio da avaliação de risco mundial entidades independentes dos mercados financeiros. Mas como o seriam, se os bancos são os seus principais clientes? Atribuindo classificações extremamente complacentes aos títulos *subprime* para os tornar comercialmente atractivos, a S&P, a Moody's e a Fitch contribuíram para alimentar a bolha especulativa. Entre 2002 e 2006, a Moody's duplicou o seu volume de negócios e triplicou a cotação das suas acções.

O principal argumento destes grandes magos da classificação financeira era que as taxas de incumprimento, nomeadamente as hipotecárias, eram extremamente baixas na altura e assim continuariam a longo prazo.

A "bomba retardada" foi accionada: uma subida das taxas de incumprimento, por muito ligeira que fosse, arriscava-se a destruir estas estruturas, cuja reacção em semelhante caso se desconhecia. As políticas de risco dos bancos não tinham em conta um aumento repentino do incumprimento dos devedores. Ora, estas taxas de incumprimento muito baixas eram apenas o resultado de refinanciamentos hipotecários contínuos, facilitados pela política de dinheiro gratuito da Reserva Federal, responsável pelo disparar dos preços imobiliários (ver Capítulo 3). Deste modo, as taxas de incumprimento destes anos assentavam numa bolha de dívida crescente que, mais cedo ou mais tarde, rebentaria. Apesar disso, os bancos tinham incluído estas probabilidades reduzidas de incumprimento nos seus modelos de risco, também eles imperfeitos, mas manifestamente subordinados aos seus objectivos comerciais.

Foi em Julho de 2007 que o mundo percebeu as grandes falhas desta estrutura. O mercado imobiliário sofre uma reviravolta, a descida dos preços das casas faz com que os mutuários percam as suas garantias, os compradores de hipotecas titularizadas desaparecem do mercado, os proprietários de imóveis já não podem refinanciar-se para adiar a hora do incumprimento do pagamento. Sem saída, as suas taxas de incumprimento sofrem uma explosão. As agências de classificação têm, então, de baixar de nível, de uma só vez, milhares de títulos hipotecários, para os classificarem como muito arriscados. Os bancos de investimento que adquiriram grandes quantidades de títulos hipotecários, entre os quais o Citigroup, o UBS e o Merrill Lynch, deixam de poder escoá-los e dão por si encostados à parede, com títulos cujo valor cai a pique. Assiste-se, assim, a um verdadeiro teste ao mercado das CDO. Estes títulos demonstram que não se deterioram individualmente, mas sim em massa, atendendo a que incidem, na sua maioria, sobre o mesmo activo: o imobiliário. Quando deixa de haver compradores para as parcelas de maior risco, aquelas que absorvem as primeiras perdas da CDO, os "resíduos tóxicos" já não podem ser eliminados a partir de baixo e toda a estrutura fica contaminada. Assim, as parcelas "seguras" partilham, de repente, o risco com as menos seguras e vêem o seu valor cair a pique antes mesmo de os incumprimentos se concretizarem nas hipotecas subjacentes: bastou os compradores finais considerarem que estas parcelas "de qualidade" eram demasiado caras em relação aos seus riscos reais e exigirem um maior rendimento para as deterem para desencadear uma reapreciação maciça do mercado e tudo se desmoronar.

Os 50 mil milhões de francos amortizados pelo UBS representam, essencialmente, a queda do valor das CDO de qualidade, nas quais os investidores finais já não estão interessados, pois desqualificaram estas estruturas. Os títulos mantiveram-se bloqueados no balanço do grande banco, enquanto o seu valor caía a pique e o UBS quase não previra capital para cobrir o seu risco.

De muito "líquido", o mercado da dívida *subprime* passara, num instante, a extremamente "ilíquido". O "risco de falta de liquidez", que se torna real quando todos os compradores desaparecem de repente, é, portanto, a variável que os bancos e os reguladores dos dois lados do Atlântico tinham subestimado completamente nos seus modelos. Pois é também aquela que tem mais poder para destituir um mercado do seu valor.

A crise do mercado hipotecário *subprime* é sintomática de uma falta de rumo nas práticas de boa conduta de Wall Street. "Nos mercados não regulamentados, o cheiro do dinheiro destrói todas as capacidades sensoriais e órgãos reguladores da ética", escreve Charles R. Morris.[*] Terá efeitos mais perigosos para a praça financeira de Nova Iorque pois esta última já não tem, desde 2001, as mesmas vantagens imbatíveis para oferecer aos bancos internacionais. Tudo parece indicar que a sua supremacia incontestada dos últimos 25 anos se aproxima gradualmente do fim.

---

[*] **N. A.** Charles R. Morris, *op. cit.*

CAPÍTULO 5

O desastre

A meio de 2007, o mundo financeiro assiste ao rebentar da bolha da dívida nos EUA, exactamente como vivera, sete anos antes, a explosão da bolha dos valores tecnológicos. Desta vez, é o mercado dos créditos negociados em bolsa no seu todo que entra em crise. Os entendidos falarão, no início de 2008, na crise mais grave desde a queda da bolsa de 1929.

O problema manifesta-se principalmente no mercado de créditos titularizados ou *collateralized debt obligations* (CDO). Estes "cabazes" de créditos eram vendidos pelos bancos a investidores, sob a forma de parcelas classificadas em função do risco. Uma especulação frenética por parte dos intervenientes de Wall Street abateu-se, desde 2005, sobre as CDO que continham créditos hipotecários de risco de solvência duvidosa. No início de 2007, representam metade dos 2,5 biliões que vale o mercado das CDO no seu todo. São elas, as CDO *subprime*, que estão no cerne da crise.

A sua queda é idêntica à do mercado imobiliário, no qual os bancos e os seus clientes especulavam. Tudo começa quando a Reserva Federal norte-americana sobe a sua taxa de juro directora, que mantinha extremamente baixa desde 2001. Quando o crescimento norte-americano provocado pela expansão do crédito imobiliário acelera em 2003, a Fed tem de exercer disciplina a nível monetário

Em Abril de 2008, uma coisa é certa: o banco de investimento norte--americano do UBS nunca mais será o mesmo.

O DESASTRE

para controlar a inflação. Fazendo o país sair deste longo período de dinheiro gratuito, aumenta as taxas de juro. De um por cento em Junho de 2003, passam a 5,25 por cento em Junho de 2006. O mercado imobiliário norte-americano, superinflacionado por uma bolha de crédito inédita na história e totalmente indisciplinado na concessão dos seus créditos, não aguenta o aumento do preço do dinheiro. Com efeito, as taxas das hipotecas *subprime* são indexadas à taxa directora da Fed. Os incumprimentos de pagamento multiplicam-se entre os proprietários de imóveis asfixiados pelo reembolso, a compra de imobiliário diminui bruscamente e o preço das casas desce no início de 2007, levando com ele a indústria dos créditos titularizados que os bancos tinham baseado nele.

As CDO *subprime*, os títulos baseados na dívida hipotecária norte-americana de muito baixa qualidade, começam então a perder o seu valor. Para o público leigo, o choque será descobrir, no final do Verão de 2007, a que ponto bancos como o UBS, o Citigroup e o Merrill Lynch especulavam, há vários anos, nas CDO *subprime*. O impacto no sector bancário manifestou-se pela primeira vez, de modo tímido, em Fevereiro de 2007, quando o HSBC, o gigante bancário britânico, teve de tomar importantes medidas após o aumento do crédito malparado, em 2006, na sua actividade de empréstimos *subprime*.

Só no início de Julho de 2007 é que os investidores em títulos que contêm hipotecas de risco começam realmente a fugir do mercado. Vendo o desmoronamento do mercado imobiliário, duvidam que o risco dos títulos ligados ao *subprime* tenha sido correctamente calculado pelas agências de classificação. Tomando tardiamente consciência das suas avaliações demasiado complacentes, a Standard & Poor's é obrigada a baixar de uma só vez, no início de Julho, a classificação de uma centena de CDO que contêm hipotecas de má qualidade, sendo logo seguida pela Moody's. Depois, serão vários milhares os títulos que diminuirão de nível. As agências de classificação provocam, então, a queda dos índices ABX, que permitem seguir o valor dos títulos hipotecários no mercado. Quando os índices caem, em Julho e Agosto, os bancos são obrigados a adiar ou anular as suas vendas de CDO e a rever em baixa (amortizar) o valor dos títulos que detêm nas suas carteiras. O mercado desmorona de repente. Até aí muito lucrativo, o mercado de CDO deixa de existir em Agosto.

Antes de os bancos revelarem a extensão das suas perdas, o mês de Julho reservará várias falências a outros grandes investidores nestes títulos: os *hedge funds*. Muitos destes fundos de investimento com estratégias especulativas entram em falência, a começar por dois veículos do banco Bear Stearns centrados na dívida *subprime*. Os *hedge funds*, não se contentando em expor-se a estes títulos hipotecários por definição ilíquidos (difíceis de trocar em bolsa), também desmultiplicaram o seu risco, acrescentando um enorme efeito de alavanca às suas posições: pediram emprestado, em média, o quíntuplo dos capitais próprios que investiram nas CDO. O empréstimo faz-se "em margem": estes mesmos títulos servem de garantia junto dos bancos que os financiam. Todo o dispositivo explode em meados de 2007, quando o valor destes créditos titularizados começa a diminuir e estes fundos se deparam com falta de garantias junto dos seus credores. Os bancos lançam, então, apelos de margens urgentes aos seus clientes especuladores, exigindo garantias suplementares. No meio do pânico, os *hedge funds* têm de vender estes títulos para pagarem os seus empréstimos, acelerando a queda do mercado e as perdas dos bancos que também nele investiram.

Com efeito, os bancos estão na primeira linha da especulação. Sobretudo aqueles que, como o UBS, o Citigroup e o Merrill Lynch, conduziam estratégias por conta própria muito semelhantes aos *hedge funds*. No início do Verão, o observador leigo pode ainda acreditar que os problemas se limitam a alguns *hedge funds* particularmente especulativos. Contudo, a partir do mês de Agosto, torna-se evidente que as maiores vítimas são o Citigroup, o UBS e o Merrill Lynch, instituições de primeira ordem.

O UBS, o maior banco suíço, acumulou desde 2005 uma quantidade recorde de títulos ligados ao mercado hipotecário norte-americano de risco, tanto nas suas carteiras como no seu próprio balanço, principalmente CDO. Esta exposição provocará 50 mil milhões de dólares em amortizações entre Outubro de 2007 e Setembro de 2008.

O DESASTRE

A gravidade da situação no UBS só se manifestou ao fim de um crescendo de revelações que terá durado cinco meses. No dia 3 de Maio de 2007, o grupo da Bahnhofstrasse anuncia o encerramento do Dillon Read Capital Management (DRCM), o seu *hedge fund* interno sediado em Nova Iorque, que perdeu 150 milhões de dólares entre Janeiro e Março de 2007. O público acredita então na má prestação isolada de um fundo lançado com grande pompa em 2005, mas que não correspondeu às expectativas.

No dia 6 de Julho de 2007, o conselho de administração do UBS dissocia-se, com efeitos imediatos, do seu director-geral, Peter Wuffli. Este é substituído pelo chefe da gestão de fortunas, o natural da Argóvia Marcel Rohner. Também esta demissão se julga estar relacionada com o encerramento do DRCM.

No dia 14 de Agosto de 2007, o UBS lança um aviso sobre os seus resultados do segundo semestre de 2007, devido à "agitação dos mercados", sem especificar os riscos a que está exposta.

O segredo só será realmente desvendado no dia 1 de Outubro de 2007. O UBS, que ficou a aguardar com esperança uma recuperação dos mercados do crédito, é forçado à verdade após a capitulação dos mesmos, em Agosto. Revela ao público que, entre Julho e Setembro, teve de proceder a amortizações de quatro mil milhões de dólares em posições ligadas ao mercado *subprime* e que, por consequência, apresentaria uma perda no terceiro trimestre. Na mesma altura, o banco faz uma limpeza nos níveis superiores: Huw Jenkins, chefe do banco de investimento, abandona o cargo, tal como os seus dois homens de confiança, responsáveis pelo essencial das perdas – David Martin, chefe da unidade de taxas, e James Stehli, chefe do departamento de CDO. Em pleno fracasso, o banco de investimento é colocado temporariamente sob a gestão de Marcel Rohner. O director financeiro Clive Standish é igualmente dispensado e substituído por Marco Suter, até aí vice-presidente do UBS. Joe Scoby, antigo colaborador da O'Connor, a empresa de Chicago resgatada em 1994, substitui o suíço Walter Stürzinger como responsável dos riscos (*chief risk officer*) do grupo.

81

No dia 30 de Outubro, o UBS anuncia, como previsto, uma perda operacional de 726 milhões de francos, a primeira em nove anos. A situação, porém, apenas se agrava. No dia 10 de Dezembro de 2007, o banco revela que teve de amortecer mais dez mil milhões de dólares e que o exercício de 2007 será deficitário. Com efeito, a falta de liquidez, isto é, a ausência total de compradores, nos mercados dos créditos titularizados impossibilita a venda destes activos de risco, que não param de desvalorizar.

Tendo acumulado, nesta fase, 14 mil milhões de francos em amortizações, o UBS informa também que tem de recorrer a novos capitais, num valor de 19 mil milhões de francos. Um terço desta quantia provém da venda de acções próprias e da substituição dos dividendos pagos em numerário por dividendos pagos em acções.

O mais importante, porém, é que foram cedidos 13 mil milhões de francos por dois grandes investidores, inicialmente apresentados como "estratégicos": o fundo estatal Singapura GIC (Government of Singapore Investment Corporation), que gere as reservas de câmbio do Estado do Sul do Pacífico, e um investidor anónimo do Médio Oriente. Juntos representam, a partir de então, 12 por cento do capital. Serão emitidas, para estes, obrigações convertíveis que passarão a acções ao fim de dois anos, ou seja, no início de 2010.

Esta solução foi orquestrada por Marcel Ospel. O presidente do conselho de administração pegou no telefone para convencer Ng Kok Song, o director do fundo de Singapura, a colocar sobre a mesa 11 mil milhões de francos. Quanto ao investidor do Médio Oriente que injectou os restantes dois mil milhões, tratar-se-ia de um cliente árabe do UBS, que teve um gesto de boa vontade para com os seus banqueiros. O *Financial Times* julga saber, no final de 2007, que se trataria do Príncipe Sultão Bin Abdulaziz Al Saoud, ministro da Defesa da Arábia Saudita e um dos sete filhos do Rei Abdulaziz. Contudo, o investidor mais provável seria a discretíssima Autoridade Monetária da Arábia Saudita (Saudi Arabian Monetary Authority, SAMA). A informação provém do *site* financeiro www. efinancialnews.com. Fundada em 1952, esta instituição que acumula as funções de banco central e de autoridade de investimento

O DESASTRE

da maior monarquia petrolífera gere 330 mil milhões de dólares. Teria concedido os fundos com a condição de manter o anonimato. Na Suíça, a lei das Bolsas (LBVM) autoriza-a, aliás, a não declarar a sua participação, desde que detenha menos de três por cento. O *site* financeiro norte-americano obteve a informação junto de fontes internas do UBS e de fontes sauditas, mas o UBS nunca forneceu informações a este respeito.

No final de 2007, este plano de rápida recapitalização, que inclui os accionistas existentes, suscita fortes reacções. Há accionistas suíços que a classificam de discriminatória. Com efeito, a lei suíça confere o direito de preferência aos accionistas existentes aquando de um aumento de capital, que tem por objectivo manter o nível da sua participação relativa e, portanto, do seu voto. Esperavam ser convidados pelo UBS a participar prioritariamente neste aumento de capital, visto que a emissão oferece condições iniciais muito vantajosas: a obrigação renderá um dividendo anual elevado de nove por cento, ou seja, claramente mais do que o que recebe o portador de uma obrigação clássica do UBS, que oferece um rendimento de 5,3 por cento.

Ora, o UBS explica que a operação é unicamente reservada aos investidores de Singapura e da Arábia Saudita, "para efeitos de rapidez". Foi, com efeito, numa situação de urgência que o UBS abriu o seu capital a estes "cavaleiros brancos", pagando-lhes um verdadeiro prémio de liquidez pela sua capacidade de colocar imediatamente à sua disposição vários milhares de milhões.

Há que reconhecer que, se estes novos investidores exóticos são tão bem recompensados, é por um motivo economicamente justificado: não terão direito de voto durante dois anos, enquanto as obrigações não forem convertidas em acções do UBS, e correm o risco ilimitado de descida das acções que, como todos veremos, se revelará substancial.

Na realidade, o UBS simplesmente imitou as soluções dos seus concorrentes norte-americanos na mesma situação. Antes dele, o Citigroup entregou-se, em grande medida, ao dinheiro do petróleo, emitindo uma obrigação convertível subscrita pelo emirado de Abu Dhabi, que rende uma taxa ainda mais elevada de 11 por cento.

No entanto, entre a Suíça e os EUA, tanto a mentalidade como o contexto legal diferem. Assim, há muito que as sociedades norte-americanas deixaram de oferecer o direito de preferência em semelhantes casos e os accionistas de base do Citigroup jamais se lembrariam de se queixar disso. Na Suíça, os accionistas estão conscientes de que terão de abdicar do direito de preferência aquando da assembleia-geral de Fevereiro de 2008.

No final de 2007 e início de 2008, Dominique Biedermann, director da fundação Ethos que representa 75 fundos de pensões, inicia uma campanha contra a operação com outros accionistas suíços. Teme a importância desproporcionada que os investidores de Singapura possam passar a ter: na altura com dez por cento do capital, o GIC pode dispor de uma minoria de bloqueio aquando das assembleias-gerais. Sendo a taxa de participação nas assembleias do UBS de 25 a 30 por cento, a chegada do GIC e dos investidores do Médio Oriente cria um núcleo de accionistas fundamentais, capazes de bloquear as decisões, reivindicando dois terços dos votos. Uma perspectiva ainda mais invulgar para os accionistas tradicionais do UBS porque, com a remodelação do conselho de administração prevista para 2008, é mesmo possível que investidores de Singapura sejam convidados a nele ter assento.

A Ethos, apoiada pelas associações de defesa dos accionistas Deminor e Actares, propõe uma solução alternativa: um aumento de capital normal, aquando do qual o GIC e o investidor árabe subscreveriam apenas metade dos tais 13 mil milhões, enquanto os restantes accionistas contribuiriam para a outra metade, exercendo o direito de preferência. A Ethos consegue introduzir esta proposta na ordem de trabalhos da assembleia do UBS, correndo o risco de desagradar aos investidores de Singapura e da Arábia Saudita. A solução "suíça" recebe o apoio de diversos accionistas do UBS na Suíça: Ulrich Grete, o antigo presidente do AVS, Ivan Pictet, sócio maioritário do banco Pictet & Cie., e Herbert Brändli, director do fundo de pensões Profond. Assim, o plano proposto no dia 10 de Dezembro pelo UBS parece, durante algumas semanas, correr o sério de risco de ser rejeitado na assembleia-geral de 27 de Fevereiro de 2008.

O DESASTRE

Entretanto, porém, a situação deteriora-se. O exercício de 2007 salda-se numa perda líquida de 4,4 mil milhões de francos para o UBS, na sequência de um défice de 12,5 mil milhões nos últimos três meses, altura em que o UBS tem ainda de amortecer quatro mil milhões em posições hipotecárias de risco. Só a divisão da banca de investimento apresenta uma perda de 15,5 mil milhões. No total, o UBS sofreu correcções no valor de 21 mil milhões de francos sobre as suas posições hipotecárias de risco no final de 2007. Durante esse tempo, os dois colossos de Wall Street, o Citigroup e o Merrill Lynch, também se afundam nas suas perdas e solicitam, pela segunda vez, em massa o dinheiro asiático e árabe. Na hora em que apenas os milhares de milhões do petróleo e dos excedentes comerciais asiáticos parecem poder colmatar as perdas recorde da especulação *subprime*, os bancos ocidentais e os seus accionistas aprendem da pior forma as novas regras do jogo das finanças internacionais. Os accionistas do UBS apercebem-se de que a única solução é aprovar o plano de recapitalização. Além disso, pouco antes da assembleia-geral, os Institutional Shareholder Services (ISS), organização influente que aconselha os investidores institucionais, apoiam claramente a solução do banco.

No dia da assembleia, a proposta da Ethos será finalmente rejeitada por uma maioria significativa. O facto de uma importante minoria se ter, todavia, oposto constitui para Dominique Biedermann um sinal forte dado aos administradores: no caso de uma segunda recapitalização, será necessário que o UBS implique os accionistas existentes. Após esta vitória do GIC, o director do fundo de Singapura toma nota da situação: os accionistas suíços foram agressivos, receando a sua influência excessiva sobre a estratégia do UBS. Além disso, por todo o mundo, os fundos estatais de países ricos como Singapura ou a região do Golfo suscitam preocupações crescentes quanto à sua gestão e falta de transparência.

Por detrás das resistências expressas na Suíça, transparece o receio de ver o UBS perder a sua identidade. Entram em jogo aspectos políticos: abandonará o UBS o mercado financeiro suíço em benefício de Singapura, a "Suíça da Ásia"? Consciente desses medos, Ng Kok Song decide praticar uma política de discrição absoluta. Das raras vezes que se exprime na imprensa, o singapurense minimiza as perspectivas de ver um representante do GIC com assento no conselho do UBS e repete com insistência que não pretende influenciar a estratégia do banco, nem possuir mais de dez por cento do capital. O discurso tranquilizador, as palavras ambíguas e o alinhamento sistemático com as posições do banco caracterizarão a comunicação do GIC.

Esta atitude tem claramente em vista travar a hostilidade que o aumento do poder do GIC na estratégia futura do UBS pode suscitar. Contudo, alguns observadores não acreditam que um accionista tão importante possa permanecer totalmente passivo. "Será credível que estes accionistas não tentem, de futuro, exercer um certo controlo?", desconfia Joseph Stiglitz, professor da Universidade de Columbia. "O Citigroup, por exemplo, é detido em quase 30 por cento por fundos de riqueza soberana da Ásia e do Golfo", recorda o prémio Nobel da Economia. "Parece, aliás, normal que as empresas sejam dirigidas pelos seus proprietários e que, no caso dos bancos, os novos proprietários tenham o direito de promover uma melhor gestão." Uma política activa do GIC, mesmo que se opere nos bastidores, é tanto menos excluída quanto é, ao mesmo tempo, do interesse dos investidores de Singapura e do UBS, para o qual a Ásia representa o futuro (ver Capítulo 11). Em privado, Ng Kok Song está, aliás, longe de estar satisfeito com a cotação das acções do UBS, que no final de Julho de 2008 se encontrava 66 por cento abaixo do preço médio de conversão das obrigações convertíveis. Por outras palavras, o GIC perdeu, em teoria, sete dos 11 mil milhões de francos investidos... Não é propriamente um investimento sensato para um fundo estatal conservador. "Estão muito descontentes com o desempenho das acções", julga saber um quadro do UBS. "Singapura fará tudo para recuperar as suas perdas e será, por força das circunstâncias, um investidor activo", pensa Hans Geiger, professor de Finanças no Swiss Banking Institute de Zurique.

Em meados de Julho de 2008, quando as acções descem para o valor mínimo de 17,50 francos, o modelo de negócios do UBS, sancionado pelos investidores, volta a encontrar-se manifestamente sob pressão.

O DESASTRE

Isso dá força a Luqman Arnold. O accionista britânico exibe um estilo diametralmente oposto ao do GIC. Com 2,8 por cento do capital do UBS, o que faz dele o terceiro maior accionista do grupo, critica abertamente os gestores e exige a venda do banco de investimento do UBS, responsável por todos os seus males. Durante esse tempo, os investidores de Singapura apoiam religiosamente o banco, pelo menos em público, na sua vontade, manifestada no início de 2008, de manter as actividades de mercado nos EUA.

No entanto, a situação deteriora-se ainda mais no primeiro trimestre de 2008, quando o UBS apresenta uma perda líquida de 11 mil milhões de francos, após desvalorizações de 19 mil milhões na sua carteira imobiliária norte-americana. No dia 1 de Abril, o banco lança uma segunda recapitalização de 16 mil milhões de francos. Desta vez, todos os accionistas são chamados a subscrever as novas acções. A operação passa à justa.

Em seis meses serão, portanto, 38 mil milhões de francos em correcções de valor e 34,4 mil milhões em aumentos de capital. Enquanto este livro está a acabar de ser escrito, a factura sobe para quase 50 mil milhões, após novas amortizações de cinco mil milhões de francos no segundo trimestre de 2008 e de 4,4 mil milhões no terceiro trimestre.

Este período do terceiro trimestre é o mais negro da história do UBS: a série de ameaças de falência de bancos norte-americanos e europeus, salvos *in extremis* pelos governos que injectam às centenas de milhares de milhões de cada vez, provoca uma perda de confiança total por parte dos seus clientes. O mercado suíço sofre, em Setembro e Outubro de 2008, um congelamento completo do refinanciamento interbancário. No início de Outubro de 2008, as taxas Libor na Suíça disparam e os bancos recusam emprestar dinheiro ao UBS, receando que esteja prestes a declarar falência. A exposição do UBS aos activos "tóxicos" ainda aumenta nesta altura para 50 mil milhões de dólares. O UBS, tal como os outros bancos cujos balanços estão contaminados por títulos *subprime*, tem todas as dificuldades do mundo em livrar-se desses títulos. Tendo perdido confiança, os clientes do UBS retiram um montante recorde de 130 mil milhões de francos entre

Abril e Setembro. É a hemorragia. Os depósitos em massa são, então, efectuados junto de outras instituições. Contudo, o volume é tal que algumas delas, como o Banque Cantonale de Zurique ou o Postfinance, chegam a recusar depósitos de clientes que fugiram do UBS: também não têm a certeza de poder refinanciar-se o suficiente no mercado interbancário para pagar os juros relativos a esses depósitos a prazo. Acaba por ter de ser o Banco Nacional Suíço (BNS) a aceitar um número crescente de depósitos. Em paralelo, a paralisação total do mercado interbancário obriga o BNS a assumir as necessidades de refinanciamento do UBS, injectando quantidades incessantes de capital. A situação é inédita na história bancária suíça. As declarações tranquilizadoras da Confederação e da Comissão Federal dos Bancos em nada alteram o pânico do mercado. De tal maneira que, no início de Outubro, é a própria recusa do mercado interbancário em refinanciar o UBS no quotidiano, assim como os levantamentos de dinheiro em massa de clientes preocupados, que ameaçam directamente levar o UBS à falência. As autoridades suíças não têm outra opção senão intervir. É preciso repor a confiança a todo o custo. No dia 16 de Outubro, o BNS anuncia a criação de um fundo especial que tem em vista recuperar para o seu activo até 60 mil milhões de títulos em falta do UBS. Espera-se poder liquidá-los, daí retirando a prazo algum benefício. Não há, porém, nada menos seguro. Por agora, o BNS arrisca teoricamente 54 mil milhões de francos em perdas, enquanto o UBS absorverá os primeiros seis mil milhões em perdas. Em paralelo, a Confederação injecta seis mil milhões de francos no UBS, subscrevendo uma emissão de obrigações convertíveis, que permite imediatamente ao UBS receber novos capitais. A Confederação não pretende intervir no andamento dos negócios do banco. Indica de imediato que conta retirar-se do capital do UBS antes da conversão das obrigações em acções do banco, no prazo de dois anos e meio. A verdade é que, no momento actual, o governo suíço possui, sob a forma de obrigações convertíveis, o equivalente a nove por cento do capital social do UBS, isto é, tanto como o fundo GIC de Singapura.

O DESASTRE

O resgate público do maior banco suíço chocou imediatamente a opinião pública, que já assistira aos planos de resgate norte-americano e europeu, um de 700 mil milhões de dólares e o outro de 1,7 biliões de euros. No início de Novembro de 2008, o debate na Suíça centra-se nas contrapartidas a exigir dos bancos e, em particular, nas remunerações abusivas e na impunidade escandalosa dos gestores dos bancos.

Os últimos seis meses de 2008 anunciaram, definitivamente, o fim do modelo de negócios do UBS, integrando o banco de investimento e a gestão de fortunas privadas.

No dia 12 de Agosto de 2008, Peter Kurer, presidente do conselho de administração, anuncia que o UBS decidiu tornar o seu banco de investimento autónomo em relação ao resto do grupo. As divisões do UBS deixam de estar dependentes umas das outras. Doravante, as perdas eventuais do banco de investimento já não colocarão em perigo as outras divisões, a começar pela gestão de fortunas. As futuras actividades do banco de investimento deverão autofinanciar-se e tornar-se um centro de lucros, senão o grupo tomará decisões mais radicais, que o mercado interpreta vagamente como a perspectiva de uma venda.

Em meados de 2008, o UBS está, portanto, consciente dos enormes riscos que a actividade de mercado representa para a sua imagem junto das grandes fortunas. Uma reflexão de fundo agita os níveis superiores do UBS a respeito do futuro do banco de investimento no seio do grupo.

O fracasso do modelo integrado, que combina o banco de investimento e a gestão de fortunas, é já bem evidente no início de 2008 (ver Capítulo 10). Contudo, após se ter deixado envolver, em 1998, no escândalo do *hedge fund* LTCM, o UBS fora admiravelmente bem sucedido a recuperar uma reputação de extrema prudência, conseguindo, como muito poucos bancos, minimizar as perdas da bolha dos valores tecnológicos. Arquitecto do "novo UBS", construído em 1998, foi atribuída em grande medida a Marcel Ospel essa gestão exemplar. Com Peter Wuffli no cargo de director-geral, a dupla no poder fizera do UBS uma verdadeira máquina de lucros que, de 2003 a 2006, batia a cada trimestre os seus próprios recordes,

89

com ganhos em alta de 20 a 25 por cento. As ambições de Marcel Ospel nos EUA (ver Capítulo 6) levaram-no, porém, a arriscar-se mais neste país, subestimando mais do que os seus concorrentes a bolha de crédito norte-americana.

No total, o UBS perdeu mais do que qualquer outro banco do mundo no mercado *subprime*. As suas amortizações atingiram os 50 mil milhões no final de 2008, o que faz dele a maior vítima da crise dos empréstimos de risco, lado a lado com os bancos norte-americanos Citigroup e Merrill Lynch. No final de 2008, o UBS terá acumulado tantas perdas líquidas num ano como lucros gerados em dez anos através dessas mesmas actividades. Ao sair de uma estratégia que criou e depois anulou dez anos de lucros, o UBS tem de se render às evidências: levou o seu banco de investimento a seguir a via de um desenvolvimento descontrolado, causando o inevitável fracasso.

A partir da Primavera de 2008, é hora de reestruturar o banco de investimento. Ainda há muito para fazer. A exposição ao mercado *subprime* diminui a "passo de formiga". Em Março de 2008, essa exposição do banco ainda ascende a 83 mil milhões de francos. A dimensão do seu balanço ainda é demasiado alta, tal como o seu risco, calculado através do efeito de alavanca: os fundos próprios do banco representam apenas 1,6 por cento do total de activos. Isso significa que investe 60 vezes os seus fundos próprios, o que representa o efeito de alavanca mais elevado do sector bancário! A média europeia situa-se, então, nos 2,2 por cento. Mesmo no Credit Suisse, os fundos próprios correspondem a 2,3 por cento dos activos totais e atingem os 3,3 por cento nos bancos de corretagem norte-americanos, considerados menos prudentes. Este efeito de alavanca recorde permitiu ao UBS ter um rendimento de fundos próprios entre os mais elevados do mundo, ultrapassando os 25 por cento em 2006. "A alavanca explica, por si só, quase metade do aumento dos rendimentos dos fundos próprios dos bancos de investimento entre 2003 e 2007", calcula um analista do Morgan Stanley.

A vontade dos bancos em ter a quota de fundos próprios mais elevada possível explica, em grande parte, o desvio dos seus balanços. Entre 1985 e 1996, os bancos de investimento tinham conseguido, em média,

O DESASTRE

ter um rendimento dos fundos próprios na ordem das dezenas durante apenas dois anos. Pelo contrário, o sector conseguiu gerar quotas na ordem das dezenas entre 1997 e 2006, atingindo o valor máximo de 17 por cento, em média, em 2006. Estes rendimentos foram superiores ao custo dos fundos próprios durante os últimos 12 anos, segundo um estudo da Exane. A corretora atribui o aumento deste famoso *return on equity** aos seguintes factores: tendência para antes querer maximizar o valor accionista do que o valor para todas as partes envolvidas na empresa (colaboradores, clientes e accionistas), sob o efeito das remunerações baseadas no desempenho e na exportação das tradições do capitalismo anglo-saxónico para a Europa continental.

Assim, a quota que define a parte de fundos próprios no total dos activos deverá melhorar, tanto no UBS como entre os seus concorrentes. Esta melhor cobertura do balanço terá fatalmente como consequência uma diminuição dos rendimentos dos fundos próprios para níveis mais recomendáveis. A era das quotas mágicas chegou ao fim. Isto porque, a longo prazo, como demonstra o caso do UBS, a mesma insuficiência de fundos próprios que maximizou o seu rendimento provocou a partir de 2008 a queda do mesmo, desde que foi preciso reduzir a alavanca.

No segundo trimestre de 2008, o UBS ainda se debate com fundos próprios de apenas 1,5 por cento do balanço. O banco sabe que ainda terá de emagrecer drasticamente o seu balanço e de se dotar, de futuro, de muito mais capital. Tudo isso deixa, claramente, antever o fim das taxas de rentabilidade fabulosas apresentadas nos últimos anos pelos bancos de investimento (ver Capítulos 9 e 10).

Após este fracasso e suas consequências, o UBS já não pretende dar ênfase ao seu banco de investimento. A partir de Abril de 2008, uma coisa é certa: esta divisão nunca mais será a mesma. A sua expansão é travada, enquanto entra numa longa fase de redimensionamento. O homem da reestruturação é Jerker Johansson, nomeado em meados de Fevereiro de 2008 por Marcel Rohner para ficar à frente do banco de investimento. O sueco, que anteriormente dirigia o segmento de acções do UBS Investment Bank, não é levado muito a sério por

---

* N. T. Rentabilidade do capital próprio.

91

Wall Street. "Recebeu, evidentemente, uma formação anglo-saxónica, mas vem do mundo das acções, tal como o seu antecessor, Huw Jenkins", assinala um banqueiro de investimento londrino. "Saberá remediar os graves problemas do banco no mercado do crédito?" Vários corretores e financeiros partilham a mesma dúvida.

No entanto, Johansson põe imediatamente mãos à obra. No início de 2008, anuncia que o UBS reduzirá actividades de risco como o *proprietary trading* (transacções por conta própria do banco), que fez o seu sucesso em 2004 e 2005, mas que, acima de tudo, fragilizou o seu balanço através de um excesso de posições altamente especulativas. A gestão do banco assinala também, para tranquilizar os clientes privados, que o banco de investimento nunca mais será subvencionado pela gestão de fortunas; por outras palavras, os capitais do grupo já não servirão para as actividades de risco da problemática divisão, que terá de gerar o seu próprio capital para financiar as suas estratégias.

Além disso, a actividade dos títulos de rendimento fixo, na origem do desvio especulativo do banco, deixa de ser prioridade, como acontecia desde 2004 (ver Capítulo 6). Os resultados do primeiro trimestre de 2008 denunciam o quanto esta actividade era "estimulada" anteriormente: entre Janeiro e Março, as receitas das emissões, vendas e transacções de títulos de rendimento fixo diminuem 85 por cento em relação ao mesmo período de 2007 (fora as amortizações), deixando o UBS no fundo das classificações. O grupo sofre, além disso, efeitos colaterais nos EUA. Perde igualmente quotas de mercado na transacção de acções, emissão de acções, fusões e aquisições, ficando muito aquém do Citigroup e do Merrill Lynch, os dois outros bancos mais afectados pela crise, e a uma distância irrecuperável do Goldman Sachs e do Morgan Stanley, os melhores. No segundo trimestre de 2008, o UBS continua a esforçar-se para defender as suas quotas de mercado nas emissões de acções globais, onde se classifica em quinto lugar a nível mundial. As suas margens diminuem nas emissões de dívida, onde ocupa a sétima posição. Nas fusões e aquisições, onde mantém o terceiro lugar, as comissões recuam para o conjunto do sector, no contexto de uma queda de actividade global.

O DESASTRE

O redimensionamento anuncia, escusado será dizer, uma diminuição da capacidade de lucro futura do banco de investimento. O grupo promete, na melhor das hipóteses, lucros de quatro mil milhões de francos por ano enquanto, no seu apogeu no final de 2006, eram de seis mil milhões. Os investidores já não acreditam nisso. A administração acrescenta que, se o objectivo não for atingido, terá de "tomar decisões". Ora, já é evidente que, se o banco de investimento não se virar rapidamente para zonas de crescimento fora dos EUA, não poderá atingir tal objectivo, pois, segundo os analistas, o mercado norte-americano não se normalizará antes de 2010. De modo significativo, Jerker Johansson relembra no dia 6 de Maio de 2008, perante os analistas e os meios de comunicação, que o banco de investimento vê as melhores oportunidades de crescimento junto das empresas da Ásia, América Latina, Rússia e Europa de Leste. Zonas cujos mercados financeiros ainda estão pouco desenvolvidos e onde o UBS considera já figurar entre os principais interlocutores das empresas e dos investidores locais.

Portanto, a ênfase estratégica do UBS deixará de ser concedida, por opção ou por força das circunstâncias, aos EUA. O banco suíço deu início a uma análise estratégica das diversas especialidades do seu banco de investimento e prevê abandonar, de forma selectiva, alguns mercados nos EUA. Em Maio, Jerker Johansson anuncia a saída do UBS do mercado de empréstimos municipais. Nos EUA, estava classificado em terceiro lugar nas emissões e na venda de empréstimos de municípios norte-americanos. O anúncio podia parecer inofensivo no contexto da "análise estratégica", mas, no interior do banco, o serviço visado conhece as verdadeiras razões desta decisão: o mercado dos empréstimos municipais sofreu uma queda no início de 2008, tal como outros segmentos do mercado do crédito, e milhares de clientes a quem o UBS vendera estes títulos deparam-se com obrigações impossíveis de vender. Por outro lado, na véspera do anúncio, *headhunters* teriam recebido telefonemas de colaboradores do departamento de obrigações municipais do UBS. O caso é rapidamente empolado nos EUA.

93

Em Junho, o responsável pela autoridade de controlo dos mercados financeiros do estado do Massachusetts, William Galvin, critica o UBS pelo duplo papel que desempenhou neste mercado, enquanto entidade emissora e vendedora de empréstimos municipais. Procede a investigações para apurar se o UBS, mas também o Merrill Lynch e o Bank of America, tinham informado correctamente os seus clientes dos riscos destes títulos. É apenas o início dos problemas judiciais que o mercado das obrigações municipais, também ele danificado, reservará ao UBS. Em Julho, o ministro da Justiça do estado de Nova Iorque, Andrew Cuomo, exige ao banco suíço nada mais, nada menos do que 25 mil milhões de dólares. É o valor que se arriscam a perder os 50 mil clientes do UBS que ele acusa o banco de ter enganado, vendendo-lhes esses investimento de forma desonesta. O UBS teria apresentado esses títulos como instrumentos de baixo risco, semelhantes aos investimento do mercado monetário, levando-os a crer que podiam vendê-los facilmente em qualquer altura. Era verdade que os empréstimos municipais, designados por ARS (*auction-rate securities*), podiam, em princípio, ser vendidos regularmente, graças a um mecanismo de leilão que se realizava com periodicidade semanal ou mensal. Contudo, a propagação da crise financeira bloqueou este mecanismo comum em Fevereiro de 2008. O banco sabia disso, mas não avisou os seus clientes: segundo os queixosos, vários gestores de topo do UBS detinham obrigações dessas, que venderam discretamente assim que o mercado começou a sofrer uma reviravolta.

No dia 8 de Agosto, foi finalmente estabelecido um acordo entre o UBS e as autoridades norte-americanas. O banco tornará a comprar as obrigações municipais aos seus clientes insatisfeitos por 19 mil milhões de francos. Amortizará 900 milhões nestes títulos e pagará 150 milhões de multa, ou seja, são mil milhões de francos em perdas incluídos nas suas contas trimestrais. Portanto, o UBS decidiu, claramente, retirar-se deste mercado mais por razões jurídicas do que estratégicas. A sua reacção é, assim, motivada em parte pelos riscos de litígio que o perseguem nos EUA (ver Capítulos 7 e 10).

O DESASTRE

No dia 6 de Maio de 2008, quando um analista pergunta a Jerker Johansson quais são os trunfos de que o UBS ainda dispõe nos EUA, ele responde que o banco mantém uma vantagem na consultoria a empresas e acrescenta que o seu bom posicionamento na consultoria em fusões e entradas em bolsa às empresas norte-americanas aumenta a sua força de ataque mundial. Na realidade, porém, também aí o UBS perdeu muito terreno a partir do primeiro semestre de 2008 (ver Capítulo 10).

Durante o primeiro semestre de 2008, o sueco conseguirá, ainda que a custo, erradicar do balanço do UBS os seus créditos titularizados malparados. Entre Março e Junho de 2008, a dimensão da exposição ao risco passa de 83 para 55 mil milhões de dólares. Em Maio de 2008, uma transacção permite particularmente retirar do balanço um pacote de activos tóxicos: o UBS consegue vender, por 15 mil milhões de dólares, uma carteira de 22 mil milhões de dólares de títulos hipotecários em falta. Quem a adquire é um fundo de activos em mora criado pela BlackRock, uma entidade gestora que pertence ao Merrill Lynch. O UBS emprestou ao fundo 11,25 mil milhões dólares para a aquisição desses títulos. A operação tranquiliza provisoriamente os accionistas, mas, a partir desse momento, estes têm maiores dúvidas quanto ao modelo de conjunto do UBS e a descida substancial do preço das acções do UBS entre Maio e Julho reflecte isso.

As especulações começam desde logo: procurará o UBS vender o seu banco de investimento? Contudo, o seu balanço está de tal modo contaminado por activos tóxicos que ninguém o quer, comenta-se no mercado de Zurique. No UBS, o objectivo é reduzir radicalmente o balanço, de 2,5 biliões de francos, a meio de 2007, para 1,75 biliões, no final de 2008. Além disso, Jerker Johansson tem a difícil tarefa de reestruturar o UBS Investment Bank numa altura em que os mercados financeiros, muito agitados, comprometem os resultados das transacções e dos investimento de todo o sector bancário. O UBS suprimirá sete mil postos de trabalho até ao final de 2009, principalmente na divisão afectada, na qual trabalham 22 mil do total de cerca de 80 mil colaboradores do grupo. O banco acaba, assim, com um esforço de dez anos no mercado norte-americano, que o levara a ter cerca de 40 por cento dos seus efectivos do outro lado do Atlântico, enquanto tinha na Suíça apenas 34 por cento, 16 por cento no resto da Europa e dez na Ásia-Pacífico.

O cepticismo em relação ao futuro do banco de investimento do UBS é mais forte quando, em Abril de 2008, este revela num relatório pormenorizado que fora aquela divisão que correra os maiores riscos no mercado *subprime* e não o Dillon Read Capital Management, o *hedge fund* interno que evoluía de forma independente. No início de Maio de 2007, a exposição deste último ao mercado imobiliário residencial norte-americano ascendia a 20 mil milhões de dólares, enquanto o Investment Bank tinha, segundo as nossas fontes, uma exposição total de quase 200 mil milhões em créditos de risco. O Dillon Read Capital Management provocou apenas 16 por cento das perdas no final de 2007, ou três mil milhões de dólares, enquanto o seu banco de investimento é responsável pelos restantes 84 por cento. Associado às perdas acumuladas até Junho de 2008, o Dillon Read Capital Management provocou, no fim de contas, apenas sete por cento dos prejuízos. Ao comentar o relatório, o director-geral Marcel Rohner admite, em Abril, que o banco de investimento imitou em grande escala as estratégias do Dillon Read Capital Management, motivado pelo desejo de "alcançar a concorrência". Lamenta, além disso, a disponibilidade demasiado elevada de capital barato que o banco de investimento pôde tomar de empréstimo a nível interno, para especular nos mercados de risco.

É portanto evidente que o sucesso do banco de investimento entre 2005 e 2007 residia numa estratégia altamente especulativa. A partir daí, a redução dos riscos e do generoso financiamento interno dos corretores revelou os pontos fracos da estratégia. Não tendo os lucros do *fixed income* sido construídos sobre bases sólidas, a redução do efeito de alavanca bastará para provocar a sua queda em 2008.

Enquanto a divisão inicia o seu "entrincheiramento", Peter Kurer, sucessor de Marcel Ospel na presidência do conselho de administração desde Abril de 2008, quer provar, apesar da sua proximidade com o presidente cessante, que é o homem da mudança. É hora de renovar valores na chefia do grupo, assumir responsabilidades e repor urgentemente a imagem de um banco íntegro e rigoroso.

O DESASTRE

Peter Kurer começa por se dedicar à melhoria da gestão empresarial. Suprime o *Chairman's Office*. Composto, na altura, por Marcel Ospel e dois vice-presidentes do conselho, este órgão permitia ao antigo presidente concentrar muito poder, boa parte do qual cabia, em princípio, à gestão operacional do grupo. Assim, o cargo de presidente do conselho retomará a sua vocação primeira de supervisão e definição das grandes linhas estratégicas, enquanto a posição de director-geral, actualmente ocupada por Marcel Rohner, recuperará a sua autoridade no plano operacional.

Em Maio de 2008, a gestão do UBS dota-se de uma nova equipa responsável pelos riscos de mercado e de crédito. Trata-se, a partir de então, de ter uma visão global de todos os riscos e de eliminar as "divisões residuais de informação entre as diversas funções do controlo de risco", segundo uma declaração de Marcel Rohner.

Por fim, no dia 1 de Julho de 2008, Peter Kurer resolve o derradeiro problema: o da legitimidade contestada do conselho de administração, onde continuam a ter assento administradores que já estavam em funções à data dos factos. O conselho anuncia que Stephan Haeringer, Rolf Meyer, Peter Spuhler e Lawrence Weinbach apresentarão a sua demissão e posteriormente são nomeados quatro novos administradores (Rainer-Marc Frey, Bruno Gehrig, William G. Parrett e Markus Diethelm), em Agosto de 2008. Um facto digno de nota é que ainda nenhum investidor de Singapura integrou o novo conselho, o que não significa que o fundo GIC não tente influenciar a estratégia no seu papel de accionista.

O UBS anuncia também, em Agosto, a substituição do director financeiro Marco Suter. Tal como Stephan Haeringer, fora vice-presidente do conselho de Marcel Ospel e a sua presença no seio da administração mantinha a imagem de um banco reticente à mudança, cujos responsáveis na altura da crise devem também reparar os danos. A partir do mês de Agosto, porém, já nenhum responsável pela estratégia do passado fica à frente do UBS. Estas medidas são obra de Peter Kurer, que espera, assim, conquistar a confiança dos accionistas e impor-se como um homem de mudança à frente de uma equipa renovada.

No conselho de administração, apenas Sergio Marchionne se mantém em funções, pois entrou em Abril de 2007 e não foi responsável pela crise. Nomeado administrador independente, actuará como vice-presidente não executivo. Como confirmámos no primeiro capítulo, o director da Fiat estava em contacto regular, desde o início de 2008, com Luqman Arnold. Transmite a imagem de um administrador credível, capaz de mudança e respeitado ao mesmo tempo pelos accionistas e pelos órgãos do UBS. Durante o Verão de 2008, depois de ter feito uma limpeza à casa, Peter Kurer decide emancipar-se do jugo de Marcel Ospel. Une-se a Sergio Marchionne para encetar uma colaboração com Luqman Arnold e a sua sociedade Olivant Advisors, no âmbito da análise estratégica que o grupo está a levar a cabo. A sua reviravolta será determinante. É neste momento que a ruptura com a era Ospel é realmente consumada. O seu clã do antigo SBS já não está presente e o modelo integrado que ele construiu nos últimos dez anos já não é a solução de futuro para o UBS. A Olivant Advisors acaba por se impor como a parceira do UBS na reflexão estratégica. Apenas Kurer e Marchionne estão implicados nos debates, pois os novos administradores, que serão eleitos pelos accionistas no dia 2 de Outubro de 2008, chegaram há muito pouco tempo para mergulharem neste processo decisivo para o futuro do grupo. O plano de Luqman Arnold recebe, então, uma grande atenção por parte dos dois homens fortes do conselho de administração. Foi assim que, no dia 12 de Agosto, sob o impulso de Kurer e Marchionne, a primeira etapa da viragem estratégica foi revelada pelo UBS.

Luqman Arnold, que perdeu de forma trágica as suas acções do UBS aquando da falência do Lehman Brothers, deixou de influenciar a estratégia do UBS a partir de meados de Setembro. Os votos das autoridades suíças e do accionista de Singapura, mesmo que se exprimam apenas nos bastidores, serão provavelmente determinantes para fazer pender a balança para a venda ou não da problemática divisão.

Novos protagonistas, um novo UBS. Os próximos dez anos serão seguramente para o grupo suíço muito diferentes dos últimos dez, que assistiram ao desenvolvimento de um UBS norte-americano.

CAPÍTULO 6

O fantasma norte-americano do UBS

Em Junho de 2004, Marcel Ospel formula uma ambição: fazer do UBS o número um mundial no sector da banca de investimento no prazo de quatro anos. O objectivo é ambicioso: implica nada mais, nada menos do que destronar o Goldman Sachs, o rei de Wall Street. O sector da banca de investimento ou *investment banking*, que incide sobre as transacções de títulos e as operações das empresas no mercado de capitais, não era, historicamente, a principal especialidade do UBS. Quando no dia 8 de Dezembro de 1997 o Union de Banques Suisses se funde com o Société de Banque Suisse, isso cria a maior instituição de gestão de fortunas do mundo, na altura com 1,3 biliões de francos em activos de clientes. Aí se encontrava o domínio de excelência do novo UBS. Enquanto a gestão de fortunas resulta da tradição bancária suíça, a banca de investimento é de origem puramente anglo-saxónica. É por isso que, na história do UBS, a entrada no *investment banking* será fruto de uma política de expansão norte-americana orquestrada por Marcel Ospel. Reservará grandes êxitos ao gigante suíço, mas será sempre trabalhoso e pouco natural comparado com a gestão de fortunas.

Marcel Ospel nunca foi um banqueiro privado. É um homem vindo da Bolsa, com alma de banqueiro de investimento. A sua ambição de ver o UBS dominar Wall Street vem de muito longe: remonta

Entre os atractivos do "sonho americano" de Ospel, figurava o poder altamente remunerador de Wall Street.

a 25 anos antes. Quando passa três anos de estágio em Nova Iorque, em 1981/1984, o jovem Ospel tem uma revelação. Descobre a diferença entre a gestão ultrapassada que observou no SBS, em Basileia, e o dinamismo apresentado pela elite de banqueiros nova-iorquinos, como relata Dirk Schütz.* Sendo o SBS insignificante, ele inspirar-se-á em gigantes como o Goldman Sachs e o Merrill Lynch quando, mais tarde, quiser elevar o banco suíço a este nível.

O banqueiro suíço da zona germanófona encarna, a este respeito, toda uma geração de gestores helvéticos das décadas de 1990 e 2000, que foram formados nas décadas de 1970 e 1980, aquando de estágios em Londres e Nova Iorque. Nessa altura, Wall Street estava no seu apogeu. As suas empresas geravam o essencial das transacções nos mercados de capitais e a sua forte presença mundial dava vida às praças de Londres, Tóquio e Hong Kong. Esta época despertou, entre os líderes bancários da geração de Marcel Ospel, uma atracção indelével pelo modelo anglo-saxónico. Rainer Gut, Lukas Mühlemann, Hans-Joerg Rudloff (antigamente do Credit Suisse), Robert Studer, Mathis Cabiallavetta e Marcel Ospel (UBS-SBS) foram todos marcados pelo exemplo do Goldman Sachs, Merrill Lynch, Morgan Stanley, Citigroup (que absorveu, em 1998, o antigo Salomon Brothers) e Lehman Brothers, assim como pelas lendas dos vistosos pioneiros da especulação bolsista, tais como Michael Steinhardt, George Soros e até o "diabólico", mas muito engenhoso, Mike Milken.

Quando assumem o comando, os novos líderes suíços da década de 1990 são, manifestamente, os homens da internacionalização, que vão modernizar grandes bancos resguardados das novas correntes atrás da cordilheira dos Alpes. A sua visão remodelará a cultura bancária helvética, inserindo-a nos moldes anglo-saxónicos. O "sonho americano" nunca fez tantos adeptos como nos grandes bancos suíços.

A nova geração, encarnada por Robert Studer e Mathis Cabiallavetta no antigo UBS, representará uma ruptura total com os seus antecessores, encarnados pelos conservadores Alfred Schäfer e Robert

---

* **N. A.** Dirk Schütz, *Herr der UBS, Der unaufhaltsame Aufstieg des Marcel Ospel*, Orell Füssli, 2007.

Holzach, fundadores do Union de Banques Suisses e adeptos de uma visão a muito longo prazo. Já os seus sucessores são menos académicos, adeptos de salários muito elevados e quase todos fizeram os seus estágios em bancos anglo-saxónicos.

Até aí, as elites da sociedade suíça dominavam na chefia do UBS e do SBS e os recrutamentos concentravam-se no que Roger Lowenstein, autor do *bestseller* norte-americano *When Genius Failed*[*], apelidava de "gnomos do exército suíço". Nestes bancos que ofereciam aos seus vice-presidentes a possibilidade de escolherem entre três tipos diferentes de madeira para a construção dos seus gabinetes – mogno, aveleira ou pinho –, descobriu-se, na década de 1990, a que ponto as finanças internacionais avançavam mais rapidamente do que na Suíça.

Quando a nova equipa assumiu o poder deu-se no UBS e no SBS uma oscilação no sentido de uma estratégia de conglomerado.

As aquisições revolucionaram o estilo de gestão. Os anglo-saxónicos que foram trabalhar para o antigo UBS olhavam de cima os seus colegas da Suíça central, que se contentavam com salários, do seu ponto de vista, muito baixos. Para justificar as remunerações dos recém-chegados, foi preciso mudar de modelo de negócios. Na década de 1990, o UBS tomou a decisão estratégica de se internacionalizar. Já não queria contentar-se apenas com o mercado suíço, que, havia que reconhecer, era muito limitado para um banco que tivesse um mínimo de ambição.

Os atractivos deste "sonho americano" são, em primeiro lugar, de natureza monetária. O que mais fascinava Marcel Ospel era o poder altamente remunerador de Wall Street. Identificava-se totalmente com o estado de espírito norte-americano, que recompensa de forma ilimitada o trabalho e não os diplomas. As actividades da bolsa são, por natureza, mais lucrativas do que as outras especialidades bancárias, como os créditos. E, nos EUA, os corretores ganham uma percentagem sem limite máximo do lucro que geram para o seu banco. Ospel via nisso a expressão de um sistema meritocrático, que recom-

---

[*] N. A. Roger Lowenstein, *When Genius Failed, The Rise And Fall Of Long Term Capital Management*, Fourth Estate, 2001.

O FANTASMA NORTE-AMERICANO DO UBS

pensava o talento, ao contrário da hierarquia militar retrógrada dos bancos suíços na década de 1980, que, segundo ele, atribuía demasiada importância à antiguidade.

Nos EUA, os níveis salariais na finança representavam um múltiplo dos que eram pagos nas actividades mais visíveis no continente europeu. Enquanto um director-geral em Basileia podia receber 300 mil francos por ano na década de 1980, um jovem colaborador da City já ganhava o mesmo, relembra Dirk Schütz.

Aos 34 anos, Marcel Ospel aproveitou esta realidade quando, privado de possibilidades de ascensão no SBS e insatisfeito com o seu salário de 200 mil francos, passa três anos no Merrill Lynch em Zurique, entre 1984 e 1987, como responsável pelos mercados de capitais nessa mesma cidade. O seu salário dispara "à americana", para atingir os 500 mil francos. Durante esses anos, percebe que a gestão de fortunas e a banca de investimento são as duas actividades mais lucrativas e não os créditos internacionais, que mobilizam demasiados fundos próprios.

Esta experiência ser-lhe-á muito útil ao regressar ao SBS, em Outubro de 1987, pela porta das transacções e da venda de títulos. Na posição de director, aufere um salário de 400 mil francos. É impelido pelas perspectivas remuneradoras que Marcel Ospel dedica os 15 anos seguintes a construir no UBS uma perícia nas actividades mais lucrativas das finanças, importando ao longo das aquisições salários na ordem das dezenas de milhões que só se via em Londres e Nova Iorque.

Contudo, apesar de um aumento fulgurante do seu salário ao longo dos seus 30 anos de carreira bancária, Marcel Ospel nunca atingirá os níveis norte-americanos com os quais sempre se comparou. No auge do seu poder, em 2006, o presidente do UBS recebia 26 milhões de dólares. No mesmo ano, Lloyd Blankfein, presidente do Goldman Sachs, ganhava mais do dobro, 54 milhões de dólares, que chegou mesmo a aumentar para 68 milhões, em 2007.

Percebe-se facilmente que remunerações tão alucinantes tenham constituído um dos recursos estratégicos que levaram o UBS e outros bancos a empenhar-se na imitação dos megabancos norte-americanos.

Se tudo tivesse corrido conforme os planos de Marcel Ospel, a altura teria sido ideal para ele: ia terminar em 2008 o seu segundo mandato como presidente do conselho de administração com um triunfo, tendo acabado de transformar o UBS num império financeiro, campeão mundial nas duas áreas mais atractivas do sector: a gestão de fortunas e a banca de investimento. O seu salário de 2008 teria quase certamente disparado, aproximando-se talvez dos seus concorrentes transatlânticos.

Por detrás da dimensão pecuniária, encontra-se um domínio essencialmente cultural: para as finanças helvéticas, ter sucesso foi sempre sinónimo de ter sucesso "à americana". "Existe um verdadeiro complexo de inferioridade dos suíços, sobretudo dos não académicos", afirma um observador do mundo bancário. A geração de Robert Studer, Mathis Cabiallavetta, Oswald Grüber, Marcel Ospel e Stephan Haeringer encarna esta síndrome.

As finanças anglo-saxónicas, na vanguarda da globalização financeira, internacionalizam-se e exportam os seus conhecimentos técnicos de ponta. Impõem-se como o modelo universal dos últimos 20 anos a partir de Londres, a base europeia de Wall Street. Todos os grandes bancos da Europa continental adoptam este modelo global para fazer concorrência aos campeões anglo-saxónicos: o UBS, o Credit Suisse, o Deutsche Bank e até o Société Générale, que americaniza o seu nome e passa a ser "SocGen". Implantados em Londres e posteriormente em Nova Iorque, sonham igualar os mestres: o Goldman Sachs, o Merrill Lynch e o Morgan Stanley, que aperfeiçoaram a arte de preparar fusões e aquisições, entradas em bolsa e emissões de títulos para as maiores empresas do mundo.

A enorme perícia e o talento que exigiam estes serviços, combinados com volumes de negócios à escala mundial, justificavam o disparar das remunerações durante a década de 1990, além de tudo o que era concebível para um serviço bancário tradicional, de alcance nacional ou regional.

A este respeito, o "caso Kerviel", desta vez exclusivamente europeu, veio lembrar em Janeiro de 2008 que também a cultura de bancos franceses como o SocGen se desviou perigosamente para o culto do *trading*. Os derivados sobre acções, muito lucrativos, permitiram a um corretor subalterno, Jérôme Kerviel, acumular posições de compra de um valor alucinante de 50 mil milhões de euros em índices de acções europeus. Uma "bomba especulativa" que representava 1,7 vezes o total de fundos próprios do banco. O Société Générale, cujos directores estão pouco a par dos meandros do negócio, sofreu uma perda de quase cinco mil milhões de euros, um recorde histórico. Era o preço da excessiva liberdade dada ao seu temerário corretor e do culto bolsista mantido nesses bancos.

Isto porque as instituições europeias se batem desde a década de 1990 para terem a sua "fatia do bolo" destas transacções muito rentáveis. Quanto mais se concentrarem neste tipo de actividades, mais os seus gestores conseguirão importar salários na ordem das dezenas de milhões do outro lado do Atlântico, ainda que importem também os riscos. Neste jogo, nenhum banco europeu era tão ávido como o UBS.

Marcel Ospel, o "natural de Basileia americanizado", lembra a este respeito Jean-Marie Messier e a sua "megalomania americanófila" nos anos de 2000/2002. Tal como Ospel queria fazer do UBS o número um mundial da banca de investimento à frente do Goldman Sachs, Messier queria fazer da Vivendi Universal "o número um mundial da era digital" à frente da AOL Time Warner. A tentativa de transformar a Vivendi Universal num grupo norte-americano de meios de comunicação faz lembrar a de transformar o UBS Investment Bank num gigante de Wall Street. À semelhança de Messier, que se instalou em Park Avenue, num apartamento de 17 milhões de dólares, Ospel queria estabelecer-se em Nova Iorque, se tivesse conseguido consumar a fusão com o Merrill Lynch. Tanto num caso como noutro, os gigantescos investimentos nos EUA deixavam antever uma catástrofe.

Até à crise do mercado *subprime*, Wall Street captou a maior parte da atenção estratégica de Marcel Ospel. A partir de 1993, quando ele dirige o banco de investimento do Société de Banque Suisse (SBS), lançará uma política de americanização do grupo. Com o holandês Hans de Gier, chefe do banco de investimento de Londres, representam o "clã dos internacionais". Sob a gestão de Georges Blum, o SBS dedica-se totalmente à necessidade de crescer no mercado norte-americano. Sendo o maior impulsionador da sua modernização, Ospel fará com que o banco adopte uma estrutura semelhante às que observou nos bancos norte-americanos e, entre 1994 e 1997, substituirá as subdivisões regionais por direcções mundiais por sector de actividade. Ospel constrói, então, o *investment banking* do SBS, divisão mundial cuja sede será, progressivamente, em Nova Iorque. A sua primeira aquisição, em 1994, trará ao SBS a perícia na área dos produtos derivados: a O'Connor Associates. Esta empresa sediada em Chicago faz entrar no SBS a nova geração dos "quantos", os matemáticos inventores das finanças quantitativas, com uma forte cultura de *trading* meritocrático, isto é, que recompensa os melhores desempenhos. Estes especialistas, alguns dos quais formados em Engenharia pelo Massachusetts Institute of Technology (MIT), dominam as opções e os contratos a prazo (*futures*) e exploram as inovações que os derivados podem trazer na área do investimento. Os produtos derivados, contratos cujo valor "deriva" de um título subjacente, permitem especular sobre a variação futura do título, que pode ser uma acção, uma obrigação, uma divisa, uma matéria-prima ou uma taxa de juro. A partir do final da década de 1990, este mercado irá transformar-se numa fonte de lucro inesgotável em Wall Street. Quando estes instrumentos forem ao encontro do mercado de crédito titularizado e, em particular, das hipotecas *subprime*, terão um crescimento exponencial a partir de 2002.

David Solo, um jovem prodígio do *trading* quantitativo que chegou ao SBS fazendo parte da equipa da O'Connor Associates, torna-se o cérebro de Marcel Ospel nesta área. Este representante da nova geração de descontraídos corretores matemáticos era um dos que enalteciam os *credit default swaps* (CDS). Pensava nas aplicações possíveis desses derivados de crédito, que ainda estavam a dar os primeiros passos. O jovem norte-americano, que fará uma bela carreira no UBS antes de ingressar no Julius Bär, em 2005, já via nessa altura o enorme potencial deste mercado, que acabava de aparecer em Londres. Convencera disso Marcel Ospel e o seu conselheiro mais próximo, Hans de Gier, então chefe da divisão internacional de Londres. Os derivados iam tornar-se o mercado mais "quente" e Ospel estava consciente disso. O SBS adquirira, portanto, relativamente cedo, conhecimentos técnicos de ponta na área dos derivados. Uma versão evoluída destes instrumentos ia tornar-se, dez anos mais tarde, uma das bases da estratégia do UBS nos EUA para fazer concorrência ao Goldman Sachs. Os CDS são, com efeito, o ingrediente das "CDO sintéticas", o principal instrumento de especulação no mercado *subprime* que o UBS acumulou em grandes quantidades a partir de 2005, até à queda do mesmo, em meados de 2007 (ver Capítulo 7).

Ao longo das aquisições, Marcel Ospel colocará norte-americanos, mesmo jovens e pouco experientes, em importantes funções e, acima de tudo, irá remunerá-los muito generosamente. Assim, o natural de Basileia, cujo salário chegava, então, ao milhão de francos, pagava salários na ordem das dezenas de milhões a estes especialistas para os motivar! O perfil da instituição altera-se. A partir de 1994, metade dos cargos de gestão do SBS no estrangeiro será ocupada por norte-americanos. O banco suíço importa, assim, uma cultura de mercado financeiro que lhe faltava. "Até aí", relata um banqueiro norte-americano, "os bancos suíços recebiam as piores candidaturas, as dos indivíduos que não tinham conseguido entrar nas três maiores casas de títulos norte-americanas, o famoso *bulge bracket**, que inclui o Goldman Sachs, o Morgan Stanley e o Merrill Lynch. Considerava-se geralmente que a cultura dos grandes bancos europeus era a da mediocridade, por se basearem na antiguidade. Marcel Ospel importou a cultura da meritocracia para o SBS."

Depois da O'Connor Associates, Marcel Ospel continua fundar, pedra a pedra, o futuro banco de investimento nova-iorquino do UBS. Em 1994, o SBS paga 750 milhões de dólares pela compra da Brinson Partners, uma empresa de gestão de activos de Chicago, à qual se segue, em 1995, a compra organizada pelo director-geral Georges Blum do prestigiado S.G. Warburg de Londres, por 1,67 mil milhões de dólares. Este banco de investimento será também uma etapa fundamental na gestão do mercado norte-americano.

---

* N. T. O consórcio financeiro para a subscrição e venda de títulos que tem maior sucesso.

Em 1997, Marcel Ospel, que se tornara director do SBS, prossegue a estratégia com a compra do Dillon, Read & Co. por 600 milhões de dólares. Fá-lo seguindo os conselhos de Hans de Gier. O Dillon Read, um pequeno banco de investimento de Wall Street, proporcionará ao SBS o primeiro contacto significativo com a clientela de donos de empresas norte-americanas. Com o S.G. Warburg e o Dillon Read, o núcleo do banco de investimento estará formado. O novo SBS Warburg Dillon Read, que terá a sua sede em Stamford, sob a gestão executiva de Hans de Gier e a gestão operacional de David Solo, já é considerado como um futuro concorrente do Goldman Sachs e do Merrill Lynch. Combina a cultura de *corporate finance* do S.G. Warburg (consultoria em fusões, aumentos de capital) com a forte cultura de *trading* do Dillon Read.

As contratações saem muito caras. "As nossas aspirações no mercado norte-americano exigiram muito capital e muito talento", dirá Marcel Ospel, em 2004.

Após esta série de aquisições, que deixou o SBS com falta de capital, havia ainda que encontrar o meio para uma verdadeira expansão nos EUA. Para ter a liquidez que tal estratégia exigia, Georges Blum, então presidente do SBS, sabia, tal como Marcel Ospel, que era preciso comprar o Union de Banques Suisses, que tinha a vantagem de "estar sentado" sobre um tesouro de guerra que não soubera explorar. O antigo UBS procurava também, a todo o custo, reforçar-se em Londres e Nova Iorque, mas nunca conseguira internacionalizar-se sob a gestão de Robert Studer, de 1988 a 1996. Em 1990, mantém a imagem de um gigante meio adormecido, obtendo 90 por cento dos seus lucros no mercado suíço.[*] Em 1992, continua sem nada de significativo em Londres e Nova Iorque na banca de investimento e na gestão institucional. Em 1994, ainda está a dar os primeiros passos no *investment banking*. Em 1996, quando Mathis Cabiallavetta acede à administração do grupo, continua a ser um banco puramente de gestão de fortunas: 82 por cento dos lucros provêm desta actividade.

---

[*] N. A. Dirk Schütz, *La Chute de l'UBS*, Editions Bilan, 1998.

O Credit Suisse, pelo contrário, tornou-se um dos grandes bancos de investimento de Wall Street desde que adquiriu o First Boston, em 1988. Em 1997, o Credit Suisse First Boston tem já uma forte presença nos EUA, sob a gestão do norte-americano Allen Wheat.

Nessa altura, o UBS sofria também a pressão de Martin Ebner. Este influente accionista do banco defendia, desde 1999, que se abandonasse o modelo de banco universal e as actividades com margens reduzidas e se desse prioridade às actividades mais lucrativas: a gestão de fortunas e a banca de investimento. Esta estratégia tornar-se-á, mais tarde, o lema dos dois grandes bancos suíços. Em 1997, o multimilionário de Schwytz, que detinha também acções do SBS, teve um papel fundamental na aproximação do UBS e do SBS.

A fusão, anunciada a 8 de Dezembro de 1997, entre o Union de Banques Suisses, de Zurique, e o Société de Banque Suisse, de Basileia, tornar-se-á realidade no dia 1 de Julho de 1998. Esta transacção de 19,7 mil milhões de dólares levará a cultura do SBS, considerada superior, a assumir o poder.

O novo UBS adopta as três chaves cruzadas do antigo SBS, que simbolizam a confiança, a segurança e a discrição. Após a fusão, o estado-maior da divisão da banca de investimento compõe-se quase exclusivamente a partir do antigo SBS. É, portanto, a "cultura Ospel" que preside às actividades norte-americanas desde o início. Peter Wuffli, director financeiro do antigo SBS e do novo UBS e antigo colaborador da McKinsey, perpetuará essa mesma cultura.

A expansão norte-americana pode, então, acelerar. A partir de 1998, a Suíça deixa definitivamente de ser um centro de gestão para as operações mundiais do novo grupo.

Os objectivos são ambiciosos: Marcel Ospel e Peter Wuffli prevêem, na conferência de imprensa de 8 de Dezembro de 1997, um rendimento dos fundos próprios de 15 a 20 por cento ao ano, enquanto o dos antigos UBS e SBS era, em média, inferior a dez por cento. A pressão de accionistas como Martin Ebner, animados por exigências de rentabilidade elevada a curto prazo, é grande. Há comentadores suíços que já escrevem que tais objectivos irão inevitavelmente favorecer estratégias demasiado arriscadas e poderiam colocar em sério perigo os alicerces e a base de clientes que os dois antigos grupos tinham construído ao longo de gerações. Pode mesmo ler-se, nessa altura, que a dimensão do novo UBS colocaria um problema, pois "as suas novas orientações e vocações estrangeiras não corresponderiam nada às tradições e à cultura bancária suíça e, ao que tudo indicava, seriam mesmo incompatíveis com as instituições e o meio económico, social e político que prevalecem na Suíça".* Estes comentários parecem provir, na altura, de vozes retrógradas e isolacionistas. *A posteriori*, já terão outro eco. O rendimento dos fundos próprios do UBS ultrapassa os 20 por cento entre 2004 e 2006. Peter Wuffli, ao apresentar os resultados de 2006, declara em Fevereiro de 2007 que "a partir de agora, o rendimento dos fundos próprios deverá ser de, *pelo menos*, 20 por cento". O facto de esta percentagem ter passado, de repente, de 26,4 por cento em 2006 para -10,2 em 2007 prova a instabilidade inerente a objectivos tão irrealistas. A confiança de Marcel Ospel e seus contemporâneos na superiori-dade das finanças anglo-saxónicas, na sua imagem exclusivamente positiva, tem muito a ver com isso.

Algo vem sombriamente lembrar os riscos de mercado ao novo UBS, que se prepara para se lançar no mercado norte-americano. Pouco depois da fusão, a divisão Warburg Dillon Read dá por si como a principal vítima da falência do Long Term Capital Mana-gement (LTCM). O *hedge fund* norte-americano altamente especu-lativo infligiu 950 milhões de francos de perdas ao UBS no terceiro trimestre de 1998. No dia 1 de Outubro, Mathis Cabiallavetta aban-dona o cargo de presidente. Marcel Ospel dá por si novamente sob a forte pressão dos accionistas. Mesmo que a nova entidade pareça sólida, as perdas do LTCM e a estagnação das acções do UBS exigem de Ospel um sinal estratégico forte.

No início, o natural de Basileia tenta uma aproximação com o Merrill Lynch, voltando a accionar os seus contactos com o seu antigo chefe. As negociações, iniciadas em 1999, não terão êxito,

---

* N. A. Anton Keller, secretário da Associação Suíça de Defesa dos Investidores, www.solami.com/UBSindex.htm.

O FANTASMA NORTE-AMERICANO DO UBS

nomeadamente devido às reticências de Markus Granziol, então chefe do banco de investimento do novo UBS, e às ambições internas de Stan O'Neal, o seu homólogo no Merrill Lynch. O UBS faz uma segunda escolha: a PaineWebber, uma sociedade de corretagem e de gestão de fortunas nova-iorquina, adquirida em 2000. A ideia parte de John Costas, chefe de operações do banco de investimento, que trabalha sob as ordens de Markus Granziol. Nessa altura, o norte-americano já é o homem forte do UBS em Nova Iorque. Não tardará a substituir Markus Granziol à frente do banco de investimento, em 2001.

A aquisição da PaineWebber fará dos EUA a primeira base mundial do UBS. Oferecer-lhe-á uma morada na Avenue of the Americas em Manhattan, reforçará as suas actividades de corretagem e dar-lhe-á uma fracção do mercado das fortunas privadas internas. O anúncio, porém, feito com grande pompa no dia 12 de Julho de 2000, será imediatamente criticado pelo seu preço excessivo: o UBS pagou 50 por cento a mais pela empresa, colocando na mesa 12 mil milhões de dólares, pensam os analistas da época. Mesmo passados oitos anos, esta aquisição não convence os analistas, que consideram que os indicadores de desempenho da unidade continuam muito baixos. Ainda hoje o UBS tem por amortecer nesta aquisição cinco mil milhões de dólares. Actualmente, a divisão US Wealth Management, que integra a antiga PaineWebber, está muito aquém dos seus quatro maiores concorrentes norte-americanos no mercado das fortunas privadas internas. Além disso, esta divisão está muito pouco integrada nas actividades internacionais de gestão do UBS (Wealth Management International) e o mercado especula que será vendida em breve.

Contudo, as actividades de *investment banking* da PaineWebber, integradas no resto do grupo, tê-lo-ão ajudado a ganhar quotas do mercado norte-americano. A quota de mercado do UBS na consultoria em fusões e na emissão de acções e obrigações duplica e passa para cinco por cento nos EUA, em 2003. Em 2005, o UBS sobe para o sexto lugar na consultoria em fusões para as sociedades norte-americanas, enquanto, em 2001, estava em décimo. Um homem preside a esta expansão: John Costas.

John Costas conquistou os seus "galões" no UBS, colocando-o entre os maiores bancos de investimento de Wall Street, entre 2001 e 2004.

John Costas, o rei dos corretores

Nascido na Nova Jérsia em 1957, John P. Costas era um corretor muito ambicioso financeiramente. Mesmo de acordo com os critérios norte-americanos. E, a este nível, encontrou a felicidade no UBS. A sua especialidade era o mercado obrigacionista.

É no Credit Suisse, em Nova Iorque, que desenvolve os seus conhecimentos nessa área, quando chega em 1981, munido de um MBA em Finanças. Tem êxito, então, nas transacções no mercado obrigacionista e de títulos de rendimento fixo. Trata-se do conjunto de instrumentos de crédito transaccionados no mercado, que geram rendimento fixo ou cupões, ao contrário das acções, e que os anglo-saxónicos designam com a expressão *fixed income*. A sua ascensão é rápida. Na praça de Nova Iorque, os bancos suíços são, na altura, chefes considerados pouco exigentes, devido à sua falta de conhecimentos nessas áreas, e muito generosos em relação aos bons especialistas. Tendo-se tornado co-responsável pelas transacções de obrigações mundiais em 1996, o norte-americano pende para a concorrência: o Union de Banques Suisses fá-lo brilhar no cargo de chefe das transacções de obrigações e produtos derivados para o mercado norte-americano e, depois, para o mercado mundial, a partir de 1998. Também aí ele sobe dois degraus de cada vez, para se tornar, em 1999, director operacional do UBS Warburg (o nome antigo do UBS Investment Bank, o banco de investimento), pertencendo já à comissão executiva do banco.

Em 2001, a partir da sua nomeação para a chefia do banco de investimento, John Costas gasta 600 milhões de dólares para recrutar 50 especialistas, tendo em vista reforçar a unidade de *trading* de rendimento fixo *Fixed Income Rates and Currencies* (FIRC), aproveitando licenciamentos executados nessa altura pelos bancos de investimento norte-americanos, após o rebentar da bolha tecnológica. Prova da sua ambição, torna a nova sala de mercados do UBS em Stamford, no estado do Connecticut, a maior do mundo. É a John Costas que a cidade de Stamford deve o seu novo estatuto de centro financeiro: aí, o UBS dará emprego a quatro mil pessoas e fará dela a sede das operações de mercado do seu banco de investimento.

O novo chefe do UBS em Nova Iorque não desilude. O UBS ganha rapidamente quotas de mercado. O banco de investimento atinge o "*top* cinco" da consultoria em fusões e aquisições. Acima de tudo, porém, ele faz do banco suíço um interveniente de primeiro plano no mercado extremamente importante das transacções de instrumentos de rendimento fixo. Com efeito, o *fixed income* já não engloba apenas os tradicionais títulos obrigacionistas, tendo nesta altura uma expansão fulgurante, a favor de uma grande inovação no mercado da dívida: os créditos titularizados, ligados principalmente ao imobiliário residencial norte-americano. Os títulos que permitem especular sobre as hipotecas norte-americanas de risco tornaram-se os maiores impulsionadores do *fixed income*. Fora provavelmente graças aos conhecimentos de John Costas, mas também da PaineWebber (adquirida em 2000) e da O'Connor Associates (adquirida em 1994), que o UBS começara, desde muito cedo, a fazer negócios com estes complexos instrumentos. A partir de 2001, o banco implicara-se em transacções de titularização (transformação em parcelas de dívidas negociáveis) de hipotecas residenciais e comerciais norte-americanas. No seu relatório anual de 2001, o grupo chegava mesmo a enaltecer-se que o seu banco de investimento era o número um nas hipotecas residenciais titularizadas nos EUA. O relatório anual de 2003 dá conta de ganhos muito rentáveis nas transacções, devidos a um "volume de negócios muito elevado na *principal finance* (operações de financiamento de imobiliário de qualidade por conta própria do banco), nas hipotecas titularizadas (ABS) e nos derivados".

Trata-se, na verdade, de actividades de *proprietary trading*, isto é, estratégias de transacção levadas a cabo com o capital do banco de investimento e por conta própria deste. O UBS, tal como outros em Wall Street, reserva os seus melhores corretores para esta actividade, que utiliza muito capital próprio. É, aliás, em 2003, sob a gestão de John Costas, que o balanço do UBS tem a primeira expansão recorde: aumenta 200 mil milhões de francos num só ano, para chegar aos 1,55 biliões, sob o efeito de posições de transacção não divulgadas. Era apenas o início do desvio no qual Huw Jenkins terá grandes responsabilidades a partir de 2005, já que levará as transacções destes instrumentos por conta própria do banco ainda muito mais longe.

Em 2004, porém, ainda reina a euforia. O volume de negócios da unidade de rendimento fixo do UBS, dirigida pelo norte-americano Michael Hutchins, dispara, triplicando desde 2000. O UBS vangloria-se, então, de ser classificado em primeiro lugar pela prestigiada revista *Institutional Investor* nas estratégias de investimento em hipotecas titularizadas (ABS). Os relatórios financeiros do banco ainda fazem alusão ao forte contributo das transacções de instrumentos de crédito e, em particular, de hipotecas titularizadas. No primeiro trimestre de 2004, as transacções de crédito e, em particular, o mercado *subprime* contribuem para o aumento espectacular (mais 82 por cento) dos rendimentos das transacções de *fixed income*.

Graças à expansão do UBS neste mercado, a unidade que o engloba, *Fixed Income Rates and Currencies* (FIRC), vai tomar conta do banco de investimento. Representa, em 2004, dois terços dos rendimentos norte-americanos do UBS Investment Bank, enquanto apenas um terço se divide entre as actividades de intermediação (entradas em bolsa, fusões e aquisições) e as transacções de acções. De actividades principais, estas últimas passam a quase secundárias. A unidade FIRC do UBS faz com que se fale dele em Wall Street. O seu crescimento ultrapassa claramente o dos seus concorrentes em 2004, o que coloca o gigante suíço entre os seis líderes das transacções de títulos de rendimento fixo, atrás do Citigroup, do Deutsche Bank, do Goldman Sachs, do JP Morgan e do Morgan Stanley.

Com John Costas, o Investment Bank conquista os seus "galões" no UBS, até representar, no primeiro trimestre de 2004, mais de metade dos ganhos do grupo. No final de 2004, Costas gera 46 por cento do lucro do UBS. É o recorde de rentabilidade da divisão desde 2000.

Um norte-americano que trabalhou durante vários anos no UBS realça os prós e os contras do "efeito Costas" no grande banco: "No tempo do SBS, existia uma forte cultura de risco, pois o banco não tinha a certeza de poder transferir os seus riscos para o mercado, através da venda de créditos titularizados. Faltava-lhe força de distribuição nos títulos obrigacionistas. Costas construiu uma verdadeira capacidade de distribuição. Vendia sempre o que queria vender. O banco deve-lhe a montagem de uma força de distribuição no mercado dos créditos titularizados no mercado imobiliário. John Costas era o primeiro banqueiro de categoria mundial a ingressar no UBS, nos EUA. Por isso nele depositavam tantas esperanças." Contudo, este antigo colaborador do UBS em Nova Iorque acrescenta: "Em contrapartida, a cultura de risco do antigo SBS perdeu-se um pouco no UBS sob a gestão de Costas."

John Costas conduzira "a toque de caixa" a expansão do UBS Investment Bank. Em 2004, o efectivo da divisão aumentou em 1281 postos de trabalho e os custos de pessoal dispararam sob o efeito das subidas das remunerações, indexadas aos resultados. Nessa altura, o banco suíço gosta de dizer que "uma acção em cada nove no mundo é transaccionada pelo UBS". John Costas está no auge da sua glória e a sua influência em Zurique é grande. Segurava as cartas do futuro norte-americano do grupo, tendo colocado o banco de investimento entre os melhores de Wall Street. A partir de Abril de 2004, é nomeado adjunto do director-geral Peter Wuffli, tornando-se o primeiro cidadão norte-americano a obter este privilégio. Calcula-se que o seu salário ronde os 40 milhões de dólares, ou seja, o dobro da remuneração de Marcel Ospel! Os dois homens de confiança de Costas, o famoso corretor Ken Karl e o chefe do *fixed income* Mike Hutchins, também recebem bónus entre 30 e 40 milhões de dólares. As três vedetas do banco de investimento aproveitam a subida fulgurante do mercado da dívida, que entre 2002 e 2005 proporciona a rentabilidade norte-americana do banco. Marcel Ospel encontrou a equipa que lhe permitirá realizar um velho "sonho americano".

Durante todos estes anos, as fusões e entradas em bolsa, agrupadas sob o nome de *Corporate finance*, que tinham feito a lei em Wall Street, passam totalmente para segundo plano. Depois, são as transacções por conta própria, ou *proprietary trading*, que se tornam a actividade rainha.

Os melhores anos do *proprietary trading*

Entre 2002 e 2006, são as transacções, ou *trading*, que fazem o sucesso das grandes empresas de Wall Street. O Goldman Sachs, o Merrill Lynch, o Morgan Stanley, o Lehman Brothers e o Bear Stearns triplicam os seus lucros para mais de 30 mil milhões de dólares, em grande parte graças às transacções. Os rendimentos das salas de mercados não provêm apenas das ordens de bolsa tratadas para os clientes. Provêm sobretudo de uma outra actividade, que tem tanto de lucrativa como de secreta: o *proprietary trading*, as operações de transacção por conta própria do banco e não dos clientes externos. Concentram os melhores corretores, os que são capazes de gerar o máximo de lucro com o capital próprio do banco. Entre 2002 e 2006, os rendimentos globais do *trading* dos cinco maiores bancos de Wall Street passam de 41 para 54 por cento do total. O *proprietary trading* representa claramente a maior parte deste aumento. Considera-se que metade destes ganhos estava ligada, entre 2003 e meados de 2007, ao aumento da utilização do efeito de alavanca, que consiste em pedir emprestado dinheiro barato para investir. Graças a este período de taxas de juro baixas, os *prop desks* dos bancos chegam a pedir emprestado o essencial do que investem. Outra prática que lhes vale a fama de génios: beneficiam de informações privilegiadas. As empresas de Wall Street obtêm, com efeito, informações confidenciais preciosas sobre as melhores apostas a fazer na bolsa, graças às ordens de bolsa que lhes dão os seus clientes (grandes gestores de fundos de investimento e *hedge funds*). Estas ordens de clientes permitem aos bancos prever a direcção dos mercados e posicionar-se em função disso, com toda a legalidade.[*]

Nestas actividades de *trading*, destaca-se um mercado: os créditos titularizados e os derivados de crédito. Por outras palavras, a actividade que Marcel Ospel importara, na altura do seu aparecimento, no antigo SBS, aquando da aquisição da O'Connor Associates em 1994. Em 2003 e 2004, porém, quando o UBS começa

---

[*] N. A. Shawn Tully, "What's Wrong With Wall Street And How To Fix It", *Fortune*, Abril de 2008.

a distinguir-se neste mercado, os protagonistas tinham mudado: David Solo abandonou o banco de investimento do UBS em 1999 e John Costas sucede-lhe à frente do UBS Warburg. A maioria dos corretores da O'Connor, pouco habituados a receber ordens, despede-se a partir desse momento para ingressar noutros bancos. Uma certa cultura de risco, muito enraizada entre os especialistas da O'Connor, perde-se a partir desse momento no UBS.

Não tem, porém, importância alguma. Entretanto, John Costas rodeou-se de mestres do crédito e dos derivados que, tal como ele, vêm do mundo obrigacionista. A nova "equipa de choque" constitui-se no final da década de 1990. Inclui os seus colaboradores mais próximos: Mike Hutchins, um perito das novas gerações de créditos estruturados, e Kenneth Karl, um brilhante *prop trader*. Ambos vêm do Salomon Brothers. O seu grupo trata dos títulos de rendimento fixo por conta própria do banco no *proprietary trading desk*. As estratégias de investimento destes *prop traders*, confidenciais, concentravam-se no mercado de hipotecas titularizadas. Consistiam em especular, com um efeito de alavanca significativo, sobre os rendimentos das diversas qualidades de dívida hipotecária.

O *prop desk* será extremamente lucrativo, gerando em média mil milhões de dólares de rendimentos para o UBS por ano e elevando a reputação do banco no *fixed income*.

É então que, em 2005, Marcel Ospel e Peter Wuffli têm a ideia de o separar sob a forma de um fundo interno, para fazer dele uma actividade à parte destinada, ao mesmo tempo, à conta própria do banco e aos clientes externos. O sucesso do *proprietary trading*, que se tornou uma das fontes de rendimento dominantes de Wall Street, atraíra os investidores e leva muitos desses corretores de elite a criar o seu próprio *hedge fund* de crédito.

O caso de Mark McGoldrick, no Goldman Sachs, ilustra bem o prestígio dos *prop traders* e a sua atracção pelos *hedge funds*, que lhes permitem participar ainda mais directamente nos lucros que geram. McGoldrick era o corretor de elite do Goldman Sachs. Tendo a alcunha interna de "Goldfinger", era um dos colaboradores mais bem pagos do banco. Em 2006, o colaborador de 48 anos recebera 70 milhões de dólares de bónus, ou seja, quase 200 mil dólares por dia, graças a apostas nas quais se utilizava o capital próprio do banco. O seu salário ultrapassou, portanto, o do chefe do Goldman Sachs, Lloyd Blankfein, que recebeu 53,4 milhões de dólares nesse mesmo ano. Apesar disso, McGoldrick decidiu despedir-se em 2007, para abrir o seu próprio *hedge fund*: isso permitia-lhe ganhar o mesmo, trabalhando um pouco menos.

No UBS, John Costas e a sua equipa são tentados, em 2005, pelas "sereias" dos *hedge funds*. O banco não quer abrir mão destes "príncipes" da sala de mercados e das suas centenas de milhões de rendimentos. Marcel Ospel fará com que eles não saiam, propondo-lhes condições que não poderão recusar.

Dillon Read Capital Management

Quando em 2004 Marcel Ospel ambiciona atingir o primeiro lugar da banca de investimento, é porque um homem lhe deu claramente a entender que era possível: John Costas.

Em Fevereiro de 2004, o chefe do Investment Bank assegura a Ospel que o UBS estaria em condições de conquistar a maior quota de mercado aos chefes de Wall Street, no prazo de três a cinco anos. Numa apresentação aos investidores, ele formulava assim o objectivo do UBS: figurar no pódio dos três maiores bancos de investimento do mundo. Ele era o impulsionador desta ambição, o homem que seria capaz de realizar o sonho de Marcel Ospel. O presidente do grupo acredita nele. Está totalmente comprometido com esse objectivo, visto que Costas inspira, então, uma confiança máxima ao presidente do UBS. A altura também é importante: o mercado de acções e obrigações norte-americano já não oferece rendimentos competitivos em relação a outros mercados e os bancos procuram alternativas.

O banco de investimento do UBS já reúne a combinação vencedora: uma equipa de corretores para a conta própria do grupo, reunidos em torno de John Costas e especializados no mercado principal dos instrumentos de rendimento. Portanto, o UBS fará disso a sua especialidade, disponibilizando todos os seus recursos para atingir esse objectivo.

John Costas, que dispõe na sua equipa de especialistas dos créditos titularizados no mercado imobiliário, como Mike Hutchins, "esfrega as mãos de contente". Em 2004, o seu salário anual teria chegado aos 40 milhões de dólares, recebendo Mike Hutchins e Ken Karl quase o mesmo montante. Actualmente, preparam-se para ganhar ainda mais.

Isto porque John Costas tem um projecto audacioso a propor aos seus chefes de Zurique. O UBS Investment Bank ainda não está onde gostaria de estar. A sua superioridade nas transacções de títulos de rendimento fixo não bastou para se classificar suficientemente alto no conjunto das actividades. Mantém-se em sétimo lugar nos EUA, com cinco por cento das quotas de mercado, e em sexto a nível mundial, também com cinco por cento do volume de negócios global. John Costas não tem dúvidas: o UBS tem de se dotar de uma estratégia mais agressiva no mercado do crédito, estratégia esta que ele se encarregará de pôr em prática.

Daí nasce a ideia que levará ao lançamento, no dia 30 de Junho de 2005, do *hedge fund* interno Dillon Read Capital Management (DRCM). Esta "unidade de investimento alternativos", como lhe chama então o banco, vai, na realidade, empregar imensos meios para permitir aos melhores corretores da instituição maximizar os lucros no segmento do rendimento fixo.

Em 2004, John Costas apresenta o projecto do DRCM à administração. O UBS encontra-se sob pressão perante o chefe do seu banco de investimento. Foi preciso pouco para que o natural da Nova Jérsia fizesse as malas: o Morgan Stanley ter-lhe-ia proposto que reassumisse a sua gestão. Ele poderia levar a sua brilhante equipa. O UBS teria, então, de dizer adeus aos seus planos de expansão nesta área. Mais cedo ou mais tarde, Mike Hutchins e Ken Karl poderiam também ceder à tentação de ingressar nos *hedge funds*, como dizem os rumores.

O banco suíço aceita, então, criar o Dillon Read Capital Management e dar assim uma "oportunidade de negócio" a John Costas, segundo os termos do seu comunicado de 30 de Junho de 2005.

Os corretores do DRCM irão, portanto, dedicar-se a fazer com que o capital do banco dê frutos, levando a cabo estratégias no mercado das hipotecas de risco. Era o que já faziam no banco de investimento, mas actualmente está previsto abrir essas estratégias, numa segunda fase, a clientes sofisticados do UBS que teriam feito esse pedido, pois desejam aproveitar os rendimentos elevados que se espera deste veículo principal. Os corretores terão, então, a sua própria unidade no seio do banco, com uma estrutura de remuneração superior. O UBS aceita, com efeito, as novas condições de remuneração propostas pelo projecto Costas. São as mais elevadas do mercado.

As estratégias do fundo interno serão, na verdade, idênticas às dos *hedge funds* de crédito independentes, que entraram em força no mercado *subprime*. O UBS espera que o DRCM seja o fundo de enorme sucesso que Wall Street invejará. O objectivo, ao associar os clientes externos, é atrair 15 mil milhões de dólares de investimento em cinco anos. Segundo John Costas, o *hedge fund* tem possibilidades de se tornar tão importante como o Fortress Investment Group, o gigante nova-iorquino da gestão alternativa, que gere 20 mil milhões.

O nova-iorquino terá liberdade de acção. Marcel Ospel apoia-o incondicionalmente. Peter Wuffli, o director-geral, já é mais reticente. O projecto arrisca-se muito a desestabilizar toda a estrutura norte-americana do UBS, mas ele não ousa exprimir as suas reservas com franqueza. Segundo fontes próximas da administração da época, Wuffli chega mesmo a considerar a hipótese de se demitir, mas não consegue tomar a decisão (ver Capítulo 8).

No global, o projecto enfrenta uma forte oposição de alguns dos directores do banco e membros do conselho de administração. Irá manifestamente causar um grande desequilíbrio nas operações e na distribuição dos rendimentos: recursos consideráveis de *trading*, gestão dos riscos, informática e operações seriam desviados para este fim. Os melhores especialistas das transacções de rendimento fixo irão abandonar a unidade *Fixed Income Rates and Currencies* (FIRC) do banco de investimento. Contudo, Marcel Ospel e John Costas recorrem a todos os argumentos ao seu alcance para convencer a restante administração. Apesar de tudo, o projecto será uma realidade. "Sem Ospel, Costas jamais conseguiria fazer aprovar tal projecto, mas soube utilizar em seu proveito a ambição do presidente do banco de ser o número um de Wall Street para fazer fortuna", afirma uma fonte bem informada. Peter Wuffli conforma-se, declarando perante a imprensa que o projecto irá "prolongar o ciclo de vida dos talentos dos nossos mais brilhantes corretores e banqueiros de investimento".

No dia 29 de Junho de 2005, John Costas demite-se do seu cargo à frente do banco de investimento para assumir a gestão do DRCM. Para abandonar o cargo hierarquicamente mais elevado que pode esperar no UBS, num clima de contestação que, além disso, é prejudicial, é preciso que a aposta valha a pena. E é esse o caso: para o atrair e associar-lhe o chefe do *fixed income* Mike Hutchins, assim como os melhores *prop traders* do banco, a começar por Ken Karl, o UBS não se poupa a esforços. O banco coloca 3,5 mil milhões de dólares de capital à disposição de Costas e das suas equipas para se lançarem, enquanto os verdadeiros *hedge funds* têm de se esforçar para recolher esses capitais junto dos investidores.

A nível de remuneração, o UBS "deixou-se subjugar" por John Costas, como afirmam muitos colaboradores do banco, actuais e do passado. Diz-se que este último negociou uma quantia garantida de mil milhões de dólares para ele e para a sua equipa, em três anos. Não pudemos confirmar esta informação. Antes parece que o seu bónus anual foi sempre calculado em função dos rendimentos que ele obtinha nas estratégias de investimento. E, a este nível, não fica a dever nada a ninguém, já que negocia percentagens exorbitantes: receberá uma comissão de gestão de três por cento dos activos gerados pelo *hedge fund* e ficará, além disso, com 35 por cento dos lucros. "São percentagens incríveis que são apanágio das grandes personalidades da indústria dos *hedge funds*!", indigna-se um conhecedor. Costas, que reside na Lower Cross Road em Greenwich, a capital dos *hedge funds*, sem dúvida que se inspirou profundamente nos seus invejáveis vizinhos, com quem convive diariamente.

Com o primeiro milhar de milhões sob gestão, tem a garantia de ganhar 35 milhões em comissões de gestão logo a partir do primeiro ano! Em média, os gestores de *hedge funds* exigem dos clientes uma comissão de dois por cento pela gestão e uma parte de 20 por cento da prestação. John Costas receberá, portanto, as comissões de gestão mais elevadas da indústria e, além disso, facturá-las-á ao banco para o qual trabalha e que colocou o capital à sua disposição! Com os lucros do DRCM em 2006, o bónus global aumenta para quase 500 milhões, dos quais Costas, Hutchins e Karl ficam com a melhor porção. Em particular, os rumores em Wall Street dizem que Hutchins e Karl ganham 50 milhões de dólares por ano, o que os coloca entre os especialistas mais bem pagos do mercado.

É certo que em 2005, se o UBS não tivesse mantido a sua dinâmica equipa de transacções de rendimento fixo com estas condições faraónicas, estes corretores teriam a opção de ingressar num *hedge fund* de crédito. Contudo, teriam de pagar as perdas do seu próprio bolso e não era esse o caso no UBS. É o mesmo que dizer que John Costas e a sua equipa fizeram o negócio das suas vidas!

A administração aceita também que Costas esvazie literalmente o banco de investimento dos 80 melhores corretores "nostro" (termo utilizado na Europa para designar os *proprietary traders*) do Investment Bank, acompanhados por cerca de 40 colaboradores de apoio. Os corretores irão continuar a tratar das mesmas contas, a não ser que deixem de pertencer ao banco de investimento. O DRCM pode, além disso, ir buscar milhares de milhões de dólares ao balanço do UBS para financiar à taxa interna do banco, muito vantajosa, as suas actividades de transacção. Por outras palavras, os corretores podem desmultiplicar a dimensão das suas apostas a um custo muito baixo, criando um efeito de alavanca muito atractivo nos seus ganhos potenciais. Em troca, o banco de investimento do UBS apresentará os lucros do DRCM como sendo os seus.

A nível interno, tendo John Costas abandonado o banco de investimento é preciso substituí-lo. Peter Wuffli recomenda o britânico Huw Jenkins, que dirige então as transacções de acções. Muitos banqueiros no mercado de Nova Iorque sublinham a fraqueza desta escolha: "Não se pode pôr um tipo da *equity* a ocupar este cargo", diziam-nos na altura, num tom mais neutro do que maledicente. Michael Hutchins, o talentoso chefe da unidade de rendimento fixo que se junta a John Costas, é substituído por outro britânico: Simon Bruce. Por fim, Ken Karl, um dos melhores *proprietary traders* do banco de investimento, ingressa também no DRCM, no cargo de chefe de investimento.

A partir daí, o UBS dedica todos os seus esforços ao seu principal projecto, o Dillon Read Capital Management, abandonando o banco de investimento. Em sinal do apoio da administração, Peter Wuffli declara, no final de Junho, no lançamento do DRCM: "O registo de John Costas à frente do banco de investimento fala por si. Colocou a divisão entre os melhores intervenientes mundiais, através de um programa de crescimento orgânico perfeitamente planificado e executado. A sua decisão de fundar o DRCM no interior do UBS oferece-nos a todos perspectivas muito positivas."

Facto notável, o banco permanece extremamente vago a respeito da estratégia de investimento do DRCM, mantida intencionalmente em segredo, para evitar que empresas concorrentes a imitem. A iniciativa é aceite, sem quaisquer dificuldades, pelo público e os accionistas, excepto os meios de comunicação financeiros que salientam até que ponto sai cara ao grupo. A partir de 2005, John Costas começa a recolher capital de investidores externos para um segundo fundo, designado por Dillon Read Financial Products. A operação, que se revela bem mais delicada no plano jurídico do que ele pensava, será criticada tanto a nível externo como a nível interno pela sua lentidão. Em Novembro de 2006, ou seja, mais de um ano depois, ele lança o fundo externo e recruta mais 130 pessoas do UBS. Finalmente, o Dillon Read Financial Products recolhe 1,3 mil milhões de dólares. As equipas de Costas correm riscos significativos neste fundo, aplicando um efeito de alavanca 20 vezes superior às quantias entregues pelos investidores.

No entanto, em 2006 a equipa de John Costas não desilude. A unidade Dillon Read gera um ganho de 1,2 mil milhões de dólares no fundo interno. Dará lucro durante os seus seis primeiros trimestres de existência, até ter prejuízo no primeiro trimestre de 2007 (ver Capítulo 7). Já o fundo externo será lucrativo durante todo o seu tempo de vida (seis meses), gerando um rendimento que se fosse anual seria de 11 por cento isento de comissões para os seus 29 investidores. Nunca será, porém, um êxito comercial junto dos clientes, pois as taxas exorbitantes constituem um problema logo à partida. Os investidores queixam-se das comissões demasiado altas. A recepção será tão morna que, após seis semanas, John Costas propõe que se suprima a comissão de gestão e se deduza 40 por cento da prestação. Em contrapartida, o Dillon Read continua a cobrar comissões de gestão ao UBS, cujo capital gere. A estrutura de preços fez abrandar a recolha de capitais externos. "Uma das coisas que não conseguimos fazer, dadas as limitações, foi introduzir rapidamente no mercado um segundo fundo ou até mesmo um terceiro", assumirá Costas mais tarde.

Os dois fundos do DRCM recorrem a múltiplas estratégias de *trading*, que vão desde as obrigações de elevado rendimento aos "cabazes" de obrigações (CDO) baseados em empréstimos hipotecários. As posições do fundo interno estão, em grande parte, concentradas na dívida imobiliária de risco do *subprime*.

Nessa altura, John Costas domina, a partir do seu gabinete no 22.º andar de um prédio de Manhattan com vista para a catedral de St. Patrick, uma verdadeira organização, que emprega 230 colaboradores espalhados pelos seus escritórios de Nova Iorque, Stamford, Singapura e Tóquio. Os colaboradores da DRCM receberão bónus de um milhão de dólares em média, ou seja, quase o triplo das remunerações comparáveis no Goldman Sachs Group. Nas contas de 2006, os custos de pessoal na divisão que abrange o *hedge fund* aumentam 52 por cento, pesando no lucro do UBS.

Os privilégios do DRCM provocam fortes tensões no seio do banco de investimento do UBS. John Costas e os seus antigos colegas ficaram "de costas voltadas" quando ele lhes levou os corretores mais experientes nas hipotecas, no crédito e no imobiliário. A fuga de talento roubou ao banco de investimento os seus lucros e obrigou-o a voltar a contratar especialistas do rendimento fixo para atrair de novo rendimentos na área das "finanças imobiliárias". Paira sobre o DRCM uma surda ameaça de vingança.

Em 2006, a divisão de Huw Jenkins decide construir, a partir do nada, uma actividade de transacção e estruturação de instrumentos de dívida, num esforço para reproduzir o sucesso do Dillon Read. Ele propõe, por sua vez, um plano audacioso à administração, que o ratifica. A administração de Zurique actuou, na realidade, mais como uma câmara de registo do que como impulsionadora da estratégia norte-americana do UBS. O conselho de administração, que tem a última palavra, também aprovou a criação do DRCM e, depois, a expansão paralela do banco de investimento em 2006 e 2007.

Foi na criação do Dillon Read Capital Management que começaram os problemas do UBS, mas foi realmente quando o banco de investimento, concorrente do Dillon Read, começou a construir um império das sombras, constituído por apostas em grande escala no mercado *subprime*, que a catástrofe se tornou certa. Em Fevereiro de 2008, o novo chefe, Marcel Rohner, voltará a este episódio, declarando aos jornalistas que a estratégia de *"me too"* ou a política do "eu também", através da qual o banco de investimento quis imitar o DRCM, é em grande parte responsável pelas perdas do UBS.

As equipas de Huw Jenkins defenderam uma política suicida no mercado especulativo *subprime*, que John Costas tentou em vão combater.

CAPÍTULO 7

A verdade dos factos

"Se eu não hesitasse em afirmar o que quer que seja com alguma certeza, por pouca que seja, dir-vos-ia que sou a pessoa mais insegura do mundo."

Lloyd Blankfein, presidente e director-geral do Goldman Sachs (*Fortune Magazine*, 26 de Janeiro de 2006).

É já em Fevereiro de 2007 que alguns corretores do Dillon Read Capital Management suspeitam de uma possível reviravolta do mercado *subprime*. Nessa altura, nem o Goldman Sachs começara a apostar activamente na descida desses títulos.

No nível superior do DRCM, John Costas, que tem 25 anos de experiência na transacção de títulos obrigacionistas, também pressentia que, se não era uma crise grave, era pelo menos o princípio de uma séria correcção do mercado. O chefe do Dillon Read Capital Management e os seus corretores são favoráveis a uma abordagem prudente: mais vale começar a vender ou a reduzir o valor destes títulos nas carteiras, afirmam. A partir da terceira semana de Março e posteriormente em Abril, as equipas de Costas começam a amortizar posições para as ajustarem aos preços mais baixos do mercado e outros vendem instrumentos de dívida *subprime* em grandes quantidades.

Nessa época, criou-se um fosso entre o DRCM e o banco de investimento no plano da política de risco: no Dillon Read Capital Management, a exposição ao mercado das hipotecas de risco manteve-se sob controlo, enquanto o banco de investimento dirigido por Huw Jenkins orquestrou, entre 2005 e 2006, a expansão mais fulgurante que o balanço do UBS alguma vez conheceu, tendo este aumentado quase 700 mil milhões de francos, para mais de 2,5 biliões, após a compra de enormes quantidades de títulos ligados ao imobiliário norte-americano. Segundo as nossas fontes, ele detém, então, posições dez vezes superiores às do DRCM no mercado *subprime*. Nem as próprias equipas de John Costas estavam a par da exposição do banco de investimento.

Desde que John Costas abandonou a administração do UBS Investment Bank, em 2005, para assumir a chefia do DRCM, já não tem autoridade sobre as estratégias de transacção efectuadas pelo banco de investimento e não tem acesso aos seus relatórios de risco. Contudo, quando os corretores do DRCM começam a recear perdas e a reduzir as posições de risco, falam nisso aos seus colegas do banco de investimento. Recordemos que o DRCM gere o capital do banco e a divisão de Huw Jenkins paga-lhe as suas comissões. É, portanto, normal que o banco de investimento tenha uma palavra a dizer sobre as prestações dos corretores do fundo interno. No entanto, o nosso informador do DRCM afirma, em tom amargo: "Não confiaram em nós. Se tivessem ido por nós, o banco no seu conjunto poderia ter liquidado, entre Março e Junho, todas as suas posições de risco com valor de mercado e o UBS teria sofrido apenas 500 milhões de dólares de perdas no total!"

O quê, 500 milhões, um décimo dos 50 mil milhões que acabaram por ser perdidos? Será possível? É, pois sabe-se que o mercado manteve a liquidez até Junho de 2007. Houve, porém, algo que impediu a equipa de John Costas de levar a sua ideia avante.

O DRCM encontrou resistências muito fortes no seio do banco de investimento. Pior, as equipas de Huw Jenkins executaram uma verdadeira tomada de controlo sobre a política de risco do banco.

A VERDADE DOS FACTOS

Em Abril de 2007, enquanto o DRCM tivera, até aí, autoridade sobre as valorizações dos títulos que detinha nas suas carteiras, a administração do UBS decide, de repente, conceder plena autoridade ao banco de investimento.

O "caso John Niblo" ilustra bem a súbita perda de influência do DRCM. Este gestor alternativo, cujo nome será recordado pelo *Wall Street Journal* em Outubro de 2007, faz então parte da equipa de John Costas. O corretor nova-iorquino de 47 anos é um dos primeiros a dar o sinal de alarme no UBS.

John Niblo faz parte dos *proprietary traders* escolhidos para a cavalaria de John Costas aquando do lançamento do DRCM, em Junho de 2005. Não tem, porém, qualquer contacto directo com ele. O seu superior directo é Ken Karl, o chefe dos investimentos do DRCM. No início de 2007, Niblo gere um *hedge fund* de mil milhões de dólares sob a forma de CDO e de títulos que têm como garantia hipotecas residenciais norte-americanas (RMBS). Na sua carteira, tem posições ao mesmo tempo de compra (*long*) e de venda (*short*). Uma das suas estratégias consiste em posicionar-se para a compra nas parcelas A das CDO, isto é, as de melhor qualidade, e para a venda nas qualidades inferiores (BB+ e abaixo). Dado que as parcelas B são susceptíveis de perder muito mais valor do que as parcelas A aquando de um desmembramento do mercado, o corretor pode ganhar no aumento do diferencial (*spread*) entre as duas parcelas.

Já em Fevereiro de 2007, verifica que o mercado está a sofrer uma reviravolta: os incumprimentos dos proprietários de imóveis são cada vez mais, afectando o valor dos títulos nos quais especula o DRCM. John Niblo telefona, então, a uma dezena de corretores de Wall Street para saber quais eram os preços mais recentes a que esses títulos estavam a ser transaccionados. A resposta é preocupante: já quase não há senão vendedores no mercado. Ele fala sobre isso com Ken Karl. O director de estratégia confia, um pouco contra a sua vontade, na apreciação de John Niblo. Este último decide, então, amortizar em 20 por cento, em duas fases, as posições longas da sua carteira a partir de Março de 2007. No total, corrige em cem milhões de dólares a valorização dos títulos. A depreciação coloca-lhe algumas dificuldades: as posições de compra têm, doravante, um valor muito mais baixo do que as de venda. Por outras palavras, as parcelas de qualidade menos boa são claramente sobrevalorizadas. John Niblo considera que sairia mais caro cobrir as suas *shorts* (dando ordens de compra ao mesmo preço, para as anular) do que deixá-las perder valor. Nesse momento apresenta, portanto, perdas.

John Niblo pergunta, em seguida, aos seus colegas se verificaram se as suas posições longas estavam correctamente valorizadas, dada a descida observada do mercado. Chega mesmo a recomendar ao conjunto dos corretores do banco que vendam as suas posições longas sobre as CDO ainda em Março. Isso não cai em saco roto. A sua colega Sing Min Li assume, por sua vez, perdas na sua carteira, convencida de que está sobrevalorizada. Entre Março e Maio, outros corretores fazem o mesmo. Será isso que explicará a perda total de 150 milhões de dólares aquando do encerramento do DRCM, em Maio de 2007.

Nesse instante, o corretor dá por si numa situação muito delicada. O chefe de Niblo, Ken Karl, sabe que ele tem razão, mas não o apoia abertamente. Segundo as nossas fontes, a partir desse momento realizam-se discussões sérias entre John Costas e os gestores do UBS em Zurique.

O DRCM, como já vimos, gere o capital do banco de investimento que, além disso, detém posições consideráveis por conta própria no mercado *subprime* na unidade *Fixed Income Rates and Currencies* (FIRC). O problema reside no facto de as posições de transacção dependerem muito tanto de uma unidade como de outra. Na unidade FIRC, várias carteiras têm as mesmas posições longas em CDO da mesma qualidade. Se o *hedge fund* adoptar uma visão baixista sobre as CDO até aí colocadas à venda, o banco de investimento também será obrigado a depreciá-las, o que o fará perder muito mais dinheiro do que o DRCM.

Pior, se o DRCM continuar a amortizar ou até mesmo a vender posições *subprime* de forma geral em grandes quantidades, o *hedge fund* estará, de facto, a jogar contra as posições da unidade FIRC, cujas carteiras fará cair a pique.

A divisão de Huw Jenkins recusa-se a ouvir. Quando os corretores do Dillon Read Capital Management começam a reduzir as suas posições de compra nos títulos de risco, sofrem duras críticas do banco de investimento. A tensão aumenta entre John Costas e Huw Jenkins, que ainda não acredita no fim do mercado *subprime*. Pelo contrário, o UBS tornou-se, em 2007, a terceira maior entidade emissora de CDO, atrás do Merrill Lynch e do Citigroup. Em vez de se mostrar ainda mais conservador do que o DRCM, devido às quantias que investiu nas CDO, a unidade FIRC mostra, pelo contrário, uma feroz oposição à redução das valorizações (os preços nos quais o banco avalia os títulos das suas carteiras). Ao que tudo indica, os quadros do banco de investimento gostam muito do terceiro lugar mundial que o UBS, graças à intensidade da actividade deles, atingiu nos créditos titularizados. Este lugar, porém, fará do UBS, assim como daqueles que ocupam o primeiro e o segundo lugares no mercado das CDO em 2007, o Merrill Lynch e o Citigroup, os que mais perdem. Do sétimo lugar em 2006, o UBS subira facilmente no início de 2007 para o terceiro: não seria porque bancos como o Wachovia, o Credit Suisse ou o Morgan Stanley reduziram voluntariamente a sua exposição nesse mercado ao longo desse ano?

O elemento mais decisivo é, porém, que a resistência em sair do mercado das CDO virá da própria administração do UBS, isto é, de Peter Wuffli, Marco Suter e Marcel Ospel. O DRCM será repentinamente travado no seu ímpeto de prudência, antes de ter podido impor uma mudança de rumo capaz de salvar a instituição.

Foi um erro, pois o DRCM poderia justamente ter servido para esclarecer o UBS neste mercado arriscado e pouco líquido, visto que os corretores do *hedge fund* não são principiantes. John Niblo vem do Bear Stearns, onde tratou com grande sucesso, entre 1996 e 2001, de instrumentos de dívida sofisticados nos mercados emergentes, gerando uma rentabilidade superior para os seus clientes e para a conta própria do banco. A sua especialidade eram as CDO, "cabazes" de obrigações que agrupavam diversas parcelas de dívida. Na altura, tratava-se de empréstimos de empresas dos países emergentes. Um mercado arriscado, que era apanágio dos pioneiros.

Sem contar que os corretores do DRCM estão, naturalmente, bem "informados" sobre o posicionamento dos outros *hedge funds*, os principais investidores em CDO. Além disso, os *proprietary desks* dos diversos bancos têm poucos segredos uns para os outros. John Costas sabe, por exemplo, na Primavera de 2007, que o Goldman Sachs, uma das contrapartes do *hedge fund*, fez grandes apostas na queda prevista desses títulos.

O Goldman Sachs, precisamente! A empresa nova-iorquina representa o contra-exemplo do UBS na crise do mercado *subprime*. Conseguiu, com efeito, dar um duplo golpe de mestre: em 2006, a empresa é a que reúne mais pacotes de dívida *subprime* da pior qualidade (devedores sem capacidade de reembolso, créditos não documentados, propriedades adquiridas com zero por cento de fundos próprios), dívida à qual as agências de classificação deram um *rating* AAA, isto é, a melhor qualidade de crédito. A administração do Goldman Sachs é alertada, em 2006, por um dos seus corretores a respeito dos riscos desses títulos, compostos por hipotecas em incumprimento. Leva estas considerações muito a sério. Guardando segredo, o banco decide vendê-los aos clientes no final de 2006. A empresa escoará sem dificuldade a sua "colheita" de 2006 de CDO, cuja falta de pagamento está por um fio, ganhando vários milhares de milhões de dólares de rendimentos. Os compradores foram gestores de fundos, bancos e investidores crédulos. É muito provável que o UBS, tal como outros bancos de primeira ordem, também tenha sido um deles. Isto porque o banco suíço comprou tardiamente quantidades significativas de dívida *subprime* em 2005, 2006 e no início de 2007, as séries de maior risco. Para alegria do Goldman Sachs, nessa altura ainda há compradores: ou não procuram saber o que compram ou ainda acreditam na busca da "cavalgada" fantástica do crédito.

Melhor ainda. Não se contentando com esta operação tão lucrativa, o Goldman Sachs aposta activamente, com o próprio capital, na queda futura desses títulos que acaba de vender aos seus clientes. O seu departamento de transacções por conta própria, que sabe que os créditos subjacentes entrarão em breve em incumprimento,

A VERDADE DOS FACTOS

compra grandes quantidades de derivados para apostar na queda desses títulos. Esta estratégia teria sido recomendada pelo director financeiro do grupo, David Viniar, desde 14 de Dezembro de 2006 e aprovada em comissão da administração pelo presidente e director do grupo, Lloyd Blankfein. Segundo fontes consultadas nos bancos de investimento, o Goldman Sachs e outras empresas de Wall Street posicionam-se regularmente contra as ordens dos seus clientes.

O Goldman Sachs utiliza, para esta aposta, *credit default swaps* (CDS), uma espécie de garantias que asseguram ao banco um lucro tanto mais elevado quanto as CDO dos seus clientes caem. Com efeito, entre Junho e Setembro de 2007, quando esses mesmos títulos que passaram para os seus clientes em 2006 acusam os incumprimentos previstos pelo Goldman Sachs, as suas posições de derivados ganham imenso, enquanto as CDO se encontram em queda livre. Graças a esta "demoníaca virtuosidade", o banco entra para a história, gerando 11,4 mil milhões de dólares de lucros em 2007, após a subida de 70 por cento do seu rendimento das transacções no terceiro trimestre do mesmo ano. Neste trimestre e no seguinte, o UBS anuncia a perda mais elevada da sua história.

Se o sucesso do Goldman Sachs prova alguma coisa, é que, entre Junho e Setembro de 2007, era possível não só evitar as perdas, mas também ganhar muito dinheiro através de um posicionamento astuto contra o mercado *subprime*. Entre o Goldman Sachs e o UBS haveria, aparentemente, uma grande diferença. O presidente do Goldman Sachs recebeu 70 milhões de dólares em 2007. Marcel Ospel abdicou do seu bónus e pôs fim à sua carreira no UBS. O presidente do banco suíço teria sido informado da gravidade da exposição do UBS do outro lado do Atlântico apenas em Agosto de 2007. Em Julho, ainda ambicionava elevar o banco de investimento ao primeiro lugar mundial. Perante os accionistas, em Fevereiro de 2008, insistiu no carácter "totalmente inesperado" da contracção dos mercados norte-americanos de titularização. Foi certamente inesperado para o UBS, cujo balanço, em Agosto, ainda albergava milhares de milhões de dólares em títulos que o Goldman Sachs já vendera e depois voltara a vender! Até o Credit Suisse, concorrente directo do UBS, já saíra completamente do mercado *subprime* em Julho de 2007, segundo as nossas fontes: "Já em 2006, vendemos menos 40 por cento de títulos *subprime* do que os nossos concorrentes e em Julho de 2007 o *subprime*, para nós, já passara à história", revela um quadro de topo do Credit Suisse. Até Maio de 2007, Oswald Grübel dirigia o banco, enquanto Brady Dougan, o actual director, era chefe do banco de investimento desde 2004. Reduziu rapidamente os riscos do mercado *subprime*. Isso explica por que motivo se acentuou tanto a diferença entre os dois gigantes helvéticos, tendo o UBS sofrido uma perda líquida de 4,4 mil milhões de francos em 2007, enquanto o seu concorrente de Zurique conseguiu obter um lucro líquido de 7,8 mil milhões de francos. Nesse mesmo ano, o Credit Suisse perdeu "apenas" 1,6 mil milhões de dólares no mercado hipotecário residencial, enquanto o UBS perdeu 18,7 mil milhões. E, enquanto a exposição deste último ao mercado *subprime* ainda ascendia a 70 mil milhões de dólares no final de 2007, a do Credit Suisse já era apenas de nove mil milhões.

Contudo, já estaria a sorte realmente lançada? Como verificamos reconstituindo os factos, faltou pouco para o UBS fazer parte dos vencedores. Isto porque não restam dúvidas de que houve responsáveis do banco que foram informados desde muito cedo das preocupações do DRCM e das suas primeiras vendas de títulos *subprime*.

Os corretores do *hedge fund* telefonam, já em meados de Março de 2007, a Walter Stuerzinger, então chefe de risco do UBS em Zurique, para o informarem das suas amortizações.

Walter Stuerzinger prepara uma auditoria interna ao Dillon Read Capital Management. O banco de investimento manda um tal Ramesh Singh verificar as carteiras dos corretores do DRCM. Tendo entrado no UBS em 2001, aquando da aquisição da PaineWebber, o ambicioso nova-iorquino de origem indiana gere a unidade de produtos titularizados, uma actividade em pleno crescimento no banco de investimento. Quando John Costas saiu, retirando da divisão muitos especialistas em crédito estruturado, Ramesh Singh voltou a criar de raiz uma operação para repor os lucros perdidos nessa área. Esta unidade, lançada no início de 2006, criou um *proprietary trading desk* que efectua estratégias nas CDO semelhantes às de John Niblo. Nomeadamente, a venda a descoberto de parcelas de qualidade medíocre no imobiliário *subprime*, combinada com posições longas nas CDO AAA. De acordo com as nossas fontes, Ramesh Singh é praticamente a terceira figura do banco de investimento. Prepara-se para, no final de Abril de 2007, assumir o controlo de todos os inventários de títulos hipotecários detidos, ao mesmo tempo, pelo Investment Bank e pelo DRCM. O inventário, que corresponde às reservas de títulos disponíveis por conta própria no sistema para serem tratados pelos corretores, reveste-se de uma grande importância. Quem gere os inventários e controla o cálculo das medidas de risco tem, na prática, a última palavra na valorização de todas as posições. A função de Ramesh Singh conferirá ao UBS Investment Bank autoridade sobre as avaliações das carteiras pelo DRCM na área dos títulos imobiliários e *subprime*. É, por si só, um indício incontestável de que o banco de investimento ultrapassou em muito, devido à dimensão das suas posições no *subprime* e à extensão dos seus riscos, a operação de John Costas. Prepara-se para afastá-lo.

As grandes posições da divisão de Huw Jenkins no mercado hipotecário de risco justificam, com efeito, a autoridade do banco de investimento sobre a valorização de todos os inventários de títulos. Se as posições do DRCM no *subprime* atingiram 20 mil milhões de dólares, calcula-se que as da FIRC tenham chegado aos 200 mil milhões.

Curiosamente, no início as amortizações de John Niblo facilitam a vida a Ramesh Singh. Quando verifica que os corretores revêem as estimativas das suas carteiras em baixa, fica satisfeito pois, logo que tenha plena responsabilidade sobre os inventários, reverá as carteiras do DRCM em alta e ser-lhe-ão atribuídos esses ganhos de valor. Isto porque os bónus da sala de mercados se baseiam, em grande medida, no valor das carteiras.

No entanto, o seu plano é interrompido. Isto porque, se o DRCM reduzisse o valor de certos títulos, seria obrigatoriamente necessário que o banco de investimento fizesse o mesmo, em proporções rigorosamente idênticas. De acordo com as leis norte-americanas, seria ilegal que o UBS e a sua filial DRCM valorizassem títulos semelhantes de forma diferente. Ramesh Singh tem, portanto, de convencer os corretores do UBS a seguir o exemplo de John Niblo, Shing Min Li e dos outros. É, porém, escusado: as unidades de Huw Jenkins, dirigidas por Simon Bunce (rendimento fixo), David Martin (taxas) e Jim Stehli (CDO), recusam categoricamente depreciar as suas carteiras. Jim Stehli, que controla as mais importantes posições de CDO no UBS, confirma a Singh, no início de Abril, que as considera correctamente valorizadas. Os resultados de Stehli tiveram uma subida fulgurante entre 2005 e 2006 e o banco começou a dedicar, a partir daí, muitos recursos à sua actividade. Isso confere-lhe alguma influência perante a hierarquia. Limita-se às valorizações do modelo interno do UBS, mais lisonjeiro, pois calcula um nível de preços teórico, em vez de se basear nos preços dados pelos corretores do mercado.

Manifestamente, o UBS Investment Bank quer a desforra: os seus corretores, concentrados na sala de mercados da cidade de Stamford, no Connecticut, começaram do zero em 2005, quando John Costas levara os melhores especialistas, privando a unidade de rendimento fixo do seu volume de negócios. Escandalizados com a diferença de tratamento que os separa dos seus colegas de Nova Iorque e das comissões sem precedentes que estes últimos recebem na gestão do *hedge fund*, começaram o contra-ataque.

David Martin e Jim Stehli podem finalmente provar o seu valor em relação à elite do DRCM. Martin trabalhava no UBS há 16 anos, especializando-se em transacções de títulos com hipotecas como garantia (ABS/MBS). Jim Stehli era um antigo colaborador da PaineWebber que começara a carreira na JP Morgan Securities, até ingressar, em 2005, na unidade de rendimento fixo do UBS, na altura em que era fundado o DRCM. Actualmente, é a vedeta do UBS.

Considerados, à partida, elementos B e C pelos gestores de Zurique, são comparados à equipa de John Costas, constituída por elementos A, isto é, o próprio John Costas, o seu adjunto Mike Hutchins, o director de estratégia Ken Karl e, depois, os 70 melhores corretores de títulos de rendimento fixo. Para agravar esta hierarquia humilhante – mesmo que nunca tenha sido oficial –, esperava-se agora que os especialistas que ficavam em segundo plano seguissem as recomendações do *hedge fund*, aceitassem perder dinheiro nas suas posições ou, pior, vissem este último apostar contra as suas posições? Nem pensar.

Jim Stehli e os seus colegas da unidade FIRC, que estão a ganhar muito dinheiro, não querem que lhes estraguem a festa. Começam desde logo a desacreditar o DRCM. Tanto mais que, em Março de 2007, depreciar uma posição no imobiliário norte-americano equivale a reduzir o bónus sem ter a certeza de que irá dar-se uma queda do mercado. Este risco, aceite por John Niblo, não agrada a Jim Stehli.

Ramesh Singh, que compreende que a unidade *Fixed Income* recuse proceder a amortizações, volta-se contra John Niblo. Conta com o apoio de David Martin e Jim Stehli. Ramesh Chari, outro gestor do banco de investimento que é directamente responsável pelos inventários de títulos, exige que John Niblo reveja as suas posições em alta. Durante uma tensa chamada em conferência, pede-lhe que se justifique: como é que ele pode avaliar CDO em 50/80 cêntimos por dólar, se os modelos do banco continuam a avaliá-las entre 80 e 89 cêntimos? "Avalio as minhas posições ao preço a que posso vendê--las", responde John Niblo, recorrendo a um bom senso que parece ter-se volatilizado no banco. "Como poderia atribuir-lhes um preço que nenhum comprador do mercado estaria disposto a pagar?"

Singh e Chari continuam a defender que estas valorizações são demasiado baixas. Singh baseia-se no facto de também ter contactado corretores. Surpresa das surpresas, forneceram-lhe preços claramente mais altos do que os recolhidos por John Niblo. É, portanto, a sua palavra contra a dele. Niblo, assim como outros corretores prudentes do DRCM, assumem o papel de maus da fita. "Era guerra. Censuravam-nos por termos sofrido perdas, por marcarmos os activos demasiado agressivamente ao valor de mercado; em suma, por sermos demasiado conservadores", relata um corretor do Dillon Read Capital Management.

A posteriori, pode parecer irracional, mas para activos relativamente pouco líquidos os preços de mercado não são, como para as acções e obrigações clássicas, um dado transparente. Com efeito, as CDO transaccionam-se não nas bolsas oficiais, mas no mercado paralelo (OTC)*. A sua avaliação baseia-se, na maior parte das vezes, nos dados observáveis provenientes de títulos semelhantes cotados ou no preço de transacções recentes com títulos comparáveis. Estes dados são integrados no modelo interno e o banco realiza uma avaliação segundo o modelo (*mark-to-model*) dessas carteiras.

À data dos factos, ninguém pode garantir a queda programada do mercado *subprime*. Afinal, desde 2004 que os mercados de crédito sofriam regularmente correcções bruscas, mas breves, seguidas de recuperação. Será que ainda reservam alguns trimestres de felicidade? A maioria dos economistas mantém um tom tranquilizador. Isto porque o rebentar desta bolha de crédito se revelou um dos mais traiçoeiros. Não se deu desde que as taxas de juro da Fed começaram a subir, em 2004. A procura especulativa para a compra de casas continuava a apoiar os preços, com a ajuda das práticas cada vez mais agressivas dos empréstimos e meios cada vez mais sofisticados para titularizar as hipotecas. De tal maneira que, na Primavera de 2007, podia parecer sensato aguardar o regresso à normalidade dos mercados de crédito, que permitiria uma revisão em alta das carteiras. Nem a Reserva Federal norte-americana, nem o Banco de Pagamentos Internacionais têm elementos concretos sobre os riscos de mercado que lhes permitam ir além dos avisos de circunstância que caracterizam os períodos de euforia como aquele que se viveu no mercado imobiliário e dos produtos derivados. Nos EUA, a diminuição dos preços chegou mesmo a estabilizar-se brevemente em algumas alturas, entre o início e meados de 2007, apesar dos incumprimentos que se manifestavam no mercado hipotecário.

É o eterno dilema de uma bolha especulativa: quando se está a ganhar muito dinheiro, é difícil parar de jogar. Ora, o momento certo para sair do mercado chega apenas uma vez. No início de 2007, o UBS e todos os grandes bancos de investimento "navegam à vista": o mercado *subprime* treme. Para quem quisesse, a crise deste mercado hipotecário já podia ser prevista em Fevereiro de 2007, quando a taxa de hipotecas em incumprimento bateu subitamente o recorde dos últimos quatro anos.

---

* N. T. Sigla relativa à designação em inglês *Over-The-Counter* e que se refere à compra e venda de instrumentos financeiros directamente entre duas partes, sem passar por instituições criadas para esse fim, como por exemplo bolsas de valores.

A euforia, porém, não esmorece. A maioria fala mesmo numa simples correcção. Estão abertas as apostas. Nada é evidente. A teoria sobre os efeitos revolucionários da titularização, que corta o risco de incumprimento em pequenas parcelas e o distribui por uma base muito vasta de investidores, ainda está em vigor. Permanecer ou sair do mercado nestas alturas representa um risco igual de perda. Quando a Comissão Federal dos Bancos (CFB) começa a fazer perguntas ao UBS sobre a sua exposição ao *subprime*, não recebe uma resposta precisa, mas também não aprofunda a questão. É evidente que se receiam os perigos dos derivados de crédito. "Contudo, não se pode fazer parar o mundo com um sentimento", lamenta Daniel Zuberbühler da CFB, após os factos consumados. No dia 20 de Julho de 2007, até o presidente da Reserva Federal, Ben Bernanke, calcula ainda que as perdas do *subprime* serão de apenas cem mil milhões de dólares.

A verdade é que o UBS conhece melhor o mercado do que os reguladores. Os seus corretores lidam com ele todos os dias. O seu economista-chefe, Klaus Wellershof, da divisão de gestão de fortunas e *business banking* já preveniu, em 2006, que existe risco no mercado *subprime*. Em caso de dúvida sobre as virtudes da titularização, não valeria mais cortar o mal pela raiz? Uma política de investimento um pouco conservadora ditava a uma instituição de primeira ordem uma retirada definitiva de todos os títulos ligados ao imobiliário norte-americano. Tanto mais que o UBS, segundo as nossas fontes, identificou fragilidades no seu modelo interno de avaliação do valor em risco (VAR) do mercado e tem conhecimento da sua falibilidade.

Apesar destas circunstâncias, na Primavera de 2007 a aposta do banco de investimento do UBS, que incide sobre volumes enormes, é completamente assumida. E é especulativa ao mais alto nível.

Finalmente, os corretores da unidade de rendimento fixo obstinam-se. Não, não reduzirão essas posições como fez o DRCM. A sua revolta contra a unidade de John Costas tem, evidentemente, em vista preservar o fundo de comércio de David Martin e Jim Stehli, a unidade das CDO, que se tornou a actividade principal do UBS Investment Bank e que se encontra no seu apogeu em termos de lucros.

A tensão está ao rubro entre as equipas norte-americanas do UBS. A estrutura bipartida que os gestores da Bahnhofstrasse criaram nos EUA e que coloca o DRCM e a *Fixed Income Rates and Currencies* em concorrência directa torna-se a matriz do desastre. Decididos a valorizar generosamente as suas posições, os quadros do banco de investimento esperam mesmo superar as prestações dos seus colegas do DRCM, para provar que também eles têm talento. É aí que John Costas e outros colaboradores do Dillon Read Capital Management se apercebem, com grande espanto, da extensão dos riscos que a unidade *Fixed Income Rates and Currencies* corria há vários meses e descobrem que os seus colegas, entre os quais Ramesh Singh, executaram operações de *proprietary trading* idênticas às suas.

A partir daí, opõem-se dois lados: o do DRCM, liderado por um John Costas, um Mike Hutchins e um Ken Karl relativamente nervosos, já com os olhos postos na saída mais próxima, apoia a posição dos corretores que pressentiram a reviravolta do mercado *subprime*; e o do banco de investimento, liderado por Huw Jenkins, Ramesh Singh e David Martin, que defende que nada se altere. Não lhes agradando as visões conservadoras do Dillon Read Capital Management, querem agora pôr John Costas, a estrela do banco, na rua.

Indício precursor, em meados de Março, Ken Karl anuncia misteriosamente a sua saída, quase um dia depois de ter recebido o seu bónus. Saberá que a ruptura entre John Costas e o UBS está iminente? Será que o seu instinto de *proprietary trader* o fez ver, durante uma noite agitada, mas lúcida, que já se passou o auge da bolha? Mesmo no interior do DRCM, a comunicação está longe de ser franca e aberta. "O ambiente era muito individualista, era cada um por si", recorda com uma certa amargura um colaborador que privou com Ken Karl. Seja como for, a saída do director de estratégia parece claramente ligada às tensões com o banco de investimento. No exterior, os clientes do DRCM contam com outras saídas.

Durante esse tempo, o banco de investimento também sofre a saída de um dos seus mestres, o que não deixa de exercer pressão sobre a administração do grupo: Ken Moelis, o banqueiro de investimento com mais experiência em fusões, aquisições e financiamento de *leveraged buyout*

(LBO), demite-se. Diz-se "frustrado" com a lentidão dos processos de decisão e com a "abordagem demasiado conservadora" do UBS em termos de política de investimento. Este antigo colaborador da Drexel Burnham Lambert e da Donaldson Lufkin & Jenrette deu um grande contributo para tornar o banco suíço um importante interveniente em Wall Street. Mais tarde, quando criar o seu próprio banco de investimento, o Moelis & Co., utilizará palavras duras, na imprensa anglo-saxónica, a propósito da administração do UBS: "Quando os génios têm de seguir os burocratas, é um massacre." Não é preciso mais para levar a administração de Zurique, empenhada em evitar mais demissões, a dar uma maior margem de manobra ao seu banco de investimento. O Dillon Read Capital Management será sacrificado.

No final de Abril, a administração informa o DRCM de que a gestão de risco e dos inventários de títulos das duas unidades será, doravante, responsabilidade do banco de investimento. John Costas sofre um golpe: o DRCM deixa de ter autoridade sobre as suas próprias carteiras. Para quê continuar nestas condições? Ainda tenta sensibilizar a administração para o seu ponto de vista. Garante que todos os intervenientes no mercado estão a vender. Contudo, desta vez os seus argumentos não convencem os seus aliados de antigamente, Marcel Ospel e Peter Wuffli. Para grande surpresa de John Costas, a administração acaba por decidir claramente a favor de Huw Jenkins. Escolheu o seu lado. Marco Suter, em especial, parece nem hesitar. Este antigo colaborador do SBS é, então, responsável pelo controlo dos riscos no conselho de administração. O seu voto é determinante. Ele representa o *Chairman's Office* de Marcel Ospel no seio da administração-geral para tudo o que se relaciona com o risco. Segundo os estatutos do UBS de então, "o *Chairman's Office* vigia o perfil de risco da empresa em nome do conselho de administração e dispõe da autoridade máxima nas questões do crédito, do mercado, assim como de todas as outras questões ligadas ao risco."

De acordo com as nossas fontes, Marco Suter é a favor da estratégia do banco de investimento. Nessa altura, as posições AAA no *subprime* norte-americano ainda iludem. Marcel Ospel e o resto do conselho, tal como os gestores de outras empresas de Wall Street, confiam nos rótulos das agências de classificação.

John Costas sofre, ao mesmo tempo, a reprovação da administração e a frustração de partir com um fracasso. Mas qual fracasso? Perdas de 150 milhões, como já haviam assinalado na altura observadores experientes, não passam de uma "ninharia" nas contas do UBS. A título de comparação, no final de Fevereiro de 2007 o HSBC demitira o seu director de empréstimos hipotecários após 11 mil milhões de perdas. Quase 80 vezes as perdas do Dillon Read Capital Management. Além disso, o *hedge fund* já não ia gerar perdas suplementares depois de Junho de 2007. A sua parte no total de amortizações do UBS, que ascenderão a 45 mil milhões de francos no final de Junho de 2008, não ultrapassa os três mil milhões. Isso quer dizer que o banco de investimento estará na origem do essencial das perdas do grupo.

Tudo indica, *a posteriori*, que o UBS não dissolveu o DRCM para correr menos riscos, mas sim para correr mais. A este respeito, Peter Wuffli e Huw Jenkins colocaram mesmo a fasquia muito elevada para as prestações esperadas das equipas do banco de investimento, incitadas a apresentar rapidamente resultados positivos no *fixed income*.

"Entre Abril e Julho de 2007, continuaram a comprar títulos ligados ao mercado *subprime*", confirma-nos uma fonte interna.

Mais uma vez, pode parecer impensável, mas em Abril de 2007 ninguém, nem mesmo John Costas ou John Niblo, tem a garantia, após os factos consumados, de que esta crise seria a pior da história dos EUA. Foi por isso que Marcel Ospel não teve uma tarefa fácil. O número um do UBS teria, provavelmente, preferido não ter de decidir entre John Costas e Huw Jenkins. Se tivesse podido abandonar o conselho de administração em 2006, como durante uns tempos desejara, o seu sentido de oportunidade teria sido ideal. Contudo, o conselho pedira-lhe que ficasse, pelo menos até 2008. E, em Julho de 2007, deu por si como o único responsável a bordo, já que em Junho, por razões misteriosas, Peter Wuffli perdera irremediavelmente a confiança do conselho de administração (ver Capítulo 8).

A intervenção dos chefes do UBS a favor de Huw Jenkins representa o ponto de ruptura com John Costas. Nessa altura, o banco deixa-lhe duas opções. Ou continua a gerir o fundo externo destinado aos investidores, mas sem o capital do UBS, ou os investidores

A VERDADE DOS FACTOS

externos serão reembolsados e o banco de investimento reassume as posições internas do DRCM. Nesse momento, boatos de mercado evocam, de forma explícita, a substituição para breve de Costas por Ramesh Singh na administração do DRCM, dando a entender que o UBS se dirige para uma solução em que Costas já não gerirá senão o Dillon Read Financial Products, o fundo externo. Contudo, Costas decide demitir-se. Escandaliza-o que o UBS decida encerrar o Dillon Read Capital Management, que gerou lucros todos os meses excepto em Março de 2007, e que abdique de corretores que tinham gerado rendimentos positivos todos os trimestres durante os oito anos anteriores. Pragmático, porém, prefere engolir o orgulho, sacrificar-se e aproveitar esta saída honrosa. A partir de 1 de Maio de 2007, cede a sua autoridade sobre as carteiras do DRCM a Huw Jenkins e esvazia o seu gabinete. No dia 3 de Maio, o UBS anuncia o encerramento do Dillon Read Capital Management e a integração dos respectivos activos no seu banco de investimento, assim como a reintegração de metade dos efectivos da mesma. Suneel Kamlani, co-responsável do banco de investimento, encarrega-se do encerramento da unidade. Ramesh Singh herda essas posições no seu Securitized Product Group. Nessa altura, os activos *subprime* do Dillon Read Capital Management ascendem a 20 mil milhões de dólares. Calcula-se que a exposição do banco de investimento seja dez vezes este montante.

Seis semanas mais tarde, a ruína dos dois *hedge funds* do banco Bear Stearns, que iria entrar em falência menos de um anos depois, semeia o pânico nos mercados.

Visto o que ainda esperava o banco, John Costas demitiu-se no momento certo. Quanto pagou o UBS para concluir o divórcio? Segundo as nossas fontes, o pacote de despedimento foi mais do que generoso, tal como o do adjunto Mike Hutchins, que se demitiu no mesmo dia. O montante que os antigos directores do Dillon Read Capital Management receberam pode deduzir-se pelos 230 milhões de francos que o UBS pagou aquando do encerramento do fundo, essencialmente em "indemnizações, garantias e compensações devidas aos colaboradores do fundo". Foram, portanto, pagas dezenas de milhões a Costas e à sua equipa, ainda que eles tenham gerado perdas de 150 milhões de dólares. Se o director do DRCM gerisse um *hedge fund* independente, teria pago essas perdas do seu próprio bolso. No fim de contas, Costas terá sido extremamente acarinhado pelo UBS, obtendo, depois de ter desviado os talentos do banco de investimento deste para proveito próprio e recebido um confortável capital de arranque para lançar o DRCM, um prémio de consolação com que nenhum gestor de um *hedge fund* independente ousaria sonhar.

Na realidade, tais vantagens serviram provavelmente para garantir ao discreto banco suíço o silêncio eterno do seu antigo corretor favorito, sem contar que o UBS, neste período delicado, ia ainda precisar dos serviços de "consultor" de John Costas durante alguns meses.

Com a sua avultada reforma no bolso, John Costas acabou por criar, com três sócios, um pequeno negócio com 16 colaboradores que investe em pequenas sociedades de serviços financeiros não cotadas em bolsa (*private equity*). Consciente de que os mercados de crédito ficarão inanimados durante alguns anos, o antigo corretor recupera em 2008 como empresário adepto da filosofia tradicional de investidores como Warren Buffett, o multimilionário de Omaha que evita o endividamento excessivo e investe apenas nas áreas que domina.

Quanto a John Niblo, não teve direito às mesmas gentilezas. Em Junho de 2007, a hierarquia informa-o sumariamente de que "a administração decidiu que o banco de investimento não devia interferir em nada". Concedem ao corretor uma "licença administrativa" e pedem-lhe que se afaste antes de Agosto. Sai sem a menor gratificação, enquanto os rivais vitoriosos do banco de investimento são confirmados nos seus cargos (até Outubro de 2007) e tão bem pagos quanto as posições das suas carteiras estão sobrevalorizadas.

No final de 2007, as posições *long* e *short* herdadas do fundo gerido por John Niblo desceram mais do que o mercado e deviam apresentar um rendimento positivo de 30 milhões de dólares! O caso do corretor é útil no seguinte: após os factos consumados, fornece uma espécie de carteira-teste do que teria realizado uma estratégia prudente desde Fevereiro/Março. Se todas as posições do banco no mercado *subprime* tivessem sido geridas desde muito cedo com base nos preços de mercado, o banco teria, provavelmente, limitado as suas perdas de forma singular.

Além disso, a história de John Niblo revela o quanto um corretor responsável podia ser mal recompensado no UBS por ter tido o reflexo mais sensato, no auge de uma bolha especulativa. De forma típica, a hierarquia do banco preferiu apostar nas "tropas" mais ofensivas. Veremos mais à frente que o Credit Suisse implementou uma estratégia inversa, recusando seguir os seus corretores mais temerários no mercado das CDO.

Não há qualquer dúvida, na fase de liquidação do Dillon Read Capital Management, de que a situação no UBS é propícia ao desastre.

Subprime em grande escala

Indo até ao fim da sua lógica, o banco de investimento preferiu encerrar o Dillon Read Capital Management a diminuir as suas posições de risco, arrastando o banco para uma trágica espiral. Isto porque a gestão dos investimento no mercado *subprime* era muito menos prudente no banco de investimento do que no DRCM. E a sua exposição era muito mais elevada.

Assim, quando no final de Junho de 2007 o banco de investimento repatria os activos do extinto *hedge fund* para o seu balanço, as posições do DRCM no mercado *subprime* ascendem a 20 mil milhões de dólares, ou seja, um décimo da exposição calculada nas unidades de Simon Bunce, director de rendimento fixo, David Martin, director de taxas, ao qual está subordinado James Stehli, director do departamento de CDO, e Andreas Amschwand, responsável pelo departamento de divisas. Os activos herdados do Dillon Read Capital Management não provocarão, aliás, perdas suplementares depois de Junho de 2007. Em contrapartida, as do banco de investimento estariam apenas a começar. No final do mês de Junho de 2007, o balanço do grande banco atingia a dimensão estratosférica de 2,54 biliões de francos, sobre fundos próprios de 48 mil milhões. Isso quer dizer que o UBS, em 2007, investia o equivalente a 53 vezes os seus fundos próprios, ou seja, trata-se do efeito de alavanca mais elevado do mundo entre os bancos. Em comparação, o *hedge fund* Carlyle Capital Management, que entrou em falência em Março de 2008 devido à sua alavanca excessiva, investia 32 vezes o seu capital!

A expansão do balanço era o resultado de uma acumulação de activos pouco líquidos (dificilmente transaccionáveis), principalmente de hipotecas titularizadas (MBS) e imobiliário titularizado (ABS), e financiados a curto prazo. "O balanço do UBS era uma bomba nuclear", resume Konrad Hummler, sócio do banco de Saint--Gall Wagelin & Co.

Entre Maio e Agosto de 2007, os preços dos activos *subprime* começam a descer precipitadamente, enquanto o banco os mantém sobrevalorizados. O Investment Bank encontra-se cada vez mais desligado da realidade do mercado. Contudo, em nenhum momento os seus controlos de risco imporão limites operacionais aos investimento no sector *subprime* ou à dimensão do balanço, sobrecarregado pelas posições de transacção do banco de investimento. A nível interno, a dimensão do balanço é tema de conversa. Em Março de 2007, porém, Peter Wuffli e Huw Jenkins tomam formalmente a decisão de não impor limites à expansão do balanço do banco de investimento.

Durante todo esse período, a administração do grupo nunca fará por ter uma visão numérica global da exposição ao *subprime* enquanto classe de activos específica. No final de 2007, o banco de investimento será responsável por 15 mil milhões de dólares de perdas.

Em Junho, a divisão de Huw Jenkins continua a não querer concretizar uma retirada. A sua estratégia mantém-se ambiciosa: as nossas fontes internas indicam que os corretores apostam numa subida dos títulos. Ao ponto que, nesse mesmo mês, o banco que ainda em Maio tinha garantias significativas (*hedges*) e posições de venda (*shorts*) que ofereciam uma certa protecção decide livrar-se delas. Se o mercado de crédito tivesse tido uma recuperação, o UBS estava preparado para a aproveitar ao máximo. A intensidade da queda dos mercados titularizados e o facto de esta se ter dado em Julho só surge como uma fatalidade quando já é tarde de mais. E resulta em grande

A VERDADE DOS FACTOS

parte da decisão das agências de classificação de reduzir em massa as classificações de várias famílias de CDO. O UBS terá aproveitado dois anos de euforia neste mercado.

Pouco depois da sua nomeação, no dia 1 de Julho de 2005, para ficar à frente do banco de investimento, Huw Jenkins contrata a empresa de consultoria Oliver Wyman para proceder a uma análise estratégica da divisão. Sediada na Park Avenue e gerida por John Drzik, faz parte da "nata" da consultoria na área da gestão dos riscos e das estratégias bancárias. John Drzik está mesmo entre as "cem pessoas mais influentes no mundo das finanças", segundo a revista *Treasury & Risk*.

O consultor chega à conclusão de que a unidade *Fixed Income* (Rendimento Fixo) é a que mais tem que recuperar, pois o UBS perdeu aí muito terreno em relação aos seus concorrentes desde 2002 e ainda mais desde 2004. Para aumentar o volume de negócios da unidade ao mesmo nível que o da concorrência, Oliver Wyman recomenda que o UBS invista mais, nomeadamente nos títulos ligados ao mercado hipotecário norte-americano, em particular no mercado *subprime* com taxas de juro mais elevadas, que oferece perspectivas de rendimentos consideráveis. O consultor não desenvolveu o aspecto do risco associado a esses mercados.

Em Março de 2006, Huw Jenkins propõe a Peter Wuffli um plano de crescimento baseado nessas conclusões. A administração mostra--se relativamente entusiasta, mas realça que "se o banco tem de se comprometer com produtos estruturados ilíquidos, será necessário que estes compromissos sejam minuciosamente analisados e estreitamente controlados". Este aviso não passará de uma esperança vã. "Huw Jenkins vinha do departamento de acções", recorda uma fonte próxima do UBS. "Não era capaz de apreciar as características destes instrumentos de dívida no mercado *subprime*."

Contudo, lança os seus chefes de unidade Simon Bunce e David Martin num projecto de desenvolvimento maciço dos produtos *subprime*. As maiores operações do banco de investimento são, assim, conduzidas pelo departamento de CDO, dirigido por James Stehli e sediado em Nova Iorque, que está subordinado a David Martin.

149

Na realidade, as equipas de Huw Jenkins focalizaram-se na maximização do rendimento, tornando-se o aspecto do risco o seu "ângulo morto". Não têm o talento para o *trading* nem o "faro" dos seus colegas do Dillon Read Capital Management. Os especialistas do banco de investimento desenvolvem uma cultura de especulação desenfreada e imitadora, mesmo quando o mercado *subprime* chega ao fim do seu ciclo, abusando do efeito de alavanca no capital. "Tudo isso", segundo uma fonte bem colocada no UBS, "para provar à administração do banco que a equipa de John Costas não é melhor do que eles e que também merecem os mesmos níveis de remuneração." O ponto mais fraco é, porém, a ausência total de uma cultura de risco. O banco de investimento nunca se dotou de um *senior risk manager*, quando isso estava previsto desde 2006! Assim, não existe um responsável pela área do risco no seio de uma divisão que representa 80 por cento de um balanço de 2,5 biliões de francos.

Esta situação explica por que motivo, no final de 2007, o banco de investimento será responsável por 84 por cento das perdas do UBS, enquanto o DRCM terá causado apenas 16 por cento dos prejuízos, o que mal chega a três mil milhões de francos, como revelará o relatório publicado pelo UBS no dia 18 de Abril de 2008 ao cuidado da Comissão Federal dos Bancos e dos accionistas. Em Junho de 2008, em relação ao total de amortizações acumuladas até aí, o Dillon Read Capital Management não representa mais do que apenas sete por cento das perdas do UBS, pois, segundo as nossas fontes, o fundo não provocou perdas depois de Junho de 2007. Isso quer dizer que o banco de investimento está na origem de mais de 40 mil milhões de francos de depreciações de valor e é responsável pelo essencial da exposição de risco.

O relatório do UBS afirma que ao britânico Huw Jenkins, inicialmente especializado em acções e não em crédito, e a Simon Bunce, outro britânico que substituíra Michael Hutchins à frente do rendimento fixo, faltava "experiência na gestão dos riscos". Só se aperceberam da gravidade da crise no final de Julho de 2007, isto é, quando os compradores de títulos *subprime* já tinham desaparecido do mercado.

A partir de 2005 e sob a gestão de David Martin, Jim Stehli desenvolve fortemente a actividade das CDO, extremamente lucrativa. Encarrega-se então, juntamente com a sua equipa, da titularização de hipotecas residenciais sob a forma de CDO ou "cabazes" de hipotecas titularizadas. Para isso, utiliza as parcelas de menor qualidade, designadas por *mezzanine*, que uma vez titularizadas se tornam altamente transaccionáveis. Podem, portanto, ser vendidas e dar lucro. O UBS recebe, aquando da sua venda, comissões de estruturação que atingem 1,25 a 1,5 por cento do valor da transacção, enquanto as parcelas de menor risco se ficam pelos 0,3 a 0,5 por cento. É por isso que o UBS se concentra, durante esses anos, na estruturação de elevado valor acrescentado dessa dívida *mezzanine*. Os principais compradores no mercado são os gestores de fundos de CDO, ávidos consumidores destes títulos. Os resultados não se fazem esperar. Em 2006, o valor das CDO estruturadas pelo UBS triplica para 22,3 mil milhões de dólares, valendo-lhe uma quota de mercado de 6,7 por cento.

A meio do ano de 2007, a equipa de James Stehli está no auge do sucesso: o UBS tornou-se o terceiro maior interveniente na emissão de CDO, atrás do Merrill Lynch e do Citigroup, e o maior nas CDO de ABS *mezzanine*.

Os bónus, pagos anualmente segundo uma percentagem do rendimento, "não tinham em conta a qualidade e a sustentabilidade dos lucros", como salientará posteriormente o relatório do UBS.

O problema é que, entre duas titularizações, ficam sempre restos de parcelas que não foram utilizados na transacção anterior e que têm de esperar, numa espécie de armazém (*warehouse*), pela titularização seguinte. Estas parcelas à espera de titularização permanecem no balanço do UBS entre um a quatro meses. Durante este lapso de tempo, o banco corre um enorme perigo, pois o seu balanço está totalmente exposto ao risco de mercado. Uma queda súbita destes títulos deixaria o banco em dificuldades, como passará a estar a partir de Julho de 2007, com títulos impossíveis de vender no passivo do seu balanço.

A título de comparação, o Credit Suisse gere a situação de modo muito diferente. Sob a gestão de Brady Dougan, o banco de investimento do grupo limita de forma rigorosa as actividades de retenção de CDO no seu balanço. O Credit Suisse dispõe então, ao contrário do UBS, de informações directas sobre a qualidade dos créditos subjacentes, pois o banco de Paradeplatz detém uma filial norte-americana especializada em serviços hipotecários (*mortgage servicing*). Portanto, conhece o mercado imobiliário norte-americano melhor do que o UBS. Entre 2000 e 2003, o responsável pelas CDO no Credit Suisse, a "estrela" Chris Riccardi, um dos pioneiros destes instrumentos, também pretende executar uma política expansionista neste mercado. Levou o Credit Suisse ao topo das classificações no mercado de emissões de ABS CDO. Contudo, Brady Dougan opõe-se claramente a esta política. Riccardi sai então para o Merrill Lynch, onde desenvolverá esta actividade até Fevereiro de 2006. O Merrill Lynch será, juntamente com o UBS e o Citigroup, uma das maiores vítimas das perdas do mercado *subprime*.

Durante esse tempo, o UBS parece, precisamente, ter sido motivado pela imitação do Merrill Lynch, um dos bancos mais expostos a esse mercado. Em Julho de 2007, a revista *Euromoney* consagra o Merrill Lynch como "a melhor casa de CDO". A empresa emitiu um total de 55 mil milhões de dólares destes títulos no mercado em 2006, um volume que aumentou 110 por cento em relação a 2005. Tendo Marcel Ospel sido sempre um admirador deste banco, a estratégia do UBS não lhe é, provavelmente, estranha. O seu ponto de vista é, assim, radicalmente diferente do de Brady Dougan, o norte-americano que geriu o banco de investimento do Credit Suisse de Julho de 2004 a Maio de 2007, até se tornar director do grupo, após a saída de Oswald Grübel.

Contudo, em teoria o UBS está consciente dos perigos desde o final de 2005: o relatório de risco do banco de investimento identifica o *CDO warehouse* como a mais importante fonte de risco de mercado no quarto trimestre de 2005 e depois, mais uma vez, no terceiro trimestre de 2006.

A VERDADE DOS FACTOS

O UBS subestima este risco de mercado ao ponto de não impor qualquer limite à quantidade de parcelas de CDO que a equipa de David Martin pode armazenar: não é fixado qualquer limite máximo de risco em 2006 e 2007. Facto escandaloso revelado pelo relatório do UBS: as CDO armazenadas não estão sujeitas a qualquer processo de aprovação prévia. Os pedidos de autorização são muitas vezes formulados depois de os títulos destinados à estruturação serem comprados e colocados no balanço do UBS. Desde logo, "todos os pedidos de aprovação eram aceites, pois uma recusa teria implicado vendas onerosas destes títulos", revela o relatório.

Este "parque de estacionamento" de dívida *subprime* de menor qualidade deverá representar, por si só, 16 por cento das perdas totais do UBS no final de 2007.

Depois, há as posições mais arriscadas de todas: as que estão na origem de 50 por cento das perdas do UBS. No início de 2006, David Martin e James Stehli descobrem que podem obter outras vantagens, além das que estão ligadas à titularização de parcelas de CDO de qualidade medíocre. Irão reter no balanço do UBS as parcelas mais bem classificadas destas CDO, designadas por *super senior*. Em vez de as estruturar como as outras, a equipa de Stehli mantém-nas, como investimentos no activo do UBS. O objectivo é o de aproveitar o seu rendimento superior ao preço do seu financiamento.

Trata-se, de facto, de uma estratégia clássica de arbitragem de taxas de juro, aqui aplicada ao próprio balanço do banco. A unidade de James Stehli tem, com efeito, acesso ao capital do banco à taxa de financiamento interno. Esta, muito vantajosa, situa-se então um por cento abaixo das taxas do mercado fiduciário. O UBS aproveita, com efeito, a sua notação de crédito de AA+ na Standard & Poor's. Posteriormente, a S&P fez o UBS baixar para AA no final de 2007 e, depois, para AA- a meio de 2008.

James Stehli irá, portanto, aproveitar este acesso tão barato ao capital do UBS: contrai avultados empréstimos em nome do banco para investir nessas parcelas de CDO AAA. O objectivo é gerar lucro na diferença entre o rendimento destes títulos e o seu reduzido custo de financiamento. A diferença é, no máximo, de

0,02 por cento (20 pontos de base) mas, em grandes quantidades, vale a pena. Por outro lado, não existe qualquer obstáculo a tais quantidades: a classificação AAA destes títulos torna-os cem por cento seguros, não colocando em risco o balanço. De repente, a unidade passa a ser ainda mais rentável, graças a esta "operação de financiamento" (empréstimo a uma taxa baixa que se refere a um activo de rendimento mais elevado) oportunista.

Uma ideia aparentemente genial, pois na altura era irrepreensível: mesmo que o balanço do UBS aumente a olhos vistos, isso não incomoda ninguém, já que o banco, tal como a maioria dos seus concorrentes, utiliza a medida dos "activos ponderados pelo risco", ou seja, o balanço pode conter tantos activos AAA "isentos de risco" quantos quiser, já que são considerados obrigações do Tesouro... rendendo dois por cento a mais!

A partir de Fevereiro de 2006, o departamento de CDO de James Stehli acumula até 50 mil milhões de dólares de inventário dessas parcelas de obrigações *super senior* para explorar o balanço. Em Março de 2007, ainda não foi posta em prática qualquer política de redução de riscos nesta exposição, visto que na altura Jim Stehli, optimista, procura adquirir protecções baratas nas CDO AAA e, não as encontrando, simplesmente desiste. Deveria ter-se interrogado por que motivo os preços dos contratos de protecção estavam a aumentar tanto. Entretanto, metade dessas posições *super senior* tem uma garantia de apenas dois por cento em fundos próprios, considerando-se que estão totalmente protegidas. Por outras palavras, o banco está sempre exposto ao risco máximo de perda nesses valores.

Como se compreende que James Stehli tenha beneficiado de tamanha margem de manobra? "A administração de Zurique deu liberdade suficiente a estas pessoas para tornar possível este tipo de comportamento", diz um colaborador do UBS de Genebra.

Essas posições AAA são, na realidade, as mais arriscadas de todas. Infligiram o essencial das perdas em 2007. Quando se dá a queda do mercado de crédito, descobre-se que quanto melhor for a classificação das CDO, mais valor elas perdem, pois a diferença é maior entre a sua classificação elevada e o seu risco verdadeiro. Quando as agên-

A VERDADE DOS FACTOS

cias de classificação baixam um título *subprime* classificado de AAA para BBB, o montante de capital regulamentar exigido para efeitos de protecção quintuplica logo! Daí o absurdo destas classificações.

Um facto explica a enormidade dos 50 mil milhões acumulados no balanço: o desenvolvimento dos instrumentos derivados no mercado *subprime* facilitou a produção em massa de CDO. A partir de Junho de 2005, a Associação Internacional de *Swaps* e Derivados (ISDA)* autoriza os bancos a criar derivados de crédito ou *credit default swaps* (CDS), no mercado imobiliário *subprime*. O aparecimento deste mercado dá um novo impulso à especulação, desligando mais um pouco o mercado imobiliário do mundo virtual das finanças. Os derivados de crédito são contratos que permitem ao investidor trocar o seu risco de crédito por uma taxa fixa, uma espécie de garantia paga a uma contraparte que, em compensação, se compromete a indemnizar o investidor em caso de incumprimento. A partir de 2005, com as directivas da ISDA, este tipo de derivado permite reproduzir com exactidão o risco das hipotecas titularizadas (ABS). Já não era, portanto, necessário possuir verdadeiras ABS em valor líquido para constituir uma CDO. Bastava criar uma "CDO de CDS" a partir dos riscos simulados das ABS. Por outras palavras, tendo por base uma carteira de CDO de referência, era possível reproduzi-la com uma família de CDS, apresentando os mesmos parâmetros de risco e gerando os mesmos rendimentos, sem ter de pagar o preço de compra e de compilação dos créditos subjacentes. Criar "CDO sintéticas" era uma questão instantânea que assentava numa modelização rigorosa, que se assemelha muito mais ao talento matemático e informático do que ao conhecimento, por mais vago que seja, das realidades do mercado imobiliário!

No UBS, Jim Stehli descobrira as vantagens de conseguir essas "CDO sintéticas", que acabaram por representar 75 por cento do total de obrigações *super senior* acumuladas no balanço. Manifestamente, as perdas sofridas nestes títulos foram amplificadas pela perigosa alavanca que a componente derivada destas CDO de síntese acrescenta. O seu valor nocional, isto é, o montante dos activos

---

* N. T. Sigla relativa à designação em inglês *International Swaps and Derivative Association*.

subjacentes que elas realmente representam, é um múltiplo muito elevado do valor do próprio derivado. Este efeito de alavanca significa que uma pequena variação dos activos subjacentes (as ABS e as parcelas de hipotecas que as compõem) pode provocar enormes variações do valor do derivado. Além disso, o nível de abstracção muito elevado destes instrumentos conceptuais em relação ao seu mercado de referência – as casas compradas por famílias endividadas a cem por cento – torna-os ainda mais desligados desta realidade e aumenta o risco de as suas classificações ignorarem totalmente o estado do mercado imobiliário.

No total, James Stehli e o seu "departamento de CDO" eram responsáveis, no final de 2007, por 13 mil milhões de francos em perdas, ou seja, dois terços do total então anunciado pelo UBS.

O UBS, tal como os seus concorrentes, caiu na armadilha do excesso de confiança nas agências de classificação. O seu cálculo de valor em risco (VAR), uma avaliação clássica do risco máximo de carteira, baseava-se inteiramente nessas classificações AAA, aplicando as hipóteses de volatilidade histórica muito baixa que lhes correspondiam. As hipóteses de liquidez desses títulos eram, por outro lado, muito sobrestimadas: não foi possível prever o desaparecimento simultâneo de todos os compradores para as diversas parcelas de subordinação. As hipóteses de liquidez ignoraram, por outro lado, as observações do mercado secundário (CDO trocadas entre corretores e não emitidas pela primeira vez), em vias de deterioração desde o início de 2007.

Mas, acima de tudo, os modelos de risco de mercado nunca analisaram as CDO para controlar a qualidade dos activos subjacentes. Se o UBS tivesse tratado estes títulos como créditos clássicos, examinando todas as hipotecas nas quais se baseavam, assim como a situação financeira dos devedores ligados por hipotecas de risco que se escondem atrás destes títulos, nunca neles teria investido com tanta leviandade.

Em vez disso, o UBS e os outros bancos apanhados na armadilha do *subprime* trataram estes títulos como um risco de *trading*, vendo neles simples obrigações cujo selo de qualidade era certificado pelas agências de classificação. Contentavam-se em avaliar a superfície lisa e uniformizada das CDO. Não havia necessidade de abrir processos

A VERDADE DOS FACTOS

de crédito para as hipotecas subjacentes, um procedimento que teria sido muito mais demorado e oneroso, mas que teria reflectido o verdadeiro risco em que o banco incorrera.

O UBS reconheceu a análise insuficiente dos dados subjacentes, tais como as qualidades das hipotecas, as suas probabilidades de incumprimento, as razões de empréstimos sobre o valor das casas ou a evolução do ciclo imobiliário.

De repente, o banco subestimava ao mais alto nível a protecção necessária em tais posições e equivocava-se quanto à forma como esses títulos reagiriam em caso de crise.

Com efeito, as notações de crédito não protegiam o banco do facto de que detinha, na realidade, enormes quantidades de empréstimos que nunca seriam reembolsados. Daí o perigo das estruturas de crédito complexas: não eliminam o risco, mas tornam-no invisível. Cada nova camada de estrutura serviu para esconder riscos e justificar comissões. Este caso é uma demonstração da teoria do "cisne negro" de Nassim Taleb, que denuncia a impostura inerente aos modelos que se propõem prever os riscos de mercado, utilizando uma curva de probabilidade baseada na teoria clássica da carteira e no modelo clássico de Black & Scholes: estes últimos dão pouca importância a acontecimentos extremos como as crises financeiras.[*]

O desconhecimento da natureza destes riscos não teria sido tão grave se o UBS não tivesse feito do tal "armazém" de CDO uma estratégia tão central. Essa concentração de riscos é extremamente atípica para este banco, que sempre soube desenvolver várias áreas de excelência em paralelo. Além disso, esta operação especulativa no balanço do banco tinha muito pouco a ver com a actividade clássica de um banco de investimento que, tal como o nome indica, faz investimento, transacções e operações reais (emissões de títulos de empresas, consultoria em fusões) nos mercados de capitais. Considerando que aí nos situamos, quando muito, ao mesmo nível de uma estratégia de *hedge fund*. Mas até essa comparação é medianamente aceitável. Isto porque, no UBS, o talento de Jim Stehli não tinha rigorosamente nada a ver com a geração de lucro

---

[*] **N. A.** Nassim Taleb, *The Black Swan, The Impact Of The Highly Improbable*, Random House, 2007. [*O Cisne Negro*, Dom Quixote, 2008.]

no balanço: ele explorava simplesmente as taxas de financiamento baixas às quais o UBS tinha direito para financiar a compra de activos mais bem remunerados. O UBS admitiu no seu relatório que, se tivesse imposto uma taxa de financiamento interno mais dissuasora no banco de investimento, não teria criado um incentivo tão directo à especulação.

Finalmente, as equipas de Huw Jenkins tiraram proveito indevido das fraquezas do banco. A sua vontade de correr riscos resultava, em grande parte, da estrutura "integrada" do grupo UBS. A divisão de banco privado, extremamente bem capitalizada, oferecia uma confortável rede de segurança ao banco de investimento. Gerando constantemente uma liquidez elevada, a gestão de fortunas podia subsidiar, sem dificuldade, o banco de investimento, desde logo incitado a especular até à falência, se fosse preciso, sabendo que seria recuperado pelo resto do banco.

Um defeito na estrutura do banco tornava impraticável o seu funcionamento a longo prazo. Aliás, desde que surgiu em 2003 a ideia de um *One Bank* e os laços entre o banco de investimento e o banco privado se estreitavam, aumentava simultaneamente a exposição do UBS aos perigos do mercado de crédito titularizado de risco. "É como se se associasse num só balanço um casino e uma joalharia: pode facilmente imaginar-se qual deles vai sistematicamente salvar o outro, em caso de asneira", graceja um especialista.

David Martin e James Stehli, ambos demitidos em Outubro de 2007, têm mais responsabilidades na crise do UBS do que John Costas, que a partir de 1 de Maio de 2007 deixou de ter autoridade de *trading*. "John Costas é apenas responsável por duas coisas: por ter criado o DRCM em 2005 e registado 150 milhões de dólares de perdas", comenta Luqman Arnold, accionista do UBS fixado em Londres. A partir de 1 de Maio, porém, o banco de investimento leva, quase sozinho, o UBS em direcção à falência. O relatório do banco de Abril de 2008 demonstra isso: o DRCM não realizou uma expansão do balanço. Isso aconteceu no banco de investimento, sob a autoridade de Huw Jenkins, que se lançou nesta política em 2005 e 2006, quando o balanço aumentou cerca de 700 mil milhões de francos.

A VERDADE DOS FACTOS

Ainda em Abril de 2007, a equipa de Huw Jenkins só pensava na expansão. Para acreditar nisso, basta reler uma apresentação de David Martin datada de Abril de 2007: não se tratava, de modo algum, da ruína do mercado *subprime*. O seu crescimento ia, pelo contrário, continuar. Tendo como pano de fundo acetatos que elogiavam "a gestão superior dos riscos do UBS", o especialista do mercado de taxas escrevia: "Os mercados mundiais de hipotecas titularizadas (ABS) continuam a crescer e oferecem excelentes oportunidades de investimento."

Durante o Verão de 2007, as agências de classificação Moody's, Standard & Poor's e Fitch procederam às primeiras descidas de classificações de obrigações AAA ou AA baseadas em hipotecas residenciais norte-americanas. Era o fim da festa. Uma avalanche de desclassificações iria afectar o conjunto do mercado das CDO e, de seguida, o mercado de crédito no seu todo. Títulos recentemente emitidos com classificações AAA no imobiliário norte-americano caíam, de repente, para "qualidade especulativa" ou "*junk*", causando desvalorizações de 20 a 30 e até mesmo 50 por cento. Contudo, o UBS continuava a avaliar estes títulos no seu balanço em 97 cêntimos por dólar!

Os modelos do UBS baseavam-se em valores teóricos, o que o banco justificava com o facto de já não existirem preços de mercado desde Julho. Estes modelos foram, então, alvo de críticas por parte dos analistas e dos investidores.

A realidade é que o UBS adiou ao máximo o momento inevitável em que seria necessário depreciar esses activos. Até Agosto de 2007, os controladores de riscos do banco de investimento consideravam que as posições do "departamento de CDO" eram de risco reduzido, devido às classificações AAA. Entre Julho e Outubro, o UBS, tal como todos os bancos apanhados na tempestade, tentava fazer a separação dos seus activos de nível 1, 2 e 3. Os activos de nível 1 são os mais transparentes e líquidos e os seus preços estão disponíveis no mercado. Os que são avaliados segundo o método de nível 2 são os títulos transaccionados com menos frequência. São marcados aos preços de mercado nos balanços dos bancos. Em Outubro, o UBS marcara apenas uma ínfima parte dos seus activos de risco com valor de mercado segundo os níveis 1 e 2.

Quanto aos activos de nível 3, eram os que mais preocupavam os investidores no Outono de 2007: já não são transaccionados no mercado, por falta de compradores, e logo não existe preço para estes títulos. São claramente os de maior risco. No Outono de 2007, o essencial das posições de risco do UBS, que eram nas CDO *super senior*, inseria-se nessa categoria. Contudo, o banco continuava sem revelar os seus montantes aos accionistas. Foi preciso esperar até Abril de 2008 para se ficar a saber que, no final de Setembro de 2007, a exposição atingia 50 mil milhões de francos. Ora, para estes activos não havia preços disponíveis nem transacções no mercado: exigiam, portanto, uma avaliação de acordo com o modelo. Tratava-se de calcular preços teóricos, utilizando hipóteses sobre a evolução futura do mercado hipotecário norte-americano. No final de 2007, os investidores não tinham como saber se o UBS utilizava hipóteses suficientemente conservadoras e sancionaram a cotação das acções enquanto esta incerteza se mantinha.

A crise de confiança dos investidores e dos clientes explica-se com o facto de, até ao fim, os bancos terem tentado apresentar as melhores valorizações possíveis num mercado em ruína desde Julho de 2007. Por um lado, os bancos queriam evitar ao máximo as depreciações, agarrando-se talvez à perspectiva de uma recuperação do mercado. Por outro, as remunerações dos corretores e dos quadros dependiam do valor das carteiras. No UBS, a estrutura de remuneração já não fazia a distinção entre os corretores capazes de utilizar o seu talento e "faro" para gerar lucro ou limitar as perdas, que eram em maior número no DRCM, e os outros, em grande número no Investment Bank, que acima de tudo apostaram nos efeitos de volume e nos custos de financiamento muito baixos destes activos.

Além disso, sobre a questão complicada e afinal muito manipulável dos riscos que o banco estava disposto a correr nestes mercados complexos, a influência dos níveis hierárquicos inferiores nos EUA e, em particular, de David Martin e James Stehli era desproporcionada. A administração, como comprova o relatório do UBS, deu-se por demasiado satisfeita com as garantias oferecidas pelos quadros norte-americanos. Martin e Stehli respondiam às preocupações da administração dizendo que "estas estavam tratadas". Depois, nenhum seguimento estava assegurado nos níveis

A VERDADE DOS FACTOS

superiores. Por exemplo, a administração avisou, após ter consentido a expansão do banco de investimento em Março de 2006, que o aumento de compromissos ilíquidos altamente estruturados exigiria uma fiscalização muito próxima. O relatório do UBS indica que esta fiscalização nunca se realizou. Nessa altura, o *chief risk officer* do grupo, Walter Stuerzinger, ocupa esse cargo desde 2005 e, por acaso, é membro da comissão executiva do grupo. Está, porém, longe de ser um entendido em instrumentos titularizados no mercado norte-americano. Desde a sua chegada ao seio do grupo, nunca ocupou um cargo fora da Suíça.

A posteriori, as perdas foram amplificadas pelo facto de o UBS, apesar de conhecer o mercado desde 2001, só ter entrado nele a sério em 2005 com o DRCM e, posteriormente, em 2006 com a unidade FIRC, o que já era tarde de mais, pois os bancos e os investidores mais avisados estavam a livrar-se das suas posições *subprime* desde 2006.

Evidentemente, David Martin e os seus colegas não eram os únicos na indústria a ser apanhados de surpresa em Abril. Contudo, sabemos actualmente que, mesmo no banco onde trabalhava, havia colaboradores que agitavam a bandeira vermelha desde Março, até mesmo Fevereiro, e que ele decidiu ignorá-los.

Tal como Marco Suter, que não colocou qualquer obstáculo no início de Maio à aventura temerária do banco de investimento. Continuou a trabalhar no UBS até Agosto de 2008. Em Outubro de 2007, o natural de Saint-Gall retirou-se do conselho de administração, não para abandonar o banco, mas para se tornar director financeiro de um UBS em plena crise e sem se explicar sobre as suas responsabilidades. Até Agosto de 2008, trabalhava ao lado do director-geral Marcel Rohner, reparando os estragos causados enquanto era administrador. Mantendo a bordo este homem próximo de Marcel Ospel, o banco deu, durante vários meses, a imagem de uma instituição que não fez efectivamente uma limpeza geral e que tem dificuldade em fazer os seus gestores assumir as suas responsabilidades. As nossas conversas com fontes do UBS levam a pensar que o banco devia, apesar de tudo, a este veterano do SBS o facto de não ter cometido erros quando ele ocupara, entre 1999 e 2005, o cargo de *chief credit officer*. A dupla que formara com Marcel Rohner, *chief risk officer* entre 1998 e 2001, e depois com o seu sucessor, Walter Stuerzinger, fez muito pela reputação então excelente do banco na área da gestão dos riscos. A verdade é que os accionistas criticaram duramente a sua manutenção na nova equipa. A situação foi esclarecida quando Peter Kurer, enfrentando a situação de frente, remodelou o conselho de administração e posteriormente anunciou, no dia 12 de Agosto de 2008, que Marco Suter seria substituído por um novo director financeiro.

A situação de Peter Wuffli é a menos clara de todas. Continua a pairar o mistério sobre a sua saída. Segundo fontes próximas, aquando da criação do DRCM em 2005 ele estava claramente mais reticente do que Marcel Ospel em aprovar o projecto de John Costas. Não ousou, porém, opor-se abertamente. A sua saída, em Julho de 2007, levanta muitas dúvidas. Por que motivo o conselho de administração lhe retirou, de repente, a confiança na Primavera de 2007, preferindo reconduzir Marcel Ospel na presidência para, pelo menos, três anos? Os comentadores entenderam, em grande parte, que a saída de Wuffli estava directamente relacionada com as primeiras perdas do DRCM. No final de Junho, porém, nada fazia supor que as perdas seriam tão catastróficas como se revelariam em Outubro. As nossas fontes mais próximas de Wuffli na altura indicam que existem razões muito graves para a sua saída, as quais não podem divulgar. Em todo o caso, porém, ele teria abandonado o UBS "por outras razões que não as perdas do DRCM".

A dificuldade em identificar os resultados também se deve à ausência total de informações fornecidas ao público durante todo este período, a respeito das estratégias de investimento *subprime*. Dada a dimensão das posições em jogo, esta falta de transparência é um facto que, nesta questão, causa alguma confusão.

Um gigantesco fundo especulativo

O UBS é alvo de uma queixa colectiva nos EUA. É acusado de ter ocultado informações de extrema importância aos seus accionistas de Março a Dezembro de 2007. Isto porque, embora os gestores do

UBS só tenham sido realmente informados da gravidade da crise em Agosto, os accionistas tiveram de esperar até... Dezembro, ou seja, nove meses após a intervenção do corretor John Niblo, quando este detectou os sinais precursores da queda.

Isso não passou despercebido aos accionistas, que apresentaram essa queixa colectiva (*class action*) no final de Dezembro de 2007, em Nova Iorque, representada pelo escritório de advogados Coughlin Stoia Geller Rudman & Robbins.

Peter Wuffli, director-geral do UBS durante esse período, Clive Standish, então director financeiro, e David Martin, então director de taxas, são os principais visados pela queixa, devido à sua responsabilidade sobre o conteúdo dos relatórios e comunicados de imprensa que o UBS emitiu durante esse período. O principal queixoso, William L. Wesner, acusa estes responsáveis de terem ocultado, entre 13 de Março e 11 de Novembro de 2007, informações essenciais aos accionistas relativamente às posições do banco no mercado *subprime*, infringindo o Securities Exchange Act de 1934. Alega que, em Março de 2007, estes gestores já tinham conhecimento das primeiras amortizações efectuadas pelo DRCM e da existência de outras posições semelhantes no banco de investimento, em particular na sua unidade *Fixed Income Rates and Currencies* (FIRC). A queixa baseia-se no artigo do *Wall Street Journal* que evoca o papel de John Niblo. Segundo o queixoso, os gestores do UBS teriam ocultado aos accionistas a existência das posições da unidade FIRC, que, no primeiro trimestre de 2008, se revelarão responsáveis por dois terços das perdas do UBS.

Durante todo esse período, os investidores compraram acções do UBS ignorando factos determinantes para a cotação. Segundo a queixa, o banco teria conscientemente emitido comunicados "falsos e enganadores" para os accionistas, aprovados por Peter Wuffli e Clive Standish. Após o encerramento do *hedge fund* DRCM, o UBS continuava, com efeito, sem divulgar as posições de risco do banco de investimento. Accionistas, analistas e meios de comunicação interrogavam-se sobre se o DRCM teria sido a única fonte de exposição de risco. Ainda no dia 14 de Agosto de 2007, após o repatriamento dos activos do DRCM para o banco de investimento, o UBS falava apenas nas posições herdadas do fundo e nada dizia sobre as posições de risco no seu balanço, que rondavam, contudo, os 200 mil milhões de dólares. Evidentemente, o UBS não considerava estas posições de risco, já que ainda não reconhecera nelas a depreciação de valor. Mas podia tal concentração de posições *subprime* de risco passar em silêncio ou ser tratada como uma informação secundária?

À falta dessa informação, os accionistas pagaram, com efeito, um preço artificialmente elevado para adquirirem acções do UBS no período visado, como mostrou a sua queda em Outubro.

A queixa nova-iorquina poderia conduzir a um processo "no prazo de, no mínimo, dois ou três anos", segundo um advogado do escritório que representa os queixosos. Se a investigação concluísse que o banco sobrevalorizou ou "embelezou" deliberadamente as suas posições de títulos hipotecários, poderiam pesar contra ele acusações penais. Por outro lado, a Securities and Exchange Commission abrira recentemente um inquérito formal aos métodos de valorização que o UBS aplicava aos títulos *subprime*. Também aí a autoridade bolsista procura verificar se o UBS e os outros bancos de Wall Street não teriam, na realidade, a obrigação de informar os investidores o mais cedo possível da desvalorização desses títulos e dos seus métodos de cálculo das posições.

Seja como for, impõe-se uma constatação: era impossível, nos últimos anos, ficar com uma ideia do conteúdo do balanço do UBS lendo os seus relatórios.

Podemos interrogar-nos legitimamente sobre a incrível falta de transparência de que o banco deu mostras, relativamente a montantes de centenas de milhares de milhões de francos. As informações já eram, aliás, insatisfatórias antes de Março 2007. Entre meados de 2005 e de 2007, o balanço do UBS aumentou 21 por cento, para 2,54 biliões de francos. Só a parte do banco de investimento atingia 80 por cento do balanço do UBS, enquanto as outras duas divisões partilhavam entre si os restantes 20 por cento! O balanço aumentara 810 mil milhões desde 2004. A título de comparação, mal chegava a 900 mil milhões em 2000, ou seja, quase um terço do valor de 2007.

Ora, nos seus relatórios de 2005 e 2006, o banco atribui este fenómeno de expansão do balanço à "carteira de negócios" e à "carteira de empréstimos", sem mais explicações. O relatório de 2006 assinala, apesar de tudo, que a carteira de negócios aumentou e atingiu quase 880 mil milhões de dólares no exercício, mas atribui isso, laconicamente, aos "instrumentos de dívida", que se imagina serem os títulos com activos hipotecários como garantia (ABS).

Contudo, em lado nenhum nos relatórios financeiros de 2005 e 2006 pôde o accionista do UBS ler o termo *subprime*, que teria feito referência ao mercado residencial norte-americano, constituído por devedores de solvência muito duvidosa, obrigados, além disso, a pagar taxas de juro mais elevadas. Era, porém, o principal mercado em que o banco especulava por conta própria. Actualmente, sabe-se a quantidade de estruturações e arbitragens especulativas que estes títulos representaram para o UBS, tanto no Dillon Read Capital Management como na unidade de taxas e rendimento fixo (FIRC).

Os objectivos do DRCM, aquando da sua criação em 2005, também nunca foram explicados. O fundo fora apresentado como uma iniciativa que tinha em vista dar resposta à procura dos clientes por "investimentos alternativos". Mais tarde, os relatórios mantiveram-se muito imprecisos. As "estratégias de negócio" do DRCM eram apresentadas como estando orientadas para a "*principal finance*" (esta expressão abrange, entre outras, as operações de financiamento de imobiliário de boa qualidade por conta própria) e o "imobiliário comercial", que nunca representou senão uma parte menor das posições, ou ainda a "arbitragem de créditos". Estas estratégias nunca foram explicadas. Nada havia sobre a dimensão das posições no mercado imobiliário residencial norte-americano. Em lado nenhum se podia ver escrito que o banco comprava CDO, ABS ou RMBS, acompanhadas de definições destes instrumentos complexos, tal como não se podia esperar conhecer a dimensão da exposição. Estas siglas do *subprime* titularizado, que se tornaram mais tarde tristemente famosas, estavam ausentes dos relatórios do banco até Outubro de 2007. Contudo, provavelmente desde 2004 que estas estratégias estavam em vigor no banco, permanecendo invisíveis ao público durante todos estes anos.

A resposta a esta falta de transparência resume-se a duas palavras: *hedge fund*. O UBS agiu como um verdadeiro fundo especulativo. Um *hedge fund* não divulga as suas estratégias. No caso do UBS, as unidades Dillon Read Capital Management e Fixed Income Rates & Currencies funcionaram da mesma forma: seguiram estratégias confidenciais. A sua vontade de correr riscos elevados em termos de concentração e liquidez para obter rendimento onde é possível; a enorme liberdade na escolha dos investimentos; a ausência de obrigação em fornecer aos investidores informação pormenorizada relativa às posições; o acesso a avultados capitais de investimento com a liberdade de aplicar nas posições um efeito de alavanca para estimular os rendimentos: tudo isso se inspira muito directamente nas práticas de gestão alternativa. Contudo, o UBS não é um *hedge fund*. Tem contas a prestar ao regulador suíço e aos seus accionistas. É de admirar, e com razão, que a existência de uma actividade de tal modo colossal no mercado imobiliário norte-americano tenha permanecido em segredo, enquanto investia 70 vezes os fundos próprios do banco!

Portanto, o UBS alterou literalmente de natureza durante esse período. Sob o impulso de Marcel Ospel, a ambição de criar "a toque de caixa" uma actividade competitiva nos EUA alterou as regras hierárquicas, de gestão, éticas e de prudência do banco.

Goldstein/Stehli, LTCM/DRCM, CMO/CDO: uma sensação de *déjà vu*!

Desde que exerce actividades de mercado anglo-saxónicas, o UBS caiu sempre na mesma armadilha: a ausência de fiscalizações suficientes e de domínio das vedetas entre os seus corretores.

O caso de Jim Stehli evoca um paralelo perturbador na história do UBS. Ramy Goldstein. Entre 1993 e 1996, um terço dos lucros comerciais da Union de Banques Suisses provinha da unidade de produtos derivados sobre acções, dirigida por este antigo oficial do exército israelita. Os seus conhecimentos em derivados valem-lhe

A VERDADE DOS FACTOS

rapidamente uma posição de grande poder no UBS, onde trabalha principalmente a partir de Londres. Só a sua actividade rendia dez por cento dos ganhos de todo o grupo. Quando o antigo UBS queria, a todo o custo, alcançar o SBS na década de 1990, Mathis Cabiallavetta, chefe do banco de investimento, protegera-o e apoiara-o incondicionalmente, para assegurar a própria promoção ao cargo de director-geral do UBS antes da fusão com o SBS. Da mesma forma que os gestores de Zurique hesitaram, em 2007, em intervir nos assuntos do seu Investment Bank, Cabiallavetta também nunca quis, nessa época, indispor aquela que se tornara a sua "galinha dos ovos de ouro". Ramy Goldstein, que prestava contas ao chefe das finanças do grupo, nunca sofreu controlo externo na divisão. E, tal como o Investment Bank não tinha um *senior risk manager* em 2007, não existia em 1996 um responsável pelos riscos que vigiasse as actividades dos derivados. Tal como nessa época, os quadros de Zurique foram totalmente marginalizados e só se deram conta dos problemas quando já era tarde de mais.

Mathis Cabiallavetta também não empreendera qualquer reforma no sentido de uma melhor fiscalização. Na altura, aqueles que desempenhavam funções de fiscalização eram incapazes de acompanhar as acrobacias de Ramy Goldstein. A estrutura estava também minada por conflitos de interesses. A crise do antigo UBS em 1997 nos produtos derivados, que lhe custou 620 milhões de francos, foi obra de Ramy Goldstein, o homem mais bem pago do banco, que recebera 12 milhões de dólares de bónus em 1996. Do mesmo modo, a crise actual do UBS é obra de homens como Jim Stehli, que procuraram receber mais do que os 50 milhões pagos à elite do Dillon Read Capital Management.

Já no tempo de Ramy Goldstein, Dirk Schütz escreve, em *La Chute de l'UBS*: "Uma coisa é certa. Nenhum banco da City corre tantos riscos nos derivados nem, ainda por cima, actua sem protecção." A mesma frase, palavra por palavra, poderia ter-se aplicado ao novo UBS, 13 anos depois, em Nova Iorque. A colocação de "estrelas" norte-americanas nos bancos suíços tornou-se um clássico. Acabou sempre mal.

A história do UBS e do seu *hedge fund* interno, o Dillon Read Capital Management, subitamente extinto após menos de dois anos de existência, 150 milhões de dólares de perdas e 300 milhões de indemnizações, vem também lembrar que o grande banco arriscou muito capital no passado em fundos alternativos. Em 1997, o antigo Union de Banques Suisses tornara-se o maior investidor no muito especulativo *hedge fund* Long Term Capital Management (LTCM). Fundado por John Meriwether, um corretor obrigacionista de grande talento que gerava, sozinho, o essencial dos rendimentos do Salomon Brothers em 1990, o *hedge fund*, que contava também com os dois prémios Nobel de 1997, Myron Scholes e Robert Merton, fascinava os directores de Zurique do antigo UBS, Werner Bonadurer e Mathis Cabiallavetta. Em 2005, outro corretor obrigacionista, John Costas, fascina de igual modo Marcel Ospel e Peter Wuffli, que se deixam tentar ainda mais pela aventura, arriscando desta vez o capital do próprio banco neste fundo interno e pagando as comissões mais elevadas da indústria, para manter no UBS os conhecimentos destes gestores. Em ambos os casos, a experiência salda-se num fracasso: demasiado capital investido, fiscalizações demasiado descontraídas, gestores indiferentes aos avisos. Em Setembro de 1998, após a fusão UBS/SBS, o novo grupo teve de anunciar 950 milhões de francos de perdas ligadas ao LTCM. Em Abril de 2008, o UBS teve de reconhecer que a equipa do DRCM foi deploravelmente imitada por outras unidades, empurrando o seu banco de investimento para o topo da bolha, o que provocou, até à data, 50 mil milhões de francos de perdas.

Além das liberdades excessivas dadas aos seus corretores anglo-saxónicos, o UBS poderia também ter ido buscar à história algumas lições da ruína dos antepassados das CDO. As *collateralized debt obligations* na verdade nada tinham de invenção revolucionária, cujo funcionamento se ignorava em absoluto.

As primeiras obrigações estruturadas hipotecárias foram inventadas em 1982. Designavam-se por *collateralized mortgage obligations* ou CMO. Foram elas que permitiram o desenvolvimento da transferência do risco hipotecário dos mutuantes hipotecários tradicionais para os bancos de investimento, que, por sua vez, o vendiam nos mercados financeiros. As CMO traziam uma importante inovação. "Estruturava-se" uma carteira de hipotecas, dividindo as obrigações em parcelas que correspondiam a níveis diferentes de risco, exactamente como a indústria das CDO fez mais tarde. As obrigações das parcelas mais altas eram prioritariamente reembolsadas, mas em troca deste baixo risco rendiam pouco. Os investidores mais prudentes podiam, portanto, comprá-las. Em contrapartida, aqueles que desejavam correr mais riscos podiam subscrever as parcelas de menor qualidade, que absorviam todas as perdas iniciais. Estas parcelas rendiam, por consequência, um cupão mais alto. Nascera o início das futuras CDO. Estas diferentes opções de rendimentos que correspondiam a diferentes apetites de risco são o conceito que revolucionou a indústria hipotecária. O aumento da base de investidores finais proporcionou aos bancos hipotecários uma liquidez inesperada, permitindo fazer baixar consideravelmente as taxas hipotecárias norte-americanas. Na década de 1990, as CMO permitiram aos proprietários de imóveis poupar 17 mil milhões de dólares por ano.

No entanto, já nessa época se conhecia os riscos desta CMO. Os especialistas tinham percebido que todas as parcelas de uma CMO iam buscar os seus rendimentos à mesma carteira de hipotecas de referência. Existia, portanto, uma correlação, de natureza instável, entre os riscos de incumprimento dos diversos activos na origem das parcelas. Esta correlação foi no geral subestimada em relação às parcelas superiores. Quanto pior estiver a saúde dos mercados, mais a correlação entre as probabilidades de incumprimentos dos activos subjacentes tende a aumentar. Quando, em 1994, a Reserva Federal aumentou as taxas de juro em meio ponto percentual, as taxas de incumprimento tinham subitamente disparado no mercado hipotecário. Os cupões das parcelas superiores das CMO não eram as primeiras a ser penalizadas, já que estavam protegidas pelas parcelas inferiores. Apesar disso, porém, o valor de mercado das parcelas superiores foi muito afectado. Portanto, a deterioração da qualidade dos créditos alastrou-se num instante, das parcelas inferiores às parcelas superiores das CMO. Por outras palavras, para o detentor de uma parcela "segura" existe a forte possibilidade de a mesma acabar por representar activos em falta. O valor das parcelas superiores desce tanto mais depressa quanto os investidores vêem as suas qualidades de crédito como estando próximas das inferiores. Este aumento das taxas bastou, no fim de contas, para provocar a queda de todo o mercado das CMO. Na altura, a indústria financeira perdeu 55 mil milhões de dólares.

Tudo leva a crer que os *hedge funds* e os bancos especializados neste mercado não aprenderam as lições. Dez anos depois, a estratégia clássica dos *hedge funds* de crédito e dos corretores por conta própria dos bancos consistia em posicionarem-se *short* (vendedores) nas parcelas B e *long* (compradores) nas parcelas A das CDO, tomando como dado adquirido que as B perderiam muito mais valor, em caso de deterioração do mercado, do que as A, o que criaria um diferencial remunerador entre estas parcelas. Ora, em 2005/2007 as parcelas A estavam muito mais sobrevalorizadas do que em 1994. Foi por isso que em 2007 estas estratégias de mercado revelaram, ainda mais do que em 1994, todo o seu perigo: a explosão das falências devido às hipotecas de risco do *subprime* deitou por terra a base teórica que sustentava as CDO, quando todas as parcelas se deterioraram ao mesmo tempo.

No UBS, o implacável veredicto dos mercados marcará o fim da era Ospel.

CAPÍTULO 8

A "irresistível" queda de Marcel Ospel

Se Marcel Ospel tivesse recebido, em Abril de 2008, um certificado de trabalho, este diria o seguinte: "Como presidente do conselho de administração do UBS de Abril de 2001 a Abril de 2008, o Sr. Ospel, cujo salário anual culminou em 26 milhões de francos em 2006, não criou qualquer valor accionista, e até destruiu algum, ao longo deste período." Este balanço levanta a seguinte questão: será que a sua estratégia de expansão tinha realmente em vista criar valor para a empresa UBS ou unicamente maximizar o seu próprio salário e o dos especialistas e consultores que lhe foram indispensáveis? Para responder a esta pergunta, é preciso voltar 50 anos atrás.

Estamos na Gärtnerstrasse, no bairro operário de Basileia, nas origens de um destino excepcional: o do homem que terá marcado mais do que qualquer outro o sector bancário suíço nos últimos 15 anos. Nascido em 1950, o futuro banqueiro cresceu nesta cooperativa de habitação na Pequena Basileia. No fim da Segunda Guerra Mundial, estas habitações populares deviam fazer lembrar um cenário que era uma mistura de um romance de Zola com uma canção de Renaud. Actualmente, é uma desinteressante zona industrial. Os prédios de arquitectura despojada e com janelas sem varanda formam um ângulo oblíquo com a rua. O tédio emana das paredes rebocadas com cores deslavadas.

Quando o escândalo rebentou, a responsabilidade de Marcel Ospel era maior porque ele dotara a sua função de presidente com poderes muito alargados.

A "IRRESISTÍVEL" QUEDA DE MARCEL OSPEL

Estamos a 7 de Junho de 2008. Marcel Ospel já não é oficialmente o presidente do UBS há duas semanas. É o fim de uma era. O centro da cidade de Basileia foi invadido por adeptos de futebol vindos de toda a Suíça para dar apoio à selecção nacional no arranque do Campeonato Europeu de Futebol, do qual o UBS é um dos grandes patrocinadores. Nem neste dia festivo a periférica Gärtnerstrasse deixa de estar mergulhada na solidão. A rua, próxima da fronteira alemã, perde-se no porto de Kleinhüningen. Aí, na margem direita do Reno, revela-se uma paisagem portuária com estruturas metálicas sinistras e imponentes. Vêem-se contentores destinados à descarga das mercadorias e terminais previstos para o armazenamento de metais. À beira do rio, reservatórios servem para armazenar produtos químicos. Os seus vapores empestam o ar em toda a área. Nas proximidades, estão estacionados os vagões destinados ao transporte de mercadorias para toda a Suíça. Com a sua densa camada de ferrugem acastanhada, as locomotivas parecem saídas de uma fotografia do pós-guerra. Encontramo-nos na encruzilhada entre a Suíça, a Alemanha e a França. O bairro, na realidade, não mudou muito desde os tempos de juventude de Marcel Ospel.

Foi neste meio que o homem forte do UBS despertou para o mundo. A memória do local entranha-se pouco a pouco no visitante, fornecendo-lhe pedaços da experiência de vida do jovem Marcel Ospel. Filho de Louis Ospel, pasteleiro autodidacta que se tornou empresário, aprendeu à força, desde muito cedo, os valores do trabalho, da disciplina e do dinheiro ganho com esforço, com o qual teria, aliás, pago a sua primeira bicicleta. Esta vida sem "enfeites" da Basileia protestante incutiu-lhe a ânsia de penetrar nas mais altas esferas da finança mundial. Terá o imperador deposto do UBS alguma vez pensado em percorrer esta rua, passados tantos anos, para a contemplar através dos vidros fumados do seu Aston Martin V8 Vantage, um modelo único com que se presenteou em 1999, antes de o doar em 2002 ao museu dos transportes de Lucerna?

Sobre as suas origens humildes, o natural de Basileia nunca se alongou muito, nem na actualidade, nem na juventude, quando sonhava, um dia, desforrar-se da alta burguesia de Basileia, cujas mansões sumptuosas contemplava de longe, na outra margem do Reno.

173

O seu pragmatismo já é notório quando, aos 15 anos, abandona a escola, à qual tem horror, para se tornar aprendiz numa pequena sociedade comercial, a Transvalor. Descobre as profissões do dinheiro como quem descobre pepitas de ouro. Em Maio de 1968, ignorará totalmente as revoltas estudantis e, de fato completo, abrirá caminho por entre estes tumultos idealistas para chegar o mais depressa possível ao seu trabalho. Passa, então, metade do seu tempo na Bolsa de Basileia, situada na Aeschenplatz. Memória viva da história financeira, Marcel Ospel formou-se no terreno como nenhum banqueiro da actual geração: conheceu o funcionamento de uma bolsa de valores à antiga, onde os operadores transaccionavam em leilão, vociferando as suas ofertas de venda e de compra de títulos. A Bolsa de Basileia é, actualmente, um monumento histórico. Fundada em 1876, três anos depois da de Zurique e 26 depois da de Genebra, desaparecia em 1996, ao mesmo tempo que as outras duas, com o advento da bolsa electrónica nacional. Actualmente, o edifício neoclássico alberga um café com um letreiro norte-americano e a redacção do jornal *Basler Zeitung*.

A trajectória de Marcel Ospel revela todo um lado da história suíça. A sua "irresistível ascensão" foi descrita por Dirk Schütz numa obra publicada no primeiro semestre de 2007, no pico da sua carreira. Não há melhor forma de avaliar o seu percurso ascendente do que em termos pecuniários: o seu primeiro salário de aprendiz ascendia a 110 francos por mês, gosta ele de relatar. Já em 2006, os seus 26 milhões de francos de presidente do UBS equivaliam a 2,2 milhões de francos por mês, isto é, 13 500 francos por hora! Em 2002, ele adquiria uma vivenda de 3,5 milhões de francos em Rüschlikon, um subúrbio de luxo de Zurique virado para o lago. Desde 2005, reside numa mansão igualmente sumptuosa em Wollerau, no cantão fiscalmente caridoso de Schwytz, que lhe permitiu, com o seu salário, que era de 21 milhões de francos em 2005, poupar nada mais, nada menos do que 3,7 milhões em impostos. Em Gstaad, onde celebrou em 2006 o seu terceiro casamento com Adriana Bodmer-Ospel, possui um luxuoso chalé, cuja entrada é decorada pelo seu Ferrari amarelo.

A "IRRESISTÍVEL" QUEDA DE MARCEL OSPEL

Ainda mais fulgurante do que a sua ascensão, o declínio de Marcel Ospel corresponde ao fim de uma era. A dos últimos dinossauros da banca, os autodidactas oriundos de meios modestos que começaram por baixo e foram subindo os degraus até ao topo. Oswald Grübel, o director reformado do Credit Suisse, personifica esta mesma geração. Este órfão da Segunda Guerra Mundial, que fugira da Alemanha de Leste aos dez anos de idade, começou a sua carreira no Credit Suisse aos 17 anos, nas transacções da bolsa, antes de aceder à administração-geral. Estes sucessos "à americana" fazem lembrar os dos pioneiros do banco de investimento nova-iorquino, emigrantes alemães como Joseph Seligman, que deixou a sua Baviera natal em 1837 com cem dólares no bolso e fundou, em 1863, o J. & W. Seligman & Co. em Nova Iorque, na época da corrida ao ouro. Provavelmente, não voltarão a ver-se percursos assim.

Marcel Ospel personifica melhor do que qualquer outro os espíritos práticos que dominam muito rapidamente as artimanhas do poder. Contudo, quando em 1972 entra como estagiário para o Société de Banque Suisse (SBS) em Basileia, faz questão de seguir uma formação pós-graduada. Em 1974, obtém um diploma da Escola Superior de Economia e Gestão de Empresas de Basileia, que o ajuda a ingressar na divisão de planeamento e *marketing* do SBS, em 1977, aos 27 anos de idade. Movido pela ambição, acumula 30 anos de ascensão sagazmente conquistada, feita de alianças em constante mudança e de algumas grandes inimizades engenhosamente eliminadas.

Quando começa no SBS, este é, acima de tudo, um banco de gestão de fortunas. Marcel Ospel descobre, nesse momento, que as finanças internacionais avançam muito mais rapidamente do que o ritmo calmo dos bancos alpinos. Personificará uma força de transformação no SBS, contra a elite no poder, até aí dominada por altos diplomados, teóricos desprovidos de prática, aos quais faltava dinamismo. O seu traço de personalidade dominante será notado desde o seu início de carreira no SBS: quando, em 1984, impaciente por não ser promovido rapidamente, bate a porta para ingressar no Merrill Lynch, o seu superior de então, Hans-Konrad Kessler, formulará a avaliação escrita de Ospel nos seguintes termos: "Uma pessoa competente, que se dedica ao máximo para provar as suas competências. Muito ambicioso, pensa de forma material e poderá cometer erros devido à sua forte ambição. Tem de ser controlado." Esta carta será sempre a melhor descrição do antigo presidente do UBS.

Em Outubro de 1987, Marcel Ospel regressa ao SBS pela porta da transacção e venda de títulos. Confiante na sua experiência norte-americana, depressa se tornará o homem da internacionalização do grupo de Basileia. Ficando à frente do banco de investimento do SBS em 1993, o "natural de Basileia americanizado" de 44 anos não esconderá as suas pretensões de chegar ao nível mais alto da banca. Isso terá um efeito intimidante nos seus superiores. Ele coloca sob grande pressão Georges Blum, então director-geral, cujo lugar quer rapidamente roubar. Com o holandês Hans de Gier, chefe do banco de investimento em Londres, mas também com o director financeiro Peter Wuffli e o jovem prodígio norte-americano David Solo, Ospel representa o ambicioso e temido "clã dos internacionais". Acham-se superiores ao resto do banco e vêem-se como o futuro do SBS. Ospel defende mesmo, a certa altura, a ideia de vender as actividades de retalho do SBS, à qual se oporá, todavia, Walter Frehner, presidente do conselho de administração. Adversário temível, o natural de Basileia desafiará incessantemente a autoridade de Georges Blum, a quem Frehner dá apenas um morno apoio. Durante as ameaças e manobras de intimidação em relação ao seu superior directo, Ospel apresenta sinais de megalomania. A tensão entre ele e Blum chega a tal ponto que o banco pondera dissociar-se do seu demasiado ambicioso chefe de divisão. Porém, o seu "clã" é composto por pessoas essenciais para o banco, que lhe são fiéis. Até no interior do conselho de administração, do qual ainda não faz parte, conta com aliados. Nomeadamente Peter Böckli, que, tal como ele, é de Basileia e se oporá à sua saída. George Blum tem, então, de se conciliar com Ospel, andar com rodeios, ganhar tempo.

O segredo da sua influência reside na forma como Marcel Ospel recompensava os seus aliados, a começar por Hans de Gier, o seu estimável mentor e mais fiel conselheiro ao longo dos 30 anos de carreira. Tal como David Solo, ele beneficiará de possibilidades de

A "IRRESISTÍVEL" QUEDA DE MARCEL OSPEL

promoção ilimitadas no UBS, para cargos bastante remuneradores. Depois, em 2005, Marcel Ospel tornará multimilionários os seus fiéis homens de confiança, vendendo a *holding* SBC Wealth Management ao Julius Bär. À data da transição, Hans de Gier era presidente da SBC Wealth Management e David Solo dirigia a GAM, a antiga divisão de gestão alternativa do UBS. Detinham, com outros quadros da divisão (entre os quais Georges Gagnebin, que apoiara Ospel no seu conflito com Luqman Arnold), uma quota de cinco por cento da unidade que seria vendida. Uma vez realizada a transição, estes banqueiros experientes assumem o comando, no início de 2006, do Julius Bär e trocam as suas quotas por um por cento do capital do mesmo, a um preço por acção claramente muito superior à sua cotação na altura. A transacção terá sido concretizada graças à intervenção de Marcel Ospel. O valor desta quota aumentou quase 50 por cento até ao final de 2007. De Gier e Solo têm a melhor parte, ou seja, metade das acções detidas no total pelos ex-UBS. No início de Setembro de 2008, Hans de Gier retirou-se, aos 63 anos, da administração do grupo. Conserva apenas as funções de presidente executivo da GAM, junto do seu amigo Solo, que partilha o poder à frente do Julius Bär com Alex Widmer, o antigo colaborador do Credit Suisse que dirige com sucesso o banco privado do grupo. Quando a cotação do Julius Bär começa a descer a partir do início de 2007, consta que Hans de Gier vendeu uma parte das suas acções, obtendo os seus lucros no momento certo, e que David Solo também se preparará para vender e se retirar. Ouve também dizer-se que de Gier, Solo e Marcel Ospel, reformado desde Abril de 2008, poderão criar um novo negócio comum. Escusado será dizer, em todos os casos, que os amigos de Ospel lhe ficarão eternamente reconhecidos por este tipo de gestos.

É assim que, em 1996, tendo-se tornado presidente do SBS, Georges Blum terá de se sujeitar à nomeação de Marcel Ospel para o cargo de director-geral do mesmo. Contudo, ambos depressa serão absorvidos pelo projecto de fusão com o Union de Banques Suisses, no final de 1997. Uma vez concluído, o Maquiavel de Basileia ajuda o seu amigo e director do UBS Mathis Cabiallavetta a forçar a saída do presidente do UBS, Robert Studer, que estava envolvido no caso dos fundos judaicos sem herdeiros. Em seguida, alia-se a Cabiallavetta, sendo hora de afastar George Blum da presidência, com o apoio de Alex Krauer, vice-presidente do SBS. A atribuição dos cargos no novo UBS processa-se da seguinte forma: Mathis Cabiallavetta cede a Ospel o lugar de director da entidade fundida, enquanto ele se torna presidente. Até sair, por sua vez, após a falência do *hedge fund* LTCM, no Outono de 1998. O sucessor de Cabiallavetta, Alex Krauer, tal como os três presidentes que o antecederam, não criará obstáculos ao natural de Basileia durante muito tempo. Anuncia a sua saída prematura em 2001, deixando o cargo supremo para Marcel Ospel. Tendo-se tornado presidente, o natural de Basileia ocupará este cargo durante mais tempo do que qualquer outro na história do UBS, até Abril de 2008.

Quando acede à presidência do conselho de administração, este homem de grande estatura e de temperamento plácido agirá como os imperadores da Roma Antiga: consolidará o seu poder, dotando o cargo de presidente de uma autoridade até então inédita, graças à criação do *Chairman's Office*. Este órgão constituído por Marcel Ospel e o vice-presidente do conselho, que em 2001 não é senão Hans de Gier, será co-responsável pelo desenvolvimento da estratégia com a administração.

Por isso, o "braço de ferro" que Luqman Arnold viverá na administração, em 2001, era demasiado previsível. Marcel Ospel queria um "pequeno" gestor que lhe deixasse o comando do grupo. No final de 2000, Alex Krauer, o presidente cessante, nomeia o britânico Luqman Arnold para a administração. Segundo a vontade do futuro presidente Ospel, o cargo será o de um "presidente da comissão executiva" e concentrará menos poderes do que a função de director-geral então em vigor em todos os bancos. Arnold, neste cargo de director "em saldo", mal ficará nove meses, durante os quais será esmagado sob o peso do *Chairman's Office*. No início, Ospel usá-lo-á para uma tarefa essencial: repor a confiança dos investidores após o escândalo LTCM, no qual o UBS estivera envolvido mais do que qualquer outro, perdendo 950 milhões de francos. O discreto britânico a isso se dedicará com sucesso. Marcel Ospel muito depressa lhe invejará a popularidade junto dos meios de comunicação. O fervor de Arnold na tarefa e o seu empenho a nível interno nas decisões diárias dão a Ospel a sensação de estar, de repente, bem sozinho ao fundo do seu corredor. A relação entre os dois continuará a deteriorar-se. Ospel reassumirá a autoridade operacional de forma inequívoca aquando do caso Swissair.

A 2 de Outubro de 2002, o dia do *grounding* da companhia helvética, enquanto os aviões continuam em terra por falta de liquidez Marcel Ospel decide não revalidar a linha de crédito à companhia, que precisa desesperadamente de 150 milhões de francos. Toma esta decisão sozinho, sem consultar Luqman Arnold. No momento em que os gestores da Swissair procuram reunir-se com ele, Ospel dirige-se para Nova Iorque num jacto privado, acompanhado por Stephan Haeringer, então chefe do UBS Suíça. A Swissair já tem a sorte traçada. Ospel irá participar numa comissão da gestão em Nova Iorque, presidida por Luqman Arnold. O destino da Swissair não lhe diz respeito. Só o destino do banco lhe interessa. No local, a tensão está ao rubro, pois Luqman Arnold não suporta sentir-se assim, privado das suas responsabilidades.

De regresso a Zurique, o britânico lança uma campanha contra Marcel Ospel, que será provavelmente o conflito mais aberto que o natural de Basileia já terá vivido. Luqman Arnold ordena uma auditoria externa aos cadernos de encargos, para demonstrar ao conselho de administração que o presidente infringiu as regras internas de gestão, ultrapassando as suas funções. Gostaria de forçar a saída de Ospel, com o apoio dos dois anglo-saxões do conselho: o seu compatriota Peter Davis, director da Sainsbury em Londres, e Lawrence Weinbach, director do grupo norte-americano Unisys. Subestima, porém, a influência de Ospel junto de todos os outros administradores, a começar por Hans de Gier, Alberto Togni e Peter Böckli. "Arnold era oficial, Ospel era oficioso", resume um observador bem informado. Sem contar o risco político que representava para o UBS o eventual afastamento de um suíço face a um britânico. O conselho de administração acaba por apoiar o seu presidente. Arnold é rapidamente substituído, no dia 18 de Dezembro de 2001, por Peter Wuffli. O cargo deste último voltará a ser o de um director-geral digno desse nome. Contudo, seis anos depois, o natural de Zurique será também bruscamente rejeitado por um conselho de administração igualmente fiel a Ospel. Este *modus operandi*, que decididamente se repete, semeia a dúvida quanto à forma de Marcel Ospel "puxar os cordelinhos" nos bastidores.

Firmemente no comando, o natural de Basileia fará do UBS um interveniente mundial de primeiro plano. Sem ele, talvez o banco suíço ainda não passasse de um banco de envergadura regional. A marca de Marcel Ospel é decididamente norte-americana. Simbolicamente, as suas primeiras iniciativas após a fusão serão, em 2000 e 2001, proceder à aquisição do banco norte-americano PaineWebber e suprimir a gestão operacional do UBS na Suíça. A presença do UBS em Nova Iorque continuará a reforçar-se. Marcado, na juventude, pela superioridade das finanças anglo-saxónicas, Ospel dedicar--lhes-á, até ao fim, uma admiração sem limites. Durante toda a sua carreira no SBS e depois no novo UBS, centrará a sua estratégia no sucesso nos EUA (ver Capítulo 6). Este banqueiro de investimento puro tem "faro" para as estratégias que podem permitir-lhe tornar--se o melhor. Ele, que não tem um diploma universitário, saberá rodear-se de especialistas diplomados, sobretudo anglo-saxónicos, e usar em proveito próprio as competências matemáticas aguçadas das novas gerações de especialistas, como relata Dirk Schütz na sua biografia. É para ele o meio mais seguro de integrar actividades de mercado sofisticadas e lucrativas.

Assim, a presidência de Marcel Ospel caracterizou-se por uma forte concentração do poder no topo. Os grandes génios, como Luqman Arnold, Markus Granziol, chefe do banco de investimento em 2001, ou Joseph Grano, antigo director do PaineWebber, que o tinham criticado com franqueza por diversas vezes e apoiado Luqman Arnold, acabam por abandonar o banco. Ospel tornar-se-á o único homem forte a bordo do navio. Na Primavera de 2007, irá descobrir-se a que ponto este homem instintivo de olhar estreito e penetrante, do qual emana o gosto pelo controlo e pelo segredo, aureolado de um forte poder pessoal, criou um vazio em seu redor. Com efeito, na altura da sua substituição, não havia no executivo do banco qualquer candidato interno susceptível de lhe suceder. No início de 2008, a procura externa por candidatos dispostos a recuperar um navio prestes a afundar-se também não foi frutífera. O UBS terá recebido a recusa de Philippe Hildebrand, vice-presidente do Banco Nacional Suíço. Luqman Arnold, de regresso sob a aparência de um accionista activista que detém, doravante, 2,5 por cento do capital do UBS através da sua sociedade Olivant Advisors, luta por um presidente forte e carismático. Indica o director do Deutsche Bank, Josef Ackermann, que tem a vantagem de ser suíço, Hans-Jörg Rudloff, presidente do banco Barclays Capital, e Markus Granziol, que fora o primeiro a chamar a atenção, já em 1998, para os riscos do banco de investimento. O nome de Sergio Marchionne, que recuperara a Fiat e era administrador do banco, também circula. Contudo, Marchionne não é um banqueiro e prefere que Marcel Ospel permaneça até que a "limpeza esteja totalmente feita". Quanto a Granziol, que não estava nas boas graças de Ospel, confessará nunca ter sido contactado pelo UBS. O *Financial Times* revela ainda que *headhunters* contactaram Bob Diamond, presidente do Barclays, Michael Cohrs, chefe do *global banking* no Deutsche Bank, ou ainda Jon Studzinski, director executivo da Blackstone. O mundo inteiro terá sido chamado a este cargo, mas o trono ainda escaldante de Ospel apavora os candidatos. "Como é possível que não estivesse já previsto um substituto?", admira-se, em Fevereiro de 2008, Hans Geiger, professor no Swiss Banking Institute de Zurique. "O que teriam feito se houvesse um acidente?" Uma fonte bem informada confirma: "Ninguém tratou da substituição, pois Marcel Ospel não tem amigos. Os homens fortes do grupo saíram. Por outro lado, a sua rede de negócios era, na realidade, bastante fraca e faltavam-lhe apoios nos meios de Zurique."

Era mesmo esse o problema. Durante a sua permanência, Marcel Ospel fez com que os seus possíveis sucessores fossem de uma fidelidade absoluta, o que contrastava nitidamente com o destino que ele próprio reservara aos seus antecessores. Protegeu-se, criando uma distância entre os chefes de divisão e o nível supremo.

Perante o exterior, esta concentração de poder fez dele um ícone. No auge do seu sucesso, Marcel Ospel personifica o proverbial *Swiss banker*, porta-estandarte da fiabilidade e da competência do grupo, igual aos directores de Wall Street. Orgulhoso do seu sucesso financeiro, ostenta o seu gosto por belos carros, casas luxuosas e pelas suas saídas de golfe com a sua esposa, Adriana Bodmer-Ospel.

Após ter sido venerado durante dez anos, não serão precisos mais do que nove meses para o natural de Basileia cair do seu pedestal, a partir do Verão de 2007. O efeito da crise do mercado das hipotecas de risco foi fulgurante. Marcel Ospel, na realidade, já desejara sair em 2006. Quando o conselho de administração lhe pediu que continuasse até 2008, data do final do seu mandato, ele encontrara rapidamente uma motivação para ficar: talvez 2008 lhe reservasse o triunfo, que ainda esperava, de elevar o banco de investimento do UBS ao primeiro lugar mundial, destronando o todo-poderoso Goldman Sachs.

No entanto, durante o Verão de 2007, amaldiçoa-se por ter ficado mais um ano em vez de ter saído, como Oswald Grübel, vários meses antes da catástrofe. Quando a crise se revelou em toda a sua gravidade, em Agosto de 2007, Marcel Ospel não toma a palavra para admitir os erros do grupo. Inebriado por dez anos de sucesso, o homem forte espera vários meses para assumir as suas responsabilidades perante a crise norte-americana do UBS. O gestor que auferiu 26,6 milhões de francos em 2006 sabe muito bem que é responsável pelo desenvolvimento da estratégia e que lhe compete assegurar o controlo máximo dos riscos do grupo. "Se bastava acreditar nas classificações AAA destes títulos *subprime* fraudulentos, 26 milhões é um belo salário. Também posso fazer isso!", ironiza um antigo quadro do UBS.

"Marcel Ospel tinha o ponto fraco de lhe faltar uma formação de base alargada", testemunha um quadro que privou com ele. "Isso explica muita coisa relativamente às suas atitudes e à sua forma de dirigir o banco. Nunca foi confrontado com a aprendizagem dos problemas de risco e nunca recebeu formação sobre o risco de con-

A "IRRESISTÍVEL" QUEDA DE MARCEL OSPEL

trapartida. Foi formado na prática, sem nunca ter sido directamente confrontado com os casos Goldstein ou o LTCM, isto é, com uma situação de crise em que fosse necessário tomar medidas." Foi por isso que, segundo esta fonte, "Ospel incitou os corretores a maximizar os lucros".

A nível interno, no auge do seu poder, não tem opositores. Na Primavera de 2007, pouco antes da crise, o conselho de administração dá-lhe mesmo a conhecer que pretende reconduzi-lo no cargo de presidente, para lá de 2008, durante pelo menos três anos, rejeitando a candidatura do seu "delfim", o director-geral Peter Wuffli.

Em privado, há colaboradores que se dizem escandalizados com a desenvoltura do seu grande director. "O que é feito do seu discurso sobre a meritocracia, que ele próprio fizera passar por um valor de culto?", reage um deles, a coberto do anonimato. "Aproveitou os anos de prosperidade e depois, em vez de pedir para sair e assumir as suas responsabilidades, quer ficar. Prejudicou mais o discurso sobre a meritocracia do que a esquerda suíça em dez anos!"

A nível externo, Marcel Ospel é ainda mais contestado. Após os apelos da fundação Ethos, da associação Actares, do fundo británico Hermes e de outros accionistas a favor da sua saída, a pressão atinge o seu auge no início de 2008. "Ele deveria ter a decência de sair", "poderia ter a elegância de se retirar". O seu caso resume, por si só, "o problema dos conselhos de administração na Suíça", comentam sucessivamente os jornais, a rádio e a televisão.

No auge da crise, Marcel Ospel anuncia, porém, que ficará mais um ano, até 2009. "Tive a honra de deixar neste banco a minha marca durante muitos anos", declara perante a tumultuosa assembleia-geral de Fevereiro de 2008. "Portanto, jamais fugirei às minhas responsabilidades e farei com que o UBS volte ao caminho do sucesso, caminho este que, aliás, a grande maioria das suas actividades nunca deixou."

O banco decidira, de qualquer forma, alterar os seus estatutos para reduzir o mandato dos administradores para um ano. Contudo, para os accionistas do UBS, ver Marcel Ospel manter o seu cargo, mesmo que seja apenas por um ano, é de mais.

Após dois meses e 19 mil milhões de novas perdas, Marcel Ospel anuncia, no dia 1 de Abril de 2008, que irá retirar-se definitivamente e propõe para a sua sucessão o consultor jurídico do banco, Peter Kurer. Este advogado de Zurique representara o UBS nas negociações com a Swissair, em 2001, quando a companhia estava em plena crise. Contudo, um ano antes a Swissair era um dos seus principais clientes, quando ele trabalhava no escritório de advogados Homburger, em Zurique. Kurer tornara-se, desde 2001, um fiel conselheiro de Ospel. O nome do jurista ficará associado à falência da Swissair.

A escolha de um homem da elite denuncia a recusa inicial de uma verdadeira mudança no topo do banco, que ficou durante muito tempo sob a influência de um único homem. No entanto, este sucessor de Marcel Ospel, que estava a perder legitimidade, oferece vantagens práticas. "Precisam de um bom advogado, devido às inúmeras queixas que os esperam e que, mais uma vez, se concentram nos EUA", comenta o Professor Hans Geiger.

Constrangido com as críticas ligadas ao seu salário elevado, Marcel Ospel, no momento da sua saída, abdica de receber um bónus relativo a 2007, contentando-se com um salário de 2,6 milhões de francos, ou seja, um décimo do que recebera em 2006. Passará uma boa parte do ano de 2008 a instruir Peter Kurer sobre os volumosos processos que para ele transfere. Pode, porém, imaginar-se que, como é habitual nestes casos, o presidente deposto levará um "presente de despedida" muito generoso deste banco que serviu incansavelmente desde a fusão. As verdadeiras condições de saída que o UBS lhe ofereceu permaneceram em segredo até hoje, mas pode imaginar-se condições semelhantes às de que beneficiou o presidente do banco de investimento do Citigroup, Michael Klein, que saiu em Setembro de 2008: recebeu 43 milhões de dólares depois de se ter comprometido a não trabalhar para uma empresa concorrente até Outubro de 2009. Marcel Ospel nada deu a conhecer, de resto, sobre os seus projectos pós-UBS. Entretanto, como todos os antigos gestores do banco, o homem forte na pré-reforma terá sempre à disposição, em sinal de reconhecimento do UBS, um gabinete, assim como serviços de secretariado e de motorista.

A nível pessoal, o "senhor" Ospel termina, em todo o caso, a sua vida profissional de forma bastante trágica. Isto porque, depois de ter dedicado 30 anos a construir a obra da sua vida, erguendo-a até ao céu, assiste "de camarote" ao seu desmoronamento. O natural de Basileia não é homem de maldizer a sorte. Leva as coisas com calma, fiel ao seu lendário desprendimento, muitas vezes interpretado como arrogância. Aos que o criticam responde, em tom de desafio, que "nada fizeram de significativo", enquanto ele, pelo menos, terá tentado. Sem nunca desistir.

O presidente do UBS passava vários dias por semana a viajar entre Basileia, Zurique, Nova Iorque e Londres. A sua vida privada sofreu muito com isso. Dos dois primeiros casamentos que entrecortaram a sua carreira, teve quatro filhos. O mais velho, com 27 anos, é o triste testemunho da sua indisponibilidade paterna. Gostando que o tratem por Phil Ospell (com dois "l", para americanizar o nome e estabelecer a sua independência), o herdeiro contra a sua vontade descreve-se como o "oposto do pai", com quem tem em comum apenas "o sangue e o nome", detesta os números e a bolsa e, acima de tudo, "odeia" o carnaval de Basileia. É precisamente esse o único passatempo muito estimado por Marcel Ospel, que não faltaria a uma edição por nada deste mundo.

Peter Wuffli, bode expiatório bem pago?

Actualmente, a dúvida mantém-se: que papel teve Marcel Ospel no afastamento de Peter Wuffli? A saída precipitada do antigo director do UBS em Julho de 2007 deixa muitas questões em aberto. A explicação mais difundida é a de que Peter Wuffli terá entrado em conflito com os dois vice-presidentes do conselho de administração, Marco Suter e Stephan Haeringer, na Primavera de 2007. Marco Suter, preocupado com o aumento anormal do balanço devido às actividades do banco de investimento norte-americano, consulta Peter Wuffli a este respeito. O balanço do UBS passou de 2,4 biliões de francos no final de 2006 para

2,54 biliões no final de Junho. Wuffli teria reagido com impaciência e desdém, dando a entender aos administradores que a dimensão do balanço não tinha grande importância e que é ele o entendido em matéria bancária. O orgulho de que o director do UBS, inebriado por vários anos de excelentes resultados, terá dado mostras perante os administradores ter-lhe-á custado a confiança destes membros influentes do órgão supremo. Enquanto Marcel Ospel terá recomendado o seu "protegido" para a sua sucessão em Abril de 2008, Suter e Haeringer terão decidido que Wuffli "nunca" seria o seu presidente. Na Primavera de 2007, será tomada a decisão de reconduzir Ospel durante pelo menos três anos, aquando de uma reunião em Valence, à margem da Taça da América. De forma surpreendente, Marcel Ospel não terá levado a peito a defesa de Wuffli. Tê-lo-á simplesmente informado, com um encolher de ombros, da decisão do conselho. Esta rejeição terá sido um rude golpe para Peter Wuffli, que bate com a porta da instituição no dia 6 de Julho de 2007.

O afastamento do "capitão" do UBS será imediatamente interpretado como estando associado às perdas do Dillon Read Capital Management (DRCM). Com efeito, acontece apenas um mês após o banco anunciar o encerramento deste *hedge fund* interno dirigido por John Costas. Além disso, os comentários evocam os resultados da divisão do banco de investimento do UBS, que estavam a ficar para trás há três trimestres, irritando os accionistas. O banco nunca explicita as causas da saída precipitada de Peter Wuffli, deixando oportunamente circular que está associada ao fracasso do DRCM. Contudo, esta versão não é convincente. Como referimos no capítulo anterior, um antigo quadro de topo do UBS em Nova Iorque disse-nos em confidência que "Peter Wuffli não saiu, de modo algum, por causa do Dillon Read Capital Management. Saiu por outros motivos." Nenhum dos antigos colaboradores do banco está, porém, disposto a revelar o segredo.

Mantém-se uma constatação: tanto o fracasso do DRCM como o problema dos activos de risco no balanço do banco envolvem muitos mais responsáveis do que o solitário Peter Wuffli.

Wuffli, antigo jornalista do *Neue Zürcher Zeitung*, iniciara a sua carreira como consultor junto da McKinsey & Co., onde acede ao lugar de *partner* antes ingressar na sede do SBS, em Basileia. Tal como Lukas Mühlemann, o antigo chefe do Credit Suisse formado na McKinsey, Peter Wuffli personifica esta geração de jovens banqueiros dinâmicos, prontos a correr riscos de mercado e imbuídos de uma cultura bolsista anglo-saxónica, o que lhe valerá ser rapidamente notado por Marcel Ospel. A colaboração entre estes dois homens inicia-se em 1994. Ospel é então chefe do banco de investimento e Wuffli director financeiro. Juntos, farão parte do "clã dos internacionais", que despreza de bom grado as actividades de retalho e de crédito na Suíça, enquanto promove as actividades de mercado, mais prometedoras. Aquando da fusão UBS/SBS em 1998, Wuffli assumirá de novo a gestão das finanças do grupo e será considerado um dos protegidos de Ospel, que se tornou director-geral.

Porém nessa altura, segundo fontes próximas do UBS, Peter Wuffli adquire uma profunda consciência dos riscos dos *hedge funds*, pois assiste "de camarote" à ruína do Long Term Capital Management em 1998, fazendo perder ao novo UBS 950 milhões de francos. A falência do *hedge fund* nova-iorquino ocorreu apenas três meses após a fusão UBS/SBS. Marcel Ospel recorreu, então, a Wuffli para que repusesse a confiança fortemente abalada dos investidores. O natural de Zurique aprendera as duras lições deste episódio.

De tal maneira que, quando em Junho de 2005 Marcel Ospel se prepara para aprovar o projecto de John Costas de criar o *hedge fund* interno DRCM, Peter Wuffli, director-geral desde 2003, mostra-se muito mais reticente do que o presidente. A sua resistência é partilhada por boa parte dos quadros de gestão e do conselho de administração do UBS. Contudo, perante os argumentos de Costas e o apoio incondicional de Ospel, Wuffli não ousará recusar. "Ponderava demitir-se", afirma uma fonte bem informada, "mas não ousou fazê-lo." Uma coisa é certa: "Sem Ospel, o DRCM nunca teria visto a luz do dia; ele era o homem por detrás deste projecto", relata a mesma fonte.

Mesmo que Wuffli tivesse apoiado a criação do *hedge fund*, as perdas deste último eram relativamente contidas, ascendendo a 150 milhões de francos em Março de 2007. Um valor pouco significativo para o grande banco. E, mesmo que a reintegração do DRCM no banco de investimento viesse a custar 230 milhões de francos ao UBS em Junho de 2007, essencialmente em indemnizações astronómicas pagas a John Costas e Mike Hutchins, isso não constituía um motivo evidente de ruptura com o chefe do UBS.

Examinemos outro elemento que pôde influir contra Peter Wuffli: os lucros do UBS diminuíam há três trimestres, nomeadamente devido aos encargos muito elevados do banco de investimento. Ora, também aí o banco podia pesar esses dois trimestres na mesma balança que os três anos de lucros sem precedentes que acabava de ter sob a gestão de Wuffli. Ainda em Fevereiro de 2007, o grupo anunciava 12 mil milhões de francos de lucro em 2006, após um recorde histórico de 14 mil milhões em 2005 e um primeiro recorde de oito mil milhões em 2004. Na realidade, Wuffli reinou sobre os três melhores anos de toda a história do UBS, mesmo que este período áureo de 2003 a 2006 deva ser considerado mérito de Marcel Rohner, chefe da gestão de fortunas, que incutiu nesta actividade uma nova dinâmica de crescimento.

Peter Wuffli, no comando do grupo, planeia uma dezena de aquisições na gestão de fortunas que trazem para o seio do grupo cerca de 40 mil milhões de activos de clientes entre 2003 e 2005. A sua política é a da compra de carteiras de clientes privados de alta gama a preços baixos e com um mínimo de infra-estrutura bancária em todo o mundo, como as actividades do Lloyds em França, do Julius Bär na América do Norte, do Dresdner Bank na América Latina ou ainda do Merrill Lynch na Alemanha. Em paralelo, incentiva a internacionalização da gestão de fortunas, que rapidamente dá frutos: a Ásia e o mercado europeu interno atraem a maior parte dos novos activos privados e o UBS fica regularmente à frente da classificação em termos de afluência de clientes.

Desde a chegada de Wuffli, em 2003, a cotação das acções sobe 25 por cento ao ano até 2006, fazendo duplicar a capitalização bolsista do gigante helvético de 80 para 160 mil milhões de francos.

A "IRRESISTÍVEL" QUEDA DE MARCEL OSPEL

Bem se pode dizer que o seu registo é um dos mais impressionantes do sector, para grande satisfação dos accionistas.

Nessas circunstâncias, a que se ficou a dever a sua severa rejeição? Como pôde a situação degenerar tanto em seis meses? Teria o conselho de administração tomado consciência de que o grupo sofreria enormes perdas, reveladas pela explosão da dimensão do balanço? Certamente que as críticas relativas à dimensão do balanço feitas a Wuffli por Marco Suter e Stephan Haeringer, membros do *Chairman's Office* ao lado de Marcel Ospel, podem explicar a sua desgraça. Nesse caso, porém, como é possível que o banco não tenha travado a expansão do balanço logo após a sua saída? No final de Setembro, o total de activos atinge ainda 2,49 biliões de francos, três meses depois dos receios expressos por Marco Suter. Finalmente, o crescimento do balanço parou de forma espontânea em Agosto, com a queda do mercado *subprime*. O UBS viu o seu balanço decrescer sob o efeito de amortizações forçadas nos activos de risco. Só no último trimestre de 2007 é que a administração, sob a pressão da Comissão Federal dos Bancos, chama a si o balanço para o reduzir em 200 mil milhões de francos, para 2,27 biliões, e depois continua este esforço em 2008.

De qualquer forma, em Junho, quando é tomada a decisão de afastar Peter Wuffli, o mercado ainda está relativamente líquido. É no início de Julho que as agências de classificação Standard & Poor's e Moody's baixam bruscamente o *rating* de títulos que contêm hipotecas de má qualidade. Quando o natural de Zurique sai, no dia 6 de Julho, o banco anuncia apenas o encerramento do Dillon Read Capital Management, "que não correspondeu às expectativas". Não anuncia, porém, qualquer amortização nas suas verdadeiras posições de risco: as do banco de investimento.

O mercado só entrará em crise em meados de Julho. Subitamente, ocorre a crise da falta de liquidez: os compradores desaparecem do mercado sem pré-aviso. Portanto, o UBS não adopta uma lógica de redução de riscos.

No Capítulo 7 revelamos, pelo contrário, que dois meses antes de se dissociar de Peter Wuffli o mesmo Marco Suter que o critica pela dimensão demasiado elevada do balanço dá o seu apoio a

Huw Jenkins. O director do banco de investimento opusera-se, em Março e Abril de 2007, à ideia de amortizar ou liquidar posições ligadas ao mercado *subprime*, como recomendavam alguns corretores do Dillon Read Capital Management. A administração do UBS decidira, então, encerrar esta última. Permitirá, assim, ao banco de investimento continuar a sua estratégia agressiva no mercado *subprime* de alto risco, que os corretores do *hedge fund* recusavam aplicar.

Marcel Ospel só passa a estar informado da gravidade da situação do banco de investimento a partir de 6 de Agosto. Até 14 desse mês, quando o banco publica os seus resultados do segundo trimestre, o tom é apenas de um pouco de preocupação relativamente à evolução dos mercados em Julho. Marcel Rohner, o novo director-geral, diz apenas contar com um "resultado de transacções muito fraco, se as condições actuais se mantiverem". É preciso esperar pelo fim do terceiro trimestre para ver o banco levar o problema a sério e Rohner anunciar, no dia 1 de Outubro, a primeira perda trimestral do UBS desde há nove anos, após os primeiros quatro mil milhões de amortizações em títulos *subprime*.

Quatro dias depois, Peter Wuffli sai do silêncio. Só a perspectiva de o considerarem o principal responsável pela crise do UBS o horroriza. O antigo director envia no dia 4 de Outubro uma defesa *pro domo* à Agência Telegráfica Suíça (ATS). Nela, declara que recusa ser associado a tais resultados. A sua demissão não teria qualquer relação directa com as perdas no imobiliário *subprime*, afirma. A sua decisão de abandonar o UBS remonta a 28 de Junho, "enquanto as perdas de quatro mil milhões de francos provêm da evolução inesperada dos mercados em Agosto e Setembro", escreve. Foram declarações que o UBS não comentou publicamente, mas que causaram grande agitação entre a instituição e o seu antigo director.

A ruptura entre Peter Wuffli e o UBS parece, portanto, anterior à queda do mercado *subprime*. Por isso, a decisão do conselho de administração de não o eleger para a sucessão de Marcel Ospel continua a ser um mistério.

A "IRRESISTÍVEL" QUEDA DE MARCEL OSPEL

Poderá o seu carácter ter constituído um obstáculo? A tese de um Peter Wuffli que, ainda que aspirasse a aceder ao cargo de presidente, teria falta de tacto e mostrar-se-ia orgulhoso e explosivo com os membros mais influentes do conselho, Marco Suter e Stephan Haeringer, ao ponto de os tornar seus grandes inimigos, é difícil de imaginar.

Sobretudo se se relembrar a história pessoal do natural de Zurique: mais do que ninguém, queria devolver a honra à sua família, devido a um passado doloroso. O seu pai, Heinz Wuffli, presidente do Credit Suisse na década de 1970, fora destituído após o escândalo de Chiasso (1977), que evoca os onerosos desfalques da sua filial de Tessino. Peter Wuffli, querendo fugir a um destino desses, teria esperado limpar a memória do seu pai tornando-se presidente do UBS.

De forma significativa, são os admiradores de Marcel Ospel que se mostram mais críticos em relação a Peter Wuffli, enquanto fazem a apologia do antigo presidente. "Foi o género de administração de Wuffli que provocou toda esta crise", asseguram estas fontes. "Foi mesmo ele que validou a expansão do balanço. Estava por detrás das ideias desastrosas para o grupo, como o DRCM. Além disso, agiu com desprezo em relação ao conselho de administração. Não suportava ser contrariado. Nem Ospel ousava enfrentá-lo. Porém, quem podia resistir a Wuffli? A cotação das acções subia 25 por cento ao ano. Então, Ospel nada podia dizer."

Esta versão contrasta com a dos críticos de Marcel Ospel, que descrevem Peter Wuffli antes como um capitão do exército suíço que respeitava a hierarquia, bastante reservado e pouco carismático. "Wuffli é um escuteiro", resume um antigo colega. "Era mais dado à teoria do que à prática. Tinha uma personalidade avessa ao confronto e não era um técnico sagaz dos mercados. Quando era director financeiro, era do género de sair cedo." E, acima de tudo, confirmam as mesmas fontes, a ideia de criar o DRCM "foi de Ospel".

Resta a última hipótese: Marcel Ospel queria ficar à frente do UBS. Isso quer dizer que Peter Wuffli, que aspirava ao seu cargo, tinha de sair. Wuffli pode, portanto, ter sido alvo de uma manobra do presidente do UBS, que queria manter-se no seu cargo ainda mais alguns anos, para saborear plenamente o triunfo esperado da "sua" estratégia de banco de investimento. Certamente, Ospel recomendou Wuffli como seu sucessor, declarando-se disposto a sair em 2008, mas, quando em Maio e Junho de 2007 as tensões aumentam entre Wuffli e o conselho de administração, Ospel não intervém a seu favor, dando mesmo a entender que o natural de Zurique merece ser criticado na sua gestão da unidade Dillon Read Capital Management. O conselho suplica, então, ao natural de Basileia que fique.

Uma coisa é certa: Marcel Ospel, que dedicou a vida a construir o UBS, não ficou descontente ao proporem-lhe, aos 57 anos, que continuasse a ser o mestre supremo a bordo. Estava mesmo disposto a cumprir ainda dois mandatos, ou seja, seis anos. A partir do momento em que estava combinado com o conselho de administração colocar Peter Wuffli na "lista negra", as pressões exercidas pelo director-geral, que tinha pressa em assegurar a sua promoção ao cargo de presidente e ignorava a conspiração que se urdia, fizeram dele um fusível para o seu "protector". Da grande arte política, na qual Ospel se distinguia. Se é esse o caso, o arquitecto do UBS terá previsto tudo, a não ser o facto de que, no início de Julho de 2007, a sua função tornar-se-ia, a cada instante, menos invejável. Se o natural de Basileia não tivesse subestimado a crise em que o UBS incorreria, não do Dillon Read Capital Management, mas do seu banco de investimento, talvez tivesse pensado noutra coisa.

Isto porque, continuando a ser o responsável máximo do UBS, a armadilha fechou-se sobre ele. Não podia fugir ao vexame. A sua responsabilidade estava mais exposta porque ele próprio a dotara de funções executivas inéditas para o presidente de um banco. O *Chairman's Office*, o órgão executivo do conselho de administração do qual fazia parte, juntamente com Marco Suter e Stephan Haeringer, dera grande apoio à equipa responsável pelas enormes perdas: a de Huw Jenkins. Este órgão fundamental do poder de Ospel, que seria dissolvido em Abril de 2008 após a sua saída, tinha a responsabilidade máxima na área do risco: "O *Chairman's Office* actua como comissão de risco para o conselho de administração. Nesta qualidade, tem a autoridade suprema de aprovar: a atribuição de

A "IRRESISTÍVEL" QUEDA DE MARCEL OSPEL

responsabilidades relativamente aos riscos de crédito, ao mercado e a todas as outras questões ligadas ao risco; a introdução de critérios, conceitos e metodologias para o controlo do risco; e a atribuição dos principais limites de risco às unidades de investimento. Actua também como órgão de supervisão da auditoria interna do grupo", indicam os documentos do banco.

Quando contactámos Peter Wuffli, provável bode expiatório, ele respondeu-nos que se comprometeu a manter uma discrição absoluta. Doravante, já não quebrará o silêncio. Esta reserva é normal em semelhantes casos e é sempre generosamente recompensada. Segundo o relatório anual de 2007 do UBS, Peter Wuffli partilhará com o antigo director do banco de investimento Huw Jenkins e o antigo director financeiro Clive Standish, que saíram três meses depois dele, um total de 94 milhões de francos em salários, indemnizações devidas e honorários de consultoria durante dois anos. Em 2008 receberão 15,3 milhões e depois, em 2009, seguir-se-ão 45,3 milhões. O banco não forneceu a distribuição individual das quantias, mas a imprensa germanófona calcula em mais de 30 milhões de francos a indemnização de Peter Wuffli. Tem motivos de sobra para se calar. Pelo menos, até 2009.

A crise diminui a supremacia de Wall Street nas finanças mundiais, tendo como pano de fundo o abandono do estatuto hegemónico do dólar.

CAPÍTULO 9

O declínio de Wall Street

A crise do UBS nos EUA conta uma história maior: a do declínio de Wall Street.

A crise do mercado hipotecário *subprime* contribuiu para um enfraquecimento da hegemonia dos EUA, obrigando-os a vender partes importantes dos seus maiores símbolos financeiros (Citigroup, Merrill Lynch, Morgan Stanley) a investidores estatais estrangeiros. Singapura, mas também a China, a Coreia, o Kuwait e os Emirados Árabes Unidos constituíram os principais apoios financeiros aos bancos de investimento norte-americanos e europeus com falta de capital. Estes fundos de riqueza soberana da Ásia e do Golfo e os bancos estatais chineses proporcionaram aos bancos ocidentais quase cem mil milhões de dólares dos primeiros 200 mil milhões que necessitaram para compensar as suas perdas. No caso do Lehman Brothers, foi quando o Korea Development Bank abdicou de ter nele uma participação de 25 por cento que foi à falência.

Como não se há-de ver nisso uma perda de controlo norte-americano sobre o sector financeiro? Em princípio, cada país mede a sua importância em função do número e da envergadura dos seus "pesos-pesados" nacionais. São as multinacionais, pela sua contribuição para a riqueza e o prestígio da sua economia nacional, que fazem e desfazem as grandes potências. Estes grandes bancos norte-americanos, que recorreram ao dinheiro do novo capitalismo oriental, eram os bastiões do poderio norte-americano, controlando o mercado mundial das fusões e aquisições e das entradas em bolsa das maiores empresas do planeta. Estas empresas de Wall Street que dominavam as finanças mundiais preparavam-se para adquirir importantes participações nas instituições financeiras chinesas e impor-se no mercado financeiro de Xangai, como tinham feito em Hong Kong e Tóquio, enquanto se encontravam nos postos avançados do desenvolvimento financeiro do Golfo.

A aposta das participações capitalistas não deve ser subestimada. Enquanto as empresas de Wall Street fossem preponderantes no capital de intervenientes do sector financeiro mundial, a sua supremacia estava assegurada. Foi por esta razão que a França protegeu, em 2004, o seu sector farmacêutico, bloqueando a fusão Aventis-Novartis, e que a Rússia pôs fim às negociações entre a Yukos-Sibneft e os grupos norte-americanos Exxon e Chevron, no final de 2003, para voltar a assumir o controlo do seu sector petrolífero e do gás.

Os EUA, que já perderam o controlo mundial dos recursos petrolíferos, não teriam podido, sozinhos, salvar o seu sector financeiro. Foram obrigados a ceder uma parte do controlo a investidores estatais, que de futuro serão parte interessada nos sucessos de Wall Street e poderiam muito bem sair da sua reserva actual para influenciarem a estratégia, como fez o Príncipe Al Walid Bin Talal com o Citigroup. Há muito o principal accionista do maior banco norte-americano, o multimilionário saudita não hesitou em demitir o presidente Charles Prince, no final de 2007. Ainda falta ver se o emirado de Abu Dhabi, que se tornou o principal accionista do Citigroup, à frente de Al Walid com 4,9 por cento do capital do banco, não fará também uso do seu poder, a seu tempo. Tanto mais que estes accionistas, presentes simultaneamente no capital de vários grandes bancos, podem comparar as prestações entre eles, o que é um poderoso meio de pressão. Assim, o Estado de Singapura participou na recapitalização do UBS, do Citigroup, do Merrill Lynch e do Barclays e a má prestação de um pode muito bem levar a vendas de quotas a favor dos outros.

Além disso, com cerca de 3,5 biliões de dólares de tesouro de guerra, "as reservas acumuladas por estes fundos, graças às receitas do petróleo e aos excedentes comerciais, ainda procuram oportunidades de investimento nas empresas; haverá, portanto, tomadas de participação potencialmente gigantescas", prevê Jean-Pierre Lehmann, professor de Economia Política Internacional no IMD, em Lausanne.

Sem o episódio *subprime* dos créditos imobiliários sem valor, a supremacia norte-americana ter-se-ia, provavelmente, perpetuado durante mais alguns anos. Contudo, esta crise financeira, considerada a mais grave dos últimos 60 anos, veio inverter o "braço de ferro", num momento fundamental em que as finanças asiáticas faziam o seu arranque e as empresas norte-americanas teriam tido de passar à ofensiva. Talvez seja o fim de uma ordem financeira mundial centenária.

A hegemonia de Wall Street data do início do século passado. No fim da Primeira Guerra Mundial, o mercado de capitais nova-iorquino permitiu financiar as companhias de caminhos-de-ferro e os gigantes industriais nascidos da vaga de fusões que marcou o final do século XIX. A partir de 1918, Nova Iorque sucede a Londres como o maior centro financeiro. Os bancos de investimento (*investment banks*) nasceram desta explosão do mercado de capitais, tendo a *corporate finance* assumido os empréstimos bancários para satisfazer as necessidades de financiamento de empresas, segundo o historiador Youssef Cassis.* Situa o aparecimento do primeiro verdadeiro *investment bank* no final do século XIX, com a fundação por John Pierpont Morgan da firma Morgan, antepassado do Morgan Stanley e do JP Morgan Chase.

Nova Iorque impôs-se realmente como a capital financeira do mundo entre 1980 e 2007: durante estes anos excepcionais, nenhum choque conseguiu verdadeiramente ameaçar o crescimento dos mercados de capitais, o que fortaleceu a supremacia da metrópole norte-americana. Neste período, assistir-se-á ao desenvolvimento da indústria dos *hedge funds*, a partir da década de 1990, em Greenwich, no Connecticut, e do capital de risco (*private equity*), que captarão

---

* N. A. Youssef Cassis, *Les Capitales du Capital, histoire des places financières internationales 1780-2005*, Slatkine, 2006.

biliões em activos de investidores. Esta esfera elitista da gestão alternativa instaurará em Nova Iorque uma *Belle Époque* dos financeiros semelhante à que viveram no apogeu da primeira globalização, em 1900-1914, quando o capitalismo financeiro criou as maiores fortunas da época, segundo Youssef Cassis.

Durante os primeiros anos dessa *Belle Époque*, que poderá ter chegado ao fim em 2007, o sector dos serviços financeiros norte-americanos viu a sua quota atingir 45 por cento do lucro de todas as empresas norte-americanas, enquanto, entre 1983 e 2000, a média era de 22 por cento.

Actualmente, com cerca de um bilião de dólares perdidos pelo sector financeiro, com uma extraordinária transformação do panorama financeiro norte-americano tal como o conhecemos nos últimos 50 anos e com o impacto duradouro desta crise em algumas das principais actividades de Wall Street, o ressurgimento dos bancos de investimento será muito demorado, admitem os especialistas (ver Capítulo 9).

Isto porque, desta vez, a crise financeira tem algo de diferente: outras praças financeiras estão a adquirir quotas de mercado em Wall Street. "No final do século XX, Nova Iorque não tinha concorrentes. Não havia alternativas. O Japão suicidara-se economicamente na década de 1990. Os EUA eram fortes por os seus concorrentes serem fracos. Desta vez, existem outras praças concorrentes", constata o professor Jean-Pierre Lehmann.

O reinado das finanças anglo-saxónicas dá lugar a uma série de outras praças financeiras que aproveitam uma expansão económica histórica. O Dubai destaca-se no centro dos novos negócios financeiros do Golfo e do Médio Oriente. Hong Kong e Singapura aproveitam sem reservas a sua proximidade do monstro económico chinês.

Os excedentes comerciais asiáticos são canalizados para a constelação financeira que reúne Pequim, Xangai, Shenzhen, Hong Kong e Singapura. As praças do Golfo transformam, no Dubai, no Bahrein, em Doha e, progressivamente, em Riade e Jidá, as suas receitas petrolíferas em conhecimentos técnicos financeiros. O petróleo e o gás russos erigiram a nova Londres russa: Moscow City, a megacidade dos petrodólares de Leste, com os seus três arranha-céus que, em breve, serão dez.

Paralelamente, após a crise do mercado *subprime*, Nova Iorque exerce um efeito de contraste. A queda de Wall Street atingiu em cheio os bancos estrangeiros que tinham acreditado nas promessas do mercado norte-americano. Por um lado, os que estavam implantados em Nova Iorque, como o UBS, sofreram perdas históricas que actualmente lhes valem as pressões dos seus reguladores locais, avessos à ideia de vigiar, de futuro, os riscos de um mercado tão especulativo. Por outro, esta crise possui a característica particular de ter exportado as suas perdas para o conjunto do sector bancário mundial. Até os bancos que não estavam implantados em Wall Street sofreram perdas. Mais de 60 por cento dos títulos ligados ao *subprime* circulam entre instituições não norte-americanas. Empresas europeias como o BNP Paribas, o Oddo, o Natixis, o Crédit Agricole e o Barclays expuseram dinheiro dos seus clientes, principalmente através de fundos de mercados monetários, tomando-os, por engano, por investimentos de baixo risco. O banco regional alemão IKB, que o Estado alemão teve posteriormente de apoiar em 13 mil milhões de dólares, expôs-se imenso, através de um fundo de investimento norte-americano. Indirectamente, o Northern Rock, falido e nacionalizado pelo governo britânico, sofreu as consequências da suspensão do financiamento interbancário resultante da perda de confiança mundial no sistema financeiro, suspeito de estar contaminado por títulos *subprime*. No total, os bancos europeus pagaram mais caro do que os norte-americanos os efeitos desta crise que é, contudo, norte-americana: em Junho de 2008, apresentavam 200 mil milhões de dólares de perdas ligadas ao *subprime* dos 387 mil milhões então contabilizados, enquanto os bancos norte-americanos apresentavam apenas 166 mil milhões, segundo o Institute of International Finance.

Esta enorme exportação das perdas reduziu a atractividade de Wall Street, que vem reforçar uma tendência manifestada desde os ataques de 11 de Setembro de 2001. Em consequência dos atentados contra o World Trade Center, as medidas regulamentares e de segurança estabelecidas por George W. Bush, em 2002, ensombraram o panorama e comprometeram a prosperidade do país. Tal como os burocráticos processos de entrada no território afastavam os turistas, o USA Patriot Act reforçou os poderes da polícia. Legitimou, como demonstrou o escândalo Swift em Junho de 2006, a espionagem das transferências bancárias internacionais em dólares, mas também as escutas telefónicas com o pretexto da luta contra o financiamento do terrorismo. Este arsenal foi acompanhado pelo Anti-terrorism Act, um instrumento que estendeu os seus tentáculos extraterritoriais, para estupefacção de alguns bancos estrangeiros que passaram pela amarga experiência, como o Crédit Lyonnais e o Natwest em 2005. Por fim, o Sarbanes Oxley Act ("SOX"), promulgado em 2002, que segue a pista das fraudes financeiras desde os escândalos da Enron e da Worldcom, fez com que até uma relação de negócios das que mais se estabelecem com os EUA (desde que uma sociedade conte com mais de 300 accionistas norte-americanos) exponha o gestor de uma empresa que desconhece as regras da Securities and Exchange Commission, pondo em jogo a sua segurança jurídica. O resultado não se fez esperar: em 2002, o número de entradas na New York Stock Exchange desceu para o nível mais baixo em 24 anos e, em 2003, quase 200 sociedades deixavam de estar cotadas no mercado norte-americano.

Mesmo que Washington tenha, mais tarde, pensado em melhorar a imagem do país e tornar rapidamente as suas condições menos rígidas para atrair os negócios, os efeitos da guerra no Iraque e a importante dinâmica de reequilíbrio do poder financeiro, principalmente a favor da Europa e da Ásia (ver Capítulo 11), foram determinantes. Em 2006, a Europa recolheu três vezes mais entradas em bolsa do que Nova Iorque. Londres subia para o primeiro lugar das novas cotações, seguida de Hong Kong, enquanto Nova Iorque estava apenas em terceiro lugar, depois de ter ocupado o topo do pódio durante muito tempo. Nova Iorque já resvalara em 2005, quando recolhera apenas cinco por cento do valor mundial de entradas em bolsa, enquanto, em 2000, recolhera 50 por cento. Na área da banca de investimento, os bancos da Europa geraram rendimentos totais de 23 mil milhões de dólares em 2006, enquanto nos EUA foram 30 mil milhões. Esta ligeira vantagem norte-americana parecia perdida a partir 2007, após a crise do mercado hipotecário *subprime*.

O DECLÍNIO DE WALL STREET

Os primeiros números de 2007 parecem indicar que Londres destronou sustentavelmente Nova Iorque como capital mundial das finanças. Globalmente, Nova Iorque fica atrás da Europa em termos de nível de actividade nos mercados financeiros. A City continua, com efeito, a ter o maior número nas entradas em bolsa, com uma quota de 18 por cento do mercado mundial à frente dos EUA (16 por cento) e da China (sete por cento), segundo a IFSL Research, uma empresa de sondagens independente.* Londres atraiu mais cotações de sociedades estrangeiras do que Nova Iorque. Em particular, a City foi o principal mercado de cotação das empresas russas em plena privatização, que querem uma alternativa a Moscovo.

Em termos de volume de transacções de acções estrangeiras globais, a metrópole britânica ultrapassou Nova Iorque e o Nasdaq em 2007, com uma quota de mercado de 46 por cento, enquanto a destes últimos foi de 44 por cento. Londres domina também as transacções de obrigações internacionais. No mercado da titularização, Nova Iorque tinha, em contrapartida, um avanço muito grande... até à queda deste mercado, em Setembro de 2007. Londres "conduz a dança" nas transacções de produtos derivados, com uma quota de mercado de 43 por cento em 2007, muito à frente de Nova Iorque (24 por cento). Quanto às transacções de divisas, os EUA, com uma quota dos volumes de transacções de 16,6 por cento, ficam muito atrás da City (34 por cento). Até à data, Nova Iorque continua, porém, a ser o local onde a maioria dos activos dos *hedge funds* (66 por cento) são geridos. Londres, contudo, onde estão fixados 22 por cento dos gestores, depressa alcança a sua grande rival, tendo a sua quota duplicado entre 2002 e 2007, graças a um movimento de migração de gestores alternativos de Greenwich com destino da Mayfair, sendo Londres vista como a verdadeira capital dos *hedge funds*.

Wall Street já não terá a ajuda da economia interna e das perspectivas sombrias do dólar. A economia norte-americana paga caro os excessos especulativos da bolsa norte-americana e do mercado imobiliário, mas também o custo exorbitante da guerra no Iraque. A factura da aventura militar estaria mesmo na origem da

---

* N. A. International Financial Services, London, www.ifsl.org.uk.

política permissiva da Reserva Federal, que favoreceu a bolha de crédito. "A administração Bush procurou esconder o verdadeiro custo da guerra, apresentando estatísticas incompletas e enganadoras sobre a economia, enquanto as fragilidades reais da mesma eram dissimuladas atrás de um volume de liquidez da Reserva Federal e de um quadro muito permissivo para o sector financeiro", resume Joseph Stiglitz. O prémio Nobel da Economia de 2001, antigo economista-chefe do Banco Mundial e professor na Universidade de Columbia, considera que as fragilidades económicas dos EUA repercutir-se-ão nas décadas futuras. Com a continuação da descida dos preços do imobiliário e a posição financeira fragilizada dos bancos, as famílias norte-americanas, cuja taxa de poupança passou a ser nula, enfrentarão durante muito tempo restrições ao crédito. Além disso, os custos da guerra no Iraque, inteiramente financiados pelo défice público, levarão décadas a ser reembolsados.

Estas tendências influenciarão o crescimento económico norte-americano. Desde 2006, os EUA já não são a zona mais rica do mundo. Foram suplantados pela União Europeia, segundo um relatório da Central Intelligence Agency (CIA's World Factbook). Em termos de produto interno bruto (PIB), a China está classificada mesmo atrás dos EUA, logo seguidos pelo Japão.

No entanto, é provavelmente a comparação da balança de pagamentos, definida como a combinação do saldo das trocas comerciais e dos fluxos monetários transfronteiriços, que melhor revela a evolução do "braço de ferro". Os EUA, cuja balança de pagamentos era deficitária em 811 mil milhões de dólares, classificam-se no 163.º lugar mundial, enquanto a China e o Japão estão no primeiro e segundo lugares, com balanças de pagamentos excedentárias.

Esta situação denuncia a dependência norte-americana do financiamento estrangeiro, explica o economista de Genebra Michel Santi. Ele assinala que, pela primeira vez em 2007, a dívida total norte-americana ultrapassou os nove biliões de dólares, enquanto, em 1981, mal chegava a um bilião! Esta mesma dívida aumentou

45 por cento sob a administração Bush, enquanto, em Janeiro de 2001, era de 5,7 biliões de dólares. "Esta pirâmide de dívida colossal não é reembolsável pelo simples crescimento da economia norte-americana, seja qual for a sua força", realça o economista Pierre Leconte.[*]

"Os EUA passaram do estatuto de maior credor do mundo ao de maior devedor. Pelo contrário, os países asiáticos tornaram-se os maiores credores", realça Burkhard Varnholt, economista-chefe do banco de Basileia Sarasin. "Isto determinará os equilíbrios económicos futuros. E as estratégias dos grandes bancos de investimento serão certamente influenciadas por estas tendências. Isso explica por que motivo os bancos se precipitam todos para desenvolver os seus negócios na Ásia."

Há que reconhecer que os EUA falharam, durante a administração Bush (de Janeiro de 2001 a Janeiro de 2009), no exercício de uma política favorável aos interesses das finanças norte-americanas. "A invasão do Iraque explica, em grande parte, a subida do petróleo e a recusa do resto do mundo em possuir dólares", escreve o célebre financeiro George Soros.[**] Prossegue: "Uma recessão nos EUA, aliada à provável resistência da China, da Índia e dos países produtores de petróleo, reforçará o declínio do poderio e influência relativos dos EUA." Em 2007, quase três quartos do crescimento da economia mundial provinham dos países emergentes.

Em conclusão, o reequilíbrio do poder financeiro a favor dos mercados financeiros concorrentes de Nova Iorque, já em curso, foi incontestavelmente acelerado com a crise do mercado *subprime*. Isto porque a globalização age incessantemente como uma força de aspiração dos bancos e dos talentos mais ambiciosos em direcção aos novos centros de lucro. Veremos, no Capítulo 11, que a inclinação para Leste se reflectirá plenamente na história individual do UBS. Mesmo actualmente, muitos bancos de investimento, incluindo norte-americanos, estabelecem os seus orçamentos de investimento em função de estratégias centradas no desenvolvimento em Hong

---

[*] N. A. *Les Faux-Monnayeurs... op. cit.*

[**] N. A. *O novo paradigma para os mercados financeiros... op. cit.*

Kong, Singapura, Xangai e Bombaim. Isso nada tem de afectivo. É simplesmente o resultado de um lema que Wall Street muito preza: *"Follow the money".*

A crise hipotecária *subprime*, carrasco do dólar?

A perda de influência de Wall Street é acompanhada de uma diminuição da atractividade do dólar. O seu estatuto de moeda de investimento e de reserva é cada vez mais desafiado. Este factor pode influenciar consideravelmente a escolha estratégica dos bancos de investimento mundiais de investir mais no desenvolvimento dos seus negócios noutros locais que não os EUA.

Desde que rebentou a crise do mercado das hipotecas *subprime*, em meados de 2007, levantou-se a questão sobre o fim da hegemonia do dólar com uma intensidade renovada. A nota verde ainda perdeu 17 por cento face ao euro num ano. A confiança no sistema financeiro norte-americano está mais baixa do que nunca. O dólar, que já perdera mais de metade do seu valor face ao euro desde 2002, encontra-se no seu nível mais baixo desde 1971, quando a administração Nixon pôs fim ao padrão-ouro. O papel crescente do euro na economia mundial e o mais recente do yuan chinês traduzem-se por uma procura acrescida destas moedas, enquanto a procura do dólar está a diminuir. Esta situação prefigura o fim do papel central do dólar, que deverá, de futuro, partilhar o seu "privilégio exorbitante", como lhe chamava Charles de Gaulle, com estas outras moedas.**

A política da Reserva Federal, cuja responsabilidade na crise do mercado *subprime* já explicámos, teve um papel fundamental no desinteresse pelo dólar. "O estatuto do dólar como moeda de reserva está ameaçado, devido às duas bolhas especulativas criadas pela política monetária de Alan Greenspan", considera

---

* N. T. "Segue o dinheiro".

** **N. A.** *Biography Of The Dollar, How The Mighty Buck Conquered The World And Why It's Under Siege.* Craig Karmin, Crown Business, 2008.

William Fleckenstein. Entre o final de 2001, quando Greenspan iniciou as descidas das taxas de juro, e a sua saída, no início de 2006, o dólar desceu 24 por cento em relação aos seus principais parceiros comerciais. A política do antecessor de Ben Bernanke contribuiu para reduzir fortemente, em apenas cinco anos, o poder de compra do cidadão norte-americano, segundo o autor de *Greenspan's Bubbles, the Age of Ignorance at the Federal Reserve.* Entre 2001 e 2007, o barril de petróleo, que passou de 20 para cem dólares, quintuplicou nesta moeda, enquanto em euros apenas triplicou, passando de 22 para 68 euros. No final de 2007, o mesmo barril valia, portanto, menos um terço para a Europa do que para os EUA.

Em 2006, após a saída de Alan Greenspan, o dólar ainda enfraqueceu claramente, perdendo mais de 15 por cento face ao euro até ao final de 2007. Os investidores internacionais expressavam a sua preocupação perante o estado dos défices orçamental e corrente que Greenspan deixava ao seu sucessor, Ben Bernanke. Porém, a partir do final de 2007 e para travar a crise, este último aplica a mesma receita de política complacente, colocando as taxas de juro abaixo da taxa de inflação e recorrendo ao financiamento do Tesouro norte-americano. O dólar afunda-se ainda mais.

Para o economista Pierre Leconte, a crise do mercado *subprime* é de origem monetária. "Deve-se aos enormes excessos de criação de moeda e de crédito realizados pela Reserva Federal, desde que Alan Greenspan assumiu o seu comando." Lembra que, só desde 2000, os EUA criaram mais dólares do que desde a fundação da nação, em 1776! Este excesso de moeda, que não pode ser introduzido na economia real sob pena de fazer disparar os preços, será investido em activos financeiros, criando bolhas especulativas quase incessantes. Uma fórmula perigosa para a confiança dos investidores na estabilidade dos preços em dólares.

"A política monetária norte-americana contribuiu certamente para o declínio do dólar", admite Burkhard Varnholt, economista do banco Sarasin & Cie. "A nota verde perdeu o seu estatuto de moeda de maior circulação em benefício do euro." A nível monetário, "o mundo está a passar de um sistema unipolar baseado no dólar para um sistema bipolar baseado no dólar e no euro", considera Guy Wagner, economista-chefe do Banque de Luxembourg.

A descida duradoura do dólar, que paga o preço de 30 anos de política monetária expansionista, tem por efeito reduzir o interesse dos investidores pelos activos norte-americanos. Os bancos centrais, de Moscovo a Riade, prosseguem a redução das notas verdes nas suas reservas de câmbio, em benefício de activos não expressos em dólares. De 71 por cento em 2000, o dólar passa a não representar actualmente mais do que 62 por cento das reservas de divisas dos bancos centrais do mundo.

"Uma parte significativa das reservas monetárias detidas em títulos do Tesouro norte-americano será convertida em activos reais", prevê George Soros. O multimilionário de origem húngara fez fortuna especulando contra a libra esterlina e as moedas asiáticas na década de 1990. A queda do dólar, antevê, "prefigura uma ruptura da ordem mundial actual".

Essa ordem mundial foi mantida pela dependência da dívida norte-americana em relação a investidores estrangeiros. Do mesmo modo que os bancos de investimento de Wall Street estão à mercê das recapitalizações pelos fundos de riqueza soberana, o dólar está à mercê dos bancos centrais da China e do Japão, que reinvestem os seus excedentes comerciais em títulos do Tesouro norte-americano. A China detém 1,8 biliões de dólares de reservas, o Japão um bilião e o resto da Ásia outro bilião. Ao deixar cair a sua divisa, os EUA levaram a uma perda do poder de compra para estes investidores em dólares de primeira importância, que explica a diversificação das suas reservas. Em 2006, só a China comprou 55 por cento dos novos títulos do Tesouro emitidos, mas substituiu, tal como outros países emergentes ricos, uma parte dos seus dólares por outras divisas. O banco central da Rússia, que encetou uma clara diversificação para o euro, teria, além disso, aumentado as suas reservas de ouro num ano e meio de 200 para 440 toneladas em vez de dólares.

Os países do Golfo também transformaram, durante muito tempo, os seus petrodólares em títulos do Tesouro, mas actualmente diversificam as suas moedas. Os fundos de riqueza soberana do Golfo abandonam, doravante, a dívida em dólares em benefício de acções de empresas europeias e asiáticas. A autoridade de investimento do Kuwait, que com 250 mil milhões de dólares tem maior peso do que o fundo de pensões público da Califórnia (CALPERS), volta-se para as acções da Ásia e da Europa de Leste. O fundo da autoridade de investimento do Qatar, que detém quase 13 por cento do banco britânico Barclays, também prefere, desde 2007, oportunidades de investimento na Europa do que nos EUA. Num artigo de 17 de Julho de 2008, o *Financial Times* revela que um destes grandes fundos soberanos do Golfo, que não especifica, reduziu a quota dos seus activos em dólares de mais de 80 por cento para menos de 60 por cento. São muitos sinais negativos para a nota verde.

Igualmente importante é a mudança da política de investimento dos chineses. O fundo soberano State Administration of Foreign Exchange (SAFE), que detém o essencial dos 1,8 biliões de reservas de câmbio da China, também quer reduzir a sua quota de investimentos em dólares, que ascende a um bilião de dólares, investindo mais em sociedades não cotadas da Europa. O fundo chinês está ainda mais decidido a seguir esta política desde que, durante o Verão de 2008, o espectro da eventual falência da Fannie Mae e da Freddie Mac começou a pairar seriamente nos EUA. Estes dois gigantes norte-americanos do crédito imobiliário, cujas hipotecas em curso são na ordem dos cinco biliões de dólares, representavam o essencial dos investimentos em dólares da SAFE, que comprava a sua dívida pela segurança que estas duas instituições representavam, devido ao apoio implícito que o Estado norte-americano lhes dá. Mais de 40 por cento do bilião de dólares que a SAFE detém em dólares representavam a dívida emitida ou garantida pela Fannie Mae e a Freddie Mac. A fragilidade financeira destas duas instituições, revelada durante o Verão de 2008 no contexto da crise, irá também afastar do dólar este investidor fundamental. "A crise da Fannie Mae e da Freddie Mac terá um efeito importante e duradouro na política de investimento da SAFE", escreve Ting Lu, analista do Merrill Lynch. "A médio prazo, a SAFE deverá acelerar a inclinação das suas reservas para fora dos investimentos em dólares."

A enorme influência dos fundos de riqueza soberana e dos bancos centrais determinará, provavelmente, a força das diversas moedas no futuro e explica desde logo a preponderância assumida pelo euro. Os maiores fundos de riqueza soberana (Emirados Árabes Unidos, Noruega, China, Hong Kong, Singapura, Kuwait, Rússia, Arábia Saudita) detêm, em conjunto, uma fortuna de 3,5 biliões de dólares, que poderá chegar a 5,5 biliões em 2010, segundo a Dresdner Kleinwort. Os da China e da Rússia terão o maior crescimento, estando estes países situados fora da esfera de influência norte-americana.

A "destronização" gradual a que a nota verde assiste assumiu uma nova dimensão após a crise *subprime*. Até agora, explica Emmanuel Todd*, era a procura de "segurança" que primava na escolha dos activos norte-americanos pelos compradores estatais. As obrigações expressas em dólares apoiavam-se na garantia que o dólar oferecia como moeda de reserva e na confiança na solidez do sistema político, económico, bancário e monetário norte-americano.

No entanto, esta percepção mudou. Isto porque mesmo a solvência da Reserva Federal já não é tão incontestável. A crise do mercado *subprime* levou a instituição a garantir uma parte das hipotecas em falta com o seu próprio balanço e a alargar as categorias de instrumentos que aceita dos bancos como garantia para os seus empréstimos. Foi assim que emprestou 30 mil milhões de dólares de dinheiro público ao JP Morgan Chase, aceitando como garantia activos de risco do Bear Stearns, com o objectivo de facilitar a venda do banco em falência ao JP Morgan Chase.

Como Guy Wagner explica, "através das medidas pouco ortodoxas que tomou para salvar o sistema, a Reserva Federal rompeu com a sua tradição, que consistia em garantir o dólar a cem por cento através de títulos do Tesouro norte-americano ou do ouro". Segundo ele, arrisca-se "a provocar uma perda de confiança fundamental na sua moeda, à imagem do que acontecera na década de 1970, após o anúncio do fim da convertibilidade do dólar em ouro".

---

* **N. A.** Emmanuel Todd, *Après l'Empire, essai sur la décomposition du système américain*, Gallimard, 2004. [*Após o Império – Ensaio sobre a decomposição do sistema americano*, Edições 70, 2002.]

O DECLÍNIO DE WALL STREET

Segundo um artigo do *Financial Times* de 17 de Julho de 2008, os responsáveis pelos fundos de riqueza soberana duvidam, em privado, da credibilidade da Reserva Federal e do Tesouro norte-americano – que irá garantir até 700 mil milhões de dólares de activos tóxicos recuperados aos bancos de Wall Street – na sua capacidade de defender o dólar e manter a estabilidade financeira. A qualidade da dívida do Tesouro norte-americano sai fragilizada do plano de resgate histórico aprovado pelos EUA no final de Setembro.

Na Primavera de 2008, sucedeu o impensável: a agência Standard & Poor's evocou a possibilidade de a dívida governamental norte-americana perder a sua classificação AAA. Com efeito, quando o banco central realiza enormes injecções de liquidez para aliviar os bancos de Wall Street, fá-lo financiando-se junto do Tesouro norte-americano, que tem, por sua vez, de se financiar emitindo mais títulos de dívida pública. O agravamento do défice, criador de inflação, provoca, por sua vez, uma perda de valor do dólar. Só a evocação de uma possível perda da garantia de solvência máxima do Tesouro norte-americano já é um revés sem precedentes para o dólar.

A nota verde poderá sair desta viragem de milénio em condições mais modestas, encaminhando-se para o estatuto de "moeda entre outras". Por agora, ainda é sustentado por dois privilégios: em primeiro lugar, continua a ser a moeda exclusiva de transacção do petróleo, um estatuto que garante a hegemonia norte-americana há 37 anos. Enquanto o dólar for o único meio de pagamento oficial do "ouro negro", todos os países do mundo terão de manter as suas reservas em dólares para o obterem. Se o euro também pudesse comprar crude, os bancos centrais substituiriam em massa os dólares por euros. De repente, haveria demasiados dólares em circulação face a uma procura em forte queda. Uma quantidade significativa de dólares "sem provisão" seria repatriada para reclamar o seu valor no departamento do Tesouro norte-americano. Daí a depreciação, a subida da inflação e a hemorragia de capitais para fora dos activos norte-americanos. Washington não pode autorizar tal cenário. O monopólio do dólar sobre o petróleo foi contestado pela primeira vez pelo Iraque, sob o impulso de Saddam Hussein. Em Novembro de 2000, o ditador iraquiano decidira vender o petróleo nacional em euros, com os discretos incentivos de Paris e Berlim. Em 2003, porém, as forças norte-americanas entravam no Iraque – Paris e Berlim não se juntaram à aliança – e destituíam o homem forte de Bagdade. A hegemonia do dólar é, portanto, uma das maiores apostas da geopolítica do petróleo.

Actualmente, apenas a Venezuela e o Irão ousam contestar o monopólio do dólar, mas os seus regimes estão sujeitos a uma enorme pressão de Washington, que, por outro lado, pode contar com o apoio até agora incontestável da Arábia Saudita. Todavia, é preciso perguntar até quando aceitará Riade ir contra os seus interesses, que seriam poder emancipar-se do dólar. Com efeito, a fixação da moeda saudita à nota verde provoca, com as descidas das taxas de juro norte-americanas, uma inflação incontrolável, uma espécie de imposto cobrado pelo dólar sobre a riqueza do Golfo. Tendo o Kuwait renunciado à indexação da sua moeda ao dólar em 2007, não é de excluir que a Arábia Saudita e os Emirados Árabes Unidos acabem por lhe seguir o exemplo, tanto mais que, tal como a América Latina, se encaminham para uma união monetária regional. Enquanto os Emirados Árabes Unidos também continuarem fixados ao dólar, poderosos fundos de riqueza soberana como a Abu Dhabi Investment Authority manterão uma boa parte dos seus investimentos em dólares. A longo prazo, o Golfo poderá seguir as pisadas da América Latina e da Ásia, onde a maioria das moedas oscila livremente contra o dólar.

O segundo privilégio que ainda sustenta o papel do dólar é o facto de ser a moeda de investimento por excelência, ligada aos mercados financeiros mais importantes e mais líquidos do mundo. É em dólares que são cotados, em particular, todos os contratos a prazo, que representam um mercado extremamente vasto. E, no mercado cambial, o dólar representa 90 por cento das transacções diárias, pois serve de transição para as conversões entre moedas pouco tratadas, como o peso colombiano ou o baht tailandês. Contudo, os progressos tecnológicos permitirão em breve o câmbio directo das moedas, mesmo que pouco negociadas, em vez de se ter de passar pelo dólar, reduzindo a posição central deste no mercado cambial. Além disso, o papel do dólar como principal moeda de investimento poderá também extinguir-se, pois os investidores baseados em moedas estrangeiras sofrem, desde 2001, uma perda contínua de rendimentos em dólares. A queda da nota verde cobra um imposto a estes investidores, obrigando-os a gerar rendimentos mais elevados em dólares para compensar a perda de câmbio.

Isso explica o sucesso dos países latino-americanos e asiáticos nas emissões de dívida soberana em moeda local. Com efeito, os investidores já não exigem que as obrigações dos países emergentes sejam em dólares. Pelo contrário, vêem nisso uma diversificação monetária positiva.

Até os investidores norte-americanos procuram diversificar-se fora dos activos em dólares. Os mais afortunados são seduzidos pelos rendimentos elevados que podem encaixar nos mercados da China, Índia, Malásia, Vietname, Rússia, Brasil, Argentina, México ou até mesmo no continente africano. Segundo o Bank of America, os investimentos dos aforradores norte-americanos em fundos de investimento em acções internacionais sofreram uma forte subida entre 2001 e 2007, em detrimento dos investimentos em fundos de acções norte-americanos. Warren Buffett, Jim Rogers e Bill Gross, três norte-americanos considerados "gurus" do investimento e cuja opinião conta no mundo financeiro, estão na vanguarda do movimento: investir em dólares é, segundo eles, uma "proposta perdedora".

No entanto, a mudança mais reveladora para o estatuto do dólar é, provavelmente, o facto de já não determinar os preços das matérias-primas (*commodities*) mundiais. Os exportadores de matérias-primas tinham confiado, há 30 anos, o controlo monetário aos EUA, obtendo assim uma credibilidade instantânea em termos de política monetária. Doravante, quando a economia norte-americana abranda, os preços das *commodities* não sofrem quaisquer alterações: só reagem ao abrandamento da economia quando este se torna mundial.

Más perspectivas para os bancos de investimento

A década passada foi seguramente a da banca de investimento. Actualmente, a máquina de lucros de Wall Street está "gripada". Os cerca de 500 mil milhões perdidos até à data deitaram a perder quatro anos de expansão histórica. "O sector da banca de investimento enfrenta a mais grave crise dos últimos 30 anos. Calculamos que seis trimestres de lucros já tenham sido apagados", considera um relatório do banco Morgan Stanley e da empresa de consultoria Oliver Wyman, publicado em Abril de 2008.

A história ensina-nos que, quando rebenta uma bolha especulativa, parece que é o fim do mundo. A falência do Bear Stearns na Primavera de 2008, a do Lehman Brothers no Outono do mesmo ano e o congelamento total dos mercados de crédito desde o Verão de 2007 consagraram a pior crise da história financeira.

O mercado de titularização e estruturação de crédito, actualmente encerrado por falta de investidores, tornara-se gigantesco e o crédito ao consumo dependia muito dele. No primeiro trimestre de 2007, os volumes de hipotecas titularizadas (ABS) incidiam sobre 66 por cento dos empréstimos das famílias dos EUA, calcula a corretora norte-americana Oppenheimer. A crise do crédito e a "greve" dos investidores em dívida titularizada retirou 1,4 biliões de dólares de liquidez para o crédito ao consumo. No final de 2008, a Oppenheimer calcula o crédito disponível para os norte-americanos em três biliões de dólares. Isso não deixará de ter os seus efeitos na economia.

O crescimento económico mundial, que atingira cinco por cento em média entre 2003 e 2007, a mais alta taxa de progressão em 30 anos, vai estagnar em 2008 e 2009. Os preços dos activos, que tinham subido durante esse período de euforia, caem agora a pique, tanto nos mercados de acções mundiais como nos mercados imobiliários dos EUA e da Europa. Nos mercados de capitais, o custo do crédito aumentou claramente e a diferença (*spread*) entre créditos de risco (hipotecários, às empresas, ao consumo) e a dívida isenta de risco (obrigações do Tesouro) acentuou-se muito. Os analistas não esperam ver o risco de crédito voltar aos níveis de 2003-2006 no futuro próximo.

O DECLÍNIO DE WALL STREET

Estas tendências atingiram em cheio o mercado financeiro de Nova Iorque, que fizera depender das actividades de crédito o essencial dos seus ganhos nos últimos anos: os créditos titularizados, o *proprietary trading* financiado a baixo custo, o financiamento de aquisições com efeito de alavanca, as actividades exteriores ao balanço.

Este império financeiro baseado no crédito barato está em plena desagregação. Meredith Witney, analista da Oppenheimer, calcula que "a crise do crédito que teve início em Julho de 2007 fez diminuir os volumes globais das emissões de dívida em dois biliões de dólares e as emissões de dívida norte-americana em mais de 1,5 biliões".

É como se a crise de confiança tivesse varrido todas as peças do Lego do endividamento que se construíra com o conjunto de tijolos verdes (os dólares) fabricados pela Reserva Federal norte-americana. A cadeia de crédito que se insinuou em todas as actividades financeiras de Wall Street inflamou-se como um rastilho explosivo: as hipotecas e outros créditos titularizados, os empréstimos com efeito de alavanca, os fundos monetários, os empréstimos interbancários no mercado LIBOR, os papéis comerciais, os meios de investimento exteriores ao balanço, as obrigações municipais, os seguradores obrigacionistas. O desmembramento contaminou todos os mercados de crédito por metástase, como um vírus propagado numa imensa rede informática cujo grau de interconexão se desconhecia. O mercado *subprime* dera o alerta sobre todos os meios duvidosos com os quais os intervenientes de Wall Street financiavam os seus investimentos. O período áureo do *investment banking* favorecido por condições de crédito excepcionais de 2001 a 2007 terminou. Além disso, as empresas de Wall Street enfrentam um endurecimento das exigências regulamentares em termos de cobertura dos riscos de crédito e de mercado que irá aumentar consideravelmente os custos dos bancos. Em Wall Street, a festa acabou. A indústria bancária norte-americana tem de reinventar completamente os seus modelos. As suas actividades de maior destaque têm de morrer antes de renascer.

No início do segundo semestre de 2008, o excesso de endividamento dos intervenientes financeiros continua a purificar-se e a maré do crédito ainda tem de baixar. Sob a pressão dos investidores,

213

o Morgan Stanley, o Citigroup e o UBS livram os seus balanços do excesso de alavanca, reduzindo drasticamente a quantidade de activos que detêm com capitais emprestados e aumentando maciçamente novos capitais.

As actividades de crédito estão em forte contracção nos bancos de investimento nova-iorquinos. A estruturação de crédito, os financiamentos de aquisições com efeito de alavanca, as transacções por conta própria nos mercados *fixed income*, todas estas áreas cortam o excesso de efectivos: já não são precisos tantos especialistas. No total, a meio de 2008, os grandes bancos de investimento suprimiram mais de cem mil postos de trabalho, ou seja, mais do que o flagelado sector automóvel norte-americano da GM, Ford e Chrysler em vários anos.

Os entendidos que consultámos prevêem o desaparecimento de várias actividades de *investment banking*, um fenómeno típico após uma crise. Nas transacções por conta própria, uma actividade muito estimada no período anterior à crise (ver Capítulo 6), em que eram pagos os bónus mais elevados, as equipas tornam-se mais pequenas e os *proprietary traders* já não têm direito aos financiamentos generosos que fizeram o sucesso dos colaboradores do Dillon Read Capital Management (DRCM), o *hedge fund* interno do UBS dirigido por John Costas de Julho de 2005 a Maio de 2007. "As linhas de crédito aos corretores dos *prop desks* foram cortadas", constata no Verão de 2008 um gestor de *hedge fund*.

Inicia-se um período mais sensato, mais conservador em termos dos riscos que se correm. As perspectivas de rentabilidade do sector estão mais ameaçadas, pois o endurecimento regulamentar fará desaparecer todo o interesse nestas actividades. Doravante, os coeficientes que avaliam o risco nos balanços e fora deles serão muito controlados (ver Capítulo 10), o que eliminará as possibilidades de arbitragem entre custos muito baixos do capital e rendimentos dos créditos titularizados. Esta arbitragem tornara-se uma importante fonte de lucro, como vimos no caso do UBS. "A redução da alavanca", escreve um analista da Exane, "no contexto de uma regulamentação mais rigorosa, deverá levar a um

O DECLÍNIO DE WALL STREET

aumento dos lucros inferior à tendência e a uma rentabilidade estruturalmente em baixa." A analista da Oppenheimer considera que os bancos de investimento norte-americanos deverão ter reforçado as suas provisões para perdas de crédito em cerca de 170 mil milhões de dólares no final de 2009. "Quer seja sob a forma de amortizações ou de aumentos das provisões, o efeito será o mesmo: a tendência de lucro inverter-se-á após anos de ganhos baseados em procedimentos falseados", escreve a especialista. O sector da banca de investimento entrará em modo de estagnação durante alguns anos, até encontrar um novo filão de crescimento.

Ora, sem os formidáveis motores de crescimento que a titularização de créditos e a utilização do efeito de alavanca representaram, será difícil às empresas de Wall Street gerar os lucros dos últimos anos. Os bancos já não pagarão os mesmos bónus na ordem das dezenas de milhões, pois a exuberância dos mercados deixará de lhes encher os cofres durante bastante tempo.

Em 2007, o salário dos directores de Wall Street, muito dependente da cotação das acções dos seus bancos, baixou em média 43 por cento em relação a 2006, para 27 milhões de dólares, segundo o Citigroup. Continua, certamente, a ser um nível tão elevado como o melhor salário auferido por Marcel Ospel no UBS, no auge do seu sucesso em 2006, mas, em comparação com os níveis de remuneração existentes em Wall Street, que em 2006 chegavam às centenas de milhões, a descida é notável. A única excepção era Lloyd Blankfein, o administrador de um banco mais bem pago do mundo. O presidente e director do Goldman Sachs continuou a ver o seu salário aumentar em 2007, embolsando 70,3 milhões de dólares. O seu banco, um modelo de virtuosidade na crise *subprime*, viu a sua cotação em bolsa aumentar 17 por cento no ano em que o valor das outras empresas de Wall Street caiu a pique.

Neste ano de 2008, é hora de grandes decisões estratégicas. Os bancos têm de reorientar os seus investimentos para os sectores em que poderão obter de novo grandes margens. Sinal dos tempos, o Credit Suisse, um dos bancos que sofreu menos perdas na crise *subprime*, prepara uma ofensiva no mercado norte-americano… da gestão de fortunas. Encontra nele mais atractivos do que no da banca de investimento. É uma fase típica de inversão de ciclo, na qual as actividades da bolsa se retraem, levando os banqueiros a interessar-se de novo por actividades estáveis e defensivas como a gestão de fortunas, que gerarão o essencial dos lucros nos próximos anos.

Também no UBS, cerca de 80 por cento dos lucros em 2009 provirão da gestão de fortunas e dos clientes empresariais na Suíça, segundo um analista do Morgan Stanley. A gestão de fortunas, em particular, sustentou o grupo em 2007, contribuindo com 25 mil milhões de fracos ou 78 por cento para o rendimento operacional do banco. Marcel Rohner, chefe do grupo, reconhece que "as actividades intensivas em capital, como a banca de investimento, tornaram-se menos atractivas do que as que são menos intensivas em capital", como a gestão de fortunas. Numa entrevista no início de 2008, ele anuncia que "os tempos de dinheiro fácil para a banca de investimento acabaram": os corretores já não poderão contar com o capital e a liquidez da divisão de gestão de fortunas para investir por conta própria do banco. Tira daí as consequências: "Estamos, doravante, numa situação em que a capacidade de obtenção de rendimentos da banca de investimento não corresponde à sua dimensão." Com efeito, no UBS o recuo da banca de investimento era evidente no primeiro trimestre de 2008: o volume de negócios da unidade flagelada, a do rendimento fixo (*fixed income*), desceu para um décimo do seu nível de 2006. As transacções de acções e a consultoria em fusões e aquisições também não vão muito melhor, caindo abaixo dos seus níveis de 2007. Em 2008, o UBS gerará apenas metade do lucro de 2006, prevêem os analistas. Em termos de lucros, volta ao ponto de partida na divisão da banca de investimento, ou seja, aos níveis de 2001 e 2002.

Todas as empresas de Wall Street estão na mesma situação. As comissões sobre as emissões de dívida e de acções mundiais desceram acentuadamente de Janeiro a Março de 2008, tal como as resultantes da consultoria em fusões e aquisições. No ano de 2009, a actividade

O DECLÍNIO DE WALL STREET

global dos bancos não renderá muito mais do que em 2004, prevêem os analistas do JP Morgan Chase. Calculam que os bancos de investimento sofram, em 2008 e 2009, maus resultados nas transacções de acções e no rendimento fixo. Como se pode facilmente imaginar, são em particular os ganhos das unidades de rendimento fixo nos créditos titularizados hipotecários (ABS) e nas CDO (carteiras de ABS) que mais afectam os bancos de investimento. Como realçam os analistas do Bank of America, os bancos tinham passado a depender demasiado destes títulos. Assim, a meio de 2008, as emissões e transacções destes títulos continuavam suspensas, enquanto apenas as emissões de títulos de dívida pública de empresas de qualidade eram retomadas.

Em 2009, prevê o JP Morgan Chase, os rendimentos destas hipotecas titularizadas diminuirão 81 por cento em relação ao ponto alto de 2006. As vendas de hipotecas titularizadas *subprime*, em particular, diminuíram 92 por cento no primeiro trimestre de 2008.

Quanto às actividades menos atingidas das fusões, aquisições e entradas em bolsa, parecem mais prometedoras e dinâmicas nos novos centros económicos como a China, a Índia e a Rússia, onde se formam enormes capitalizações bolsistas que actualmente ocupam uma boa posição na classificação da revista *Fortune*, o *Fortune 100 Global*. Nisso, o UBS poderia ser, paradoxalmente, uma das mais favorecidas: "Temos actualmente um banco de investimento mais pequeno do que os nossos concorrentes norte-americanos, mas somos grandes na Europa e na Ásia e isso dar-nos-á uma vantagem nos próximos anos", afirma Marcel Rohner, director do UBS.

Tendo a situação mudado a este ponto em relação às suas ambições em 2004, o UBS tem de repensar a sua presença em Wall Street.

É hora de o UBS se retirar do mercado norte-americano, demasiado arriscado e pouco rentável a longo prazo.

CAPÍTULO 10

O UBS na hora da retirada

Retirar-se-á o UBS de Wall Street? É esta a questão que seriamente se coloca no Verão de 2008. Renunciar a Wall Street significa renunciar à actividade de *investment banking* ou banca de investimento. Após 50 mil milhões de francos de perdas no mercado *subprime* norte-americano, duas recapitalizações e um resgate público por parte do Banco Nacional Suíço e da Confederação, o UBS tem de se render às evidências: nunca mais jogará na "liga dos campeões" da banca de investimento.

Após os efeitos catastróficos da crise do mercado *subprime* na rentabilidade da sua divisão norte-americana UBS Investment Bank, torna-se muito difícil defender a manutenção desta actividade, tal como o modelo de negócios do grupo que quis fazer dela um dos seus dois pilares de crescimento. Forçado e constrangido pela ruína, o maior banco suíço inicia, então, uma fase de retirada do mercado norte-americano tanto mais frustrante porque o UBS conquistara verdadeiros sucessos em Wall Street. O UBS Investment Bank tornara-se uma das marcas respeitadas em Nova Iorque, indo mais longe do que todos os seus concorrentes europeus na conquista do outro lado do Atlântico. Em 2005, sob o impulso de John Costas, ocupava o quarto lugar a nível mundial na consultoria em fusões e aquisições e nas emissões de acções e de dívida. Contudo, as suas ambições no mercado norte-americano do crédito, que lhe valeram três bons anos, de 2003 a 2006, acabaram por destruir todos os ganhos realizados em dez anos pelo banco de investimento. Uma única aposta deitou tudo por terra.

Desde logo, a questão já não é saber se o UBS vai renunciar ao banco de investimento, mas sim que saída airosa poderá encontrar. As novas exigências do regulador suíço poderão acelerar o processo.

As restrições regulamentares

Em meados de 2008, a Comissão Federal dos Bancos (CFB) tira as consequências do desastre. O endurecimento regulamentar que se segue à crise do mercado *subprime* afectará especialmente os dois bancos suíços: a CFB estabelece, com efeito, as medidas mais severas do mundo, que entrarão em vigor no final de 2008. Exige ao UBS e ao Credit Suisse um aumento muito substancial dos seus fundos próprios, tendo em vista cobrir os riscos de mercado aos quais as suas actividades norte-americanas os expõem.

As tão temidas restrições regulamentares irão reduzir de forma considerável a rentabilidade das actividades norte-americanas do UBS e do Credit Suisse no futuro. Estas actividades, as que mais capital consomem, beneficiaram até agora de um quadro regulamentar muito permissivo.

Durante o Verão de 2007, a autoridade de fiscalização de Berna observa com preocupação a acumulação de riscos nos dois grandes bancos. Com o agravamento da agitação no mercado norte-americano, coloca-os "em observação intensiva". As atenções depressa se voltam para o UBS, quando se torna claro que a instituição da Bahnhofstrasse está muito mais exposta do que o Credit Suisse às hipotecas *subprime*. Os contactos entre a CFB e o UBS tornam-se quase diários, incluindo os fins-de-semana. Realizam-se ao mais alto nível, entre Eugen Haltiner, presidente da CFB, e Marcel Ospel, presidente do UBS. A primeira recapitalização do banco, que Ospel organizará em Dezembro de 2007, será em grande parte decidida sob a pressão da autoridade de fiscalização.

No final de 2007, a CFB admite que os problemas foram identificados tardiamente: "Os testes de cenários de crise efectuados nos últimos anos pelos bancos, a pedido dos órgãos de fiscalização, não tinham revelado um risco generalizado", constata Alain Bichsel, porta-voz da autoridade. "Como não conhecíamos todos os pormenores relativos a estes derivados hipotecários, não pudemos avaliar o risco de forma adequada. A rapidez de propagação da crise no sector bancário apanhou-nos de surpresa."

A CFB quer fazer com que as perdas colossais do UBS tenham consequências regulamentares. Doravante, exigirá um nível de fundos próprios mais elevado do que os critérios internacionais.

Estas novas exigências terão, inevitavelmente, um efeito: o de dissuadir os grandes bancos de correr riscos excessivos. Poderão mesmo convencer o UBS a desistir das actividades de banca de investimento. Mesmo que a CFB não o admita abertamente, isso não seria mau. Isto porque não está em condições de fiscalizar, nas circunstâncias actuais, as actividades de mercado que os dois colossos exercem nos EUA. O problema da autoridade helvética perante os grandes bancos é de ordem estrutural. A Suíça chegou a um ponto em que não tem envergadura política e económica para fiscalizar as actividades arriscadas e ultra-sofisticadas dos seus grandes bancos em Nova Iorque.

Por um lado, a crise importada dos EUA ultrapassa muito claramente as possibilidades de intervenção do Banco Nacional Suíço (BNS). Devendo servir de mutuante de último recurso para o sistema bancário helvético, o seu balanço atinge um vigésimo do do UBS em 2007! Não intervirá, portanto, senão aquando da terceira recapitalização solicitada pelo UBS. Ao criar, em Outubro de 2008, um fundo especial que irá repor no UBS até 60 mil milhões de francos, o BNS arriscou 54 mil milhões, que poderá perder. Se, ao fim dos oito anos previstos pelo acordo, o valor dos activos não ultrapassar 54 mil milhões de francos, o BNS não poderá esperar recuperar senão o seu capital, sem juros.

Quanto à CFB, não tem qualquer meio de agir preventivamente contra as derrapagens dos grandes bancos no mercado norte-americano. É, contudo, o que se espera dela. Mas como poderia ter detectado os riscos das CDO presentes no balanço do UBS, quando o próprio Marcel Ospel dependia das informações que os seus colaboradores nova-iorquinos lhe davam e, segundo ele, só foi colocado a par da situação em Agosto de 2007?

A Eidgenössische Bankenkommission (Comissão Federal dos Bancos), situada no centro de Berna, com os seus colaboradores corteses que falam o dialecto da cidade e que evoluíam (antes da criação da nova FINMA) em escritórios anacrónicos com tons acidulados dos anos de 1980, dava a imagem de uma instituição muito local. Vemo-la a mal acompanhar o ritmo dos corretores de elite das salas de mercados de alta tecnologia do UBS em Nova Iorque, Stamford ou Londres, que se antecipam às tendências da titularização financeira, recebendo dezenas de milhões de dólares por ano para seguir estratégias complexas que permanecem secretas até ao fim.

Evidentemente, a autoridade de Berna conta muito, na fiscalização dos grandes bancos, com a sua colaboração com a *Financial Services Authority* britânica e a Reserva Federal de Nova Iorque. Contudo, nem esta coordenação internacional resolve o problema. Isto porque a CFB continua, no fim de contas, dependente dos sistemas de avaliação de risco dos próprios grandes bancos, por motivos relacionados com os efectivos. A este nível, a autoridade de Berna enfrenta um problema de desproporção entre a sua tarefa e a dimensão de um banco como o UBS. A CFB emprega 25 pessoas na sua divisão de "grandes bancos", das quais dez se dedicam à gestão dos riscos. Destas dez, cinco dedicam-se ao UBS e as outras cinco ao Credit Suisse. Apenas duas são especificamente afectadas à divisão da banca de investimento do UBS e outras duas à divisão concorrente do Credit Suisse. Certamente, a CFB prevê aumentar para dez elementos a equipa que se dedica aos dois bancos de investimento. Como poderia, porém, alguma vez exercer a sua influência perante um UBS que emprega três mil pessoas no controlo dos riscos? Daniel Zuberbühler não crê poder resolver o problema com mais dez colaboradores.

A única e exclusiva solução ao alcance da CFB: tornar muito mais oneroso correr riscos desmesurados no mercado norte-americano, exigindo aos dois grandes bancos uma almofada de capital bastante elevada para que possam pagar do próprio bolso o seu risco máximo. O contragolpe regulamentar não se fez esperar. Em Junho de 2008, a CFB e o BNS anunciam que o UBS e o Credit Suisse deverão reforçar de forma considerável os seus fundos próprios. "Em cada uma das três últimas crises financeiras internacionais, um dos grandes bancos suíços foi particularmente afectado. De cada vez, foi destruída uma parte crescente dos fundos próprios", constata Philipp Hildebrand, vice-presidente do BNS, em meados de Junho de 2008, ao apresentar o relatório sobre a estabilidade financeira. Ora, para a Suíça, a falência de um grande banco teria consequências "incomensuráveis", avisa.

Serão tomadas, concretamente, três medidas até ao final de 2008. Por um lado, a CFB imporá uma margem de segurança suplementar em relação às exigências mínimas dos acordos internacionais Basileia II.* Esta "almofada de capital" é uma interpretação suíça do Basileia II. Daniel Zuberbühler, director da CFB, calcula-a em 40 mil milhões de francos, ou seja, aproximadamente o que o UBS perdeu na crise *subprime*. O raciocínio é claro: os bancos deverão poder financiar as suas perdas de mercado por meio dos fundos próprios, sem ter de recorrer a aumentos de capital, considera o director da CFB, advogado de formação e membro da Comissão de Basileia para a Supervisão Bancária junto do Banco de Pagamentos Internacionais (BIS) desde 1996.

Esta visão, particularmente conservadora, tem em vista fazer com que os bancos pensem duas vezes antes de entrar em mercados especulativos. É o fim da era dos "riscos gratuitos" que levou o sector financeiro aos excessos de 2007.

Por outro lado, o BNS convenceu, em Junho de 2008, a CFB a actualizar uma avaliação de risco há muito esquecida: o rácio entre os fundos próprios e o total do balanço ou *leverage ratio*. Analisados sob este critério, os bancos suíços apresentam fundos próprios muito baixos em termos de percentagem do total dos seus activos e são os menos bem capitalizados do mundo.

---

* N. T. Este acordo internacional, que vem no seguimento do Basileia I, determina as regras de gestão de risco para os bancos.

No UBS, os fundos próprios representam apenas 1,6 por cento do total de activos no final de 2007. Isso significa que investe 60 vezes os seus fundos próprios. É o efeito de alavanca mais elevado do sector bancário mundial. Mesmo no Credit Suisse, os fundos próprios têm um peso de 2,3 por cento dos activos totais, enquanto, nos bancos norte-americanos, o valor ascende a cinco por cento. Convém saber que a regulamentação norte-americana impõe limites a este rácio aos bancos que, como o Citigroup, estão activos no sector de retalho e têm de dar garantias de depósitos.

No entanto, se excluirmos estes últimos e considerarmos apenas o segmento dos bancos de corretagem e de negócios norte-americanos, que não estão sujeitos a limitações, até estes estão mais bem capitalizados do que o UBS, com 2,6 por cento dos activos totais, em média.

Graças a este enorme efeito de alavanca no seu balanço, o banco suíço pôde apresentar um rendimento de fundos próprios entre os mais elevados do mundo até 2006, à custa de um risco muito alto. Doravante, a CFB segue a tendência norte-americana e exige que os bancos suíços controlem o aumento do seu balanço. A quota de fundos próprios poderá ser fixada em cinco por cento do mesmo. Os grandes bancos estão longe desse registo.

O UBS e o Credit Suisse tinham abandonado esta avaliação de risco desde a entrada em vigor do Basileia I, em benefício de uma nova avaliação fiscalizada prioritariamente pelo regulador suíço: os fundos próprios em relação aos activos "ponderados pelo risco". Este critério favorecia muito mais os bancos suíços, dando a impressão de que estavam mais bem capitalizados do que os seus concorrentes estrangeiros.

Contudo, esta avaliação faz esquecer o valor absoluto do balanço, para se concentrar apenas no seu valor relativo, isto é, "ponderado pelo risco". Esta ponderação implica uma apreciação subjectiva do risco por parte dos bancos, que decidem, nesta base, qual o peso a atribuir a cada activo. Por exemplo, um banco que detém no seu balanço uma obrigação da Confederação atribuir-lhe-á uma ponderação muito fraca, enquanto aplicará uma ponderação mais elevada a um título de dívida pública de qualidade inferior e, portanto, de maior risco.

O UBS NA HORA DA RETIRADA

Foi assim que o balanço do UBS aumentou de forma surrealista, passando de 950 mil milhões no final de 1998 para 2,54 biliões em Junho de 2007, sem que isso suscite grande preocupação nos gestores do grupo. Afinal, em termos de ponderação pelo risco, os activos atingiam apenas 380 mil milhões em 2007. Se o balanço "ponderado" parecia muito razoável, era porque o UBS considerava muito seguros os milhares de milhões detidos em créditos titularizados sobre hipotecas de risco. Tinham, portanto, um peso pluma no balanço. O resultado foi que, enquanto o total de activos do UBS aumentava de ano para ano desde 2005, o seu montante "ponderado pelo risco" variava muito pouco ao longo do tempo, servindo o processo de ponderação, muito oportunamente, para neutralizar os riscos. O UBS baseava-se, para sua infelicidade assim como para a de outras empresas, na avaliação das agências de classificação, que atribuíam a estes títulos qualidade de crédito elevada, contribuindo para a redução mágica dos seus riscos.

Como é evidente, o UBS subestimava imensamente o potencial de perdas nestes derivados de crédito e o seu balanço enchia-se, de facto, de activos de alto risco. Esta exposição era obra do seu banco de investimento, que, sozinho, representava 80 por cento do balanço do grupo, em meados de 2007.

O perigo da ponderação é, portanto, fazer literalmente desaparecer riscos do balanço. De tal modo que, a nível interno, quando a administração do UBS e os responsáveis pelos riscos interrogavam os quadros do banco de investimento a respeito do aumento do balanço, estes podiam responder-lhes que "em termos de ponderação pelo risco, tudo estava em ordem".

Portanto, esta avaliação de risco, "ponderada" pelos imponderáveis, não forneceu de modo algum, entre 2005 e 2007, uma informação adequada sobre a verdadeira solvência do balanço do UBS. O banco estava exposto ao risco máximo de mercado em activos de risco disfarçados de activos seguros. Doravante, os reguladores prestarão muito mais atenção aos créditos titularizados e, em particular, aos riscos reais dos seus activos subjacentes. As ponderações pelo risco poderão ser aumentadas na área dos activos imobiliários e os reguladores prevêem fazê-las depender menos dos *ratings* das agências de classificação.

Estes perigos explicam por que motivo o BNS defendera, já em 2005/2006, o regresso ao rácio de fundos próprios sobre o total de activos. Se a CFB lhe tivesse dado ouvidos, o UBS não teria podido aumentar o seu balanço desta forma. Contudo, os responsáveis pela divisão de gestão dos riscos da CFB opuseram-se. A semelhança de pontos de vista com o UBS e a forte influência deste último sobre a CFB não foram alheias a isso.

Com efeito, devido à desproporção de dimensões entre as duas instituições, faltava ao regulador autoridade na área da gestão dos riscos sobre o gigante bancário suíço. Por um lado, como já vimos, o UBS dispõe de um exército de vários milhares de colaboradores no seu departamento de gestão dos riscos, enquanto, na CFB, são apenas uma dezena no departamento responsável pela fiscalização dos dois grandes bancos. O UBS era visto como estando na vanguarda da gestão dos riscos em mercados estrangeiros que a autoridade de Berna conhecia pouco. Por outro lado, a divulgação que o UBS traz ao mercado financeiro suíço desde a sua criação, em 1998, deixa as autoridades em dívida para com a instituição, de tal modo que a opinião do UBS tinha grande importância nas discussões com o regulador a respeito do nível adequado de fundos próprios para certos tipos de riscos. É a armadilha da *institutional capture*, na qual instâncias estatais dão por si presas quando, perante uma multinacional com grande importância em relação à sua economia, lhes falta distanciamento e espírito crítico. Finalmente, é preciso também lembrar que Eugen Haltiner, presidente da autoridade de fiscalização, era um antigo responsável do UBS em Zurique. O recrutamento de banqueiros não favorece a adopção de uma visão realmente independente do sector bancário.

No fim de contas, porém, a crise norte-americana do UBS funcionou como um aviso. Daniel Zuberbühler, após discussões com as autoridades norte-americanas, acabou por aceitar pragmaticamente impor aos bancos suíços o *leverage ratio*, esperando favorecer uma abordagem mais conservadora.

Actualmente, a CFB pede aos bancos que tenham em conta as duas avaliações: a ponderada e a não ponderada. A primeira será também reforçada. A nível internacional, a avaliação dos activos ponderados em função do risco constitui uma autoridade. Os acordos Basileia II impõem que o rácio de fundos próprios sobre os activos ponderados seja de, pelo menos, oito por cento. Na Suíça, o UBS e o Credit Suisse deverão, doravante, situar-se acima desta exigência mínima, anunciam a CFB e o BNS.

A Comissão Federal dos Bancos está consciente disso: todas estas medidas irão inevitavelmente reduzir a rentabilidade dos dois bancos suíços nos EUA, onde as suas actividades de mercado beneficiaram imenso das falhas regulamentares que lhes permitiam, até agora, reduzir quase a nada os seus fundos próprios. A CFB compromete-se a retirar a estas actividades o seu atractivo especulativo, na esperança de assegurar a perenidade dos grandes bancos.

Não é, todavia, o ponto de vista do *business*. O Credit Suisse não tardou em exprimir o seu descontentamento. O banco de Paradeplatz, que sofreu relativamente poucas perdas na sequência da crise *subprime*, sente-se injustamente penalizado pelos erros do seu grande concorrente suíço. É, porém, evidente que o regulador tem de impor as mesmas condições aos dois bancos, tanto mais que os seus modelos de negócios são, actualmente, idênticos. O Credit Suisse, que considera que o regresso ao critério dos fundos próprios não ponderados é uma "regressão absoluta", tenta chegar, a meio de 2008, a um compromisso que lhe garanta que as novas limitações helvéticas o manterão pelo menos em pé de igualdade com os seus concorrentes britânicos e norte-americanos.

A CFB sabe que abre a porta à decisão dos grandes bancos de deslocar a sua sede para Londres mas, na realidade, a autoridade helvética livrar-se-ia, nesse caso, de um fardo bem pesado. Se as direcções do UBS e do Credit Suisse tivessem de se mudar para o outro lado da Mancha, manteriam, de qualquer forma, as suas entidades de gestão de fortunas na Suíça, para continuarem a beneficiar do sigilo bancário helvético. Ora, em semelhante situação, a CFB teria sempre o poder de exigir que as entidades de gestão na Suíça não financiassem as actividades dos bancos de investimento londrinos dos dois grupos. Assim, a CFB poderia, ao mesmo tempo, proibir os financiamentos cruzados entre divisões e fugir ao dever de regulamentar as actividades complexas de mercado, doravante fiscalizadas por Londres. Quando ao BNS, livrar-se-ia do risco bem angustiante de, aquando da próxima crise, ter de salvar os bancos em consequência de especulações infelizes: estes encargos seriam, doravante, do Banco de Inglaterra.

O fracasso do "modelo integrado"

Instala-se uma hipótese no espírito dos gestores do UBS e dos accionistas do banco: a venda do banco de investimento ou a sua cotação em bolsa.

Vender o Investment Bank é, na realidade, uma decisão politicamente muito difícil. Por um motivo bastante "terra a terra", que está relacionado com a folha de ordenado. Todos os colaboradores do UBS, mesmo os das sucursais de Friburgo ou Valais, beneficiam, de uma forma ou de outra, dos salários muito elevados importados do banco de investimento nova-iorquino. "Os salários elevados que os dois grandes bancos praticam envenenaram todo o sistema suíço: até nós, os bancos nacionais, temos de pagar salários cada vez mais elevados, sem qualquer relação com a economia suíça!", queixa-se um gestor helvético.

Contudo, o mesmo facto salarial poderia jogar a favor da decisão de vender. Com efeito, a meio de 2008, são piores do que nunca as perspectivas para o sector norte-americano da banca de investimento (ver Capítulo 9) e, após o plano de resgate do governo, os elevados bónus recebidos nos últimos anos por Marcel Ospel e o resto da antiga equipa de gestão nunca foram tão contestados. Isso irá provocar um ajustamento inevitável dos salários e uma redução dos bónus, tanto no UBS como nos outros bancos de investimento.

Em todo o caso, mesmo que os investidores saibam que o UBS já divulgou a maior parte das suas perdas, o mercado mantém as acções do banco sob pressão. Os investidores parecem dispostos a sancionar os títulos até que o UBS se renda às evidências e renuncie ao seu modelo de banco integrado. É verdade que o banco de investimento do UBS gerou, em dez anos, uma rendibilidade sobre o investimento negativa e que, pelo menos durante três anos, a sua rentabilidade promete ser fraca. É por isso que esta estrutura de conglomerado já não tem, doravante, apoio internamente nem entre os accionistas.

Actualmente, alguns de entre eles apostam numa cisão no final de 2008. Konrad Hummler espera, se for esse o caso, ver duplicar ou triplicar o preço das acções do UBS, tal como muitos analistas financeiros. Se o UBS Investment Bank for vendido, os accionistas ficarão com títulos de uma instituição de gestão de fortunas pura, líder mundial na sua área. Uma "galinha dos ovos de ouro", sem riscos excessivos. Este modelo de negócios teria, com efeito, uma significativa revalorização em bolsa. "Para mim, a gestão de fortunas vale cem a 150 mil milhões de francos", calcula, sem hesitar, Konrad Hummler, no Verão de 2008, quando o mercado avalia o grupo no seu todo em 64 mil milhões de francos.

Se o UBS apresenta actualmente esta fraca valorização em bolsa, é o reflexo do risco, entendido pelos investidores, que a actividade de banco de investimento coloca à divisão de banco privado. É impossível apagar a experiência *subprime* e recomeçar do zero, considerando de novo as virtudes de um modelo integrado.

Já a partir de Julho de 2007, analistas financeiros começaram a contestar o modelo de *One Bank* do UBS e as sinergias que ele gera, suspeitando que as actividades lucrativas de gestão de fortunas encobriam, na realidade, o mau desempenho do banco de investimento. Muitos deles demonstraram que o preço teórico das acções do UBS, baseado na soma das suas partes, é inferior ao seu valor de liquidação (*break-up value*). Se os accionistas colocam as acções do UBS sob pressão, é porque consideram que o risco que o banco de investimento representa para o resto do grupo é muito alto. Mesmo após a transferência de 60 mil milhões de activos tóxicos, o balanço equilibrado do UBS no final de 2008 não parecia bastar para devolver aos investidores o gosto pelas acções do grupo.

"Ser accionista do UBS equivale a possuir, ao mesmo tempo, o melhor gestor de fortunas do mundo e um banco de investimento com mau desempenho que destruiu uma parte do valor do grupo", resume um analista. "Os EUA foram sempre um mau investimento para o UBS, que, no fim de contas, nada rendeu aos accionistas", resume Hans Geiger, professor de Finanças no Swiss Banking Institute de Zurique. Os investidores, conscientes de que o banco de investimento em plena reestruturação terá fracos resultados em 2009, continuam a sancionar os títulos a partir da decisão do UBS, em Agosto, de separar esta divisão das outras actividades, mantendo-a no seio do grupo. "A cisão do banco de investimento do UBS criaria valor accionista", admitem os analistas do Goldman Sachs num estudo publicado no final de 2007. Na hora do balanço, os analistas admitem que o impacto negativo do modelo *One Bank* ultrapassava claramente os benefícios de uma estrutura integrada. Segundo a Olivant Advisors em Maio de 2008, as acções do UBS retiravam, doravante, 90 por cento do seu valor da divisão de gestão de fortunas.

Para outros, a questão regulamentar é simplesmente insolúvel: "Quando um grupo está sujeito, como o UBS, a duas regulamentações diferentes, a suíça e a norte-americana, isso é demasiado complexo de gerir. O UBS acabou por ter todas as desvantagens da jurisdição suíça e norte-americana", considera Konrad Hummler. Depois, conclui: "Para ser um grande interveniente na banca de investimento, seria necessário ser norte-americano." Outros salientam a armadilha cultural: "O UBS adoptou um modelo de elevado crescimento eterno resultante de uma transposição errónea da cultura anglo-saxónica", resume Frédéric Binggeli, gestor de fortunas no Banque Privée Edmond de Rothschild. "Os norte-americanos estão habituados a ultrapassar os limites de velocidade, ter um acidente e depois emendar-se. Os suíços não. Acreditavam mesmo num crescimento indefinido. Ora, um modelo de crescimento baseado na desmultiplicação dos ganhos e dos riscos através do efeito de alavanca nunca pode ser eterno."

Além disso, o UBS tornou-se demasiado vulnerável ao depender unicamente do banco de investimento e da gestão de fortunas: "Tal estrutura tem a desvantagem de não ser suficientemente diversificada. Ao contrário de um grupo como o HSBC, que tem importantes actividades de banca de retalho a nível mundial, o UBS não tem, fora da Suíça, esse tipo de actividade estabilizadora", assinala Carlo Lombardini, membro da ordem dos advogados de Genebra e perito do sector bancário. Os dissabores do UBS e do seu modelo integrado parecem, portanto, actualizar o modelo "universal" que, nestes tempos difíceis, demonstra a sua superioridade. Dá provas em vários grandes grupos bancários europeus, tais como o BNP Paribas, o HSBC e o Santander, mais expostos na Europa do que nos EUA, menos orientados para os mercados de capitais e que puderam apoiar-se em rendimentos sólidos obtidos a partir dos seus pólos de banca de retalho.

Se o UBS privilegiou a banca de investimento nos últimos anos foi porque este sector atrai, como nenhum outro, o melhor talento das finanças mundiais, que gira naturalmente em torno dos sectores mais bem remunerados. Encontra nesta actividade uma dimensão empresarial que outras actividades não lhe oferecem. O UBS quis atrair estes perfis, mas com eles vêm também os riscos suplementares. "É, na sua essência, uma indústria de excessos", realça um experiente banqueiro de investimento. "A cada excesso, este sector entrega uma parte dos seus lucros. Funciona assim."

Neste jogo, uns saem-se melhor do que outros. Como o Credit Suisse, concorrente do UBS, que realiza um percurso quase irrepreensível com o seu banco de investimento norte-americano. O banco de Paradeplatz, dirigido pelo norte-americano Brady Dougan, é o contra-exemplo perfeito de um modelo integrado que funciona. Em 2007, o Credit Suisse calcula em seis mil milhões de francos as sinergias desta integração entre as duas divisões. Isso quer dizer que três quartos do lucro de 2007 provieram das ligações entre o banco de investimento e o banco privado, em particular quando um consultor do banco privado traz um cliente ao banco de investimento para uma transacção da sua empresa e, por vezes, quando o banco de investimento introduz no banco privado um director de uma empresa que deseja abrir uma conta privada. Além disso, o banco de investimento, fábrica de produtos estruturados, encontra um mercado atractivo para estes produtos junto do banco privado. Com base nestas diversas ligações entre as duas divisões, Brady Dougan ambiciona gerar um lucro de dez mil milhões de francos para o grupo, em 2010.

No entanto, mesmo neste banco de perfil doravante mais atractivo do que o UBS, o director originário de Chicago reflecte sobre soluções de redução dos riscos, pois está consciente dos custos adicionais de um excesso de exigências de capital. De acordo com as nossas informações, o banco pondera colocar as suas actividades de maior risco em co-empresas: partilharia com uma instituição externa a posse das acções da estrutura. Por exemplo, o financiamento de aquisições com efeito de alavanca (*leverage finance*), actividade em que o Credit Suisse está muito presente, é uma área que poderia terciarizar parcialmente. Uma exposição ao risco partilhada com um parceiro permitiria reduzir as exigências de capital regulamentar, mesmo que isso implique abdicar de uma parte dos rendimentos.

Estas reflexões, mesmo entre os intervenientes menos afectados pela crise *subprime*, significam que nenhum deles espera no futuro obter os lucros vertiginosos dos últimos anos na banca de investimento. Para se manter activo nos sectores lucrativos, a solução do Credit Suisse e de outros será partilhar os riscos e também os ganhos com parceiros. Tratar-se-á de diversificar ao máximo as fontes de rendimento na banca de investimento, para tornar os resultados menos voláteis, com o risco de renunciar a alguns lucros e a actividades que se tornaram, doravante, bem mais dispendiosas, como o *proprietary trading* (transacções por conta própria), em benefício do regresso às actividades menos arriscada de intermediação (emissões de títulos de empresas, consultoria em fusões, entradas em bolsa).

O UBS NA HORA DA RETIRADA

Estas tendências suscitam uma pergunta lógica: se os ganhos futuros da banca de investimento já não são tão rentáveis, será que o jogo vale a pena? Para o UBS, que já perdeu demasiado dinheiro, a resposta poderia ser negativa.

A história entre o UBS e o *investment banking* foi sempre de amor unilateral. No final de 1999, o escândalo do *hedge fund* LTCM, que ocorreu apenas alguns meses após a fusão UBS/SBS, já suscita debate. Nessa época, Markus Granziol, então chefe do banco de investimento do UBS, previne Marcel Ospel a respeito de um modelo integrado que alia a gestão de fortunas e as actividades de mercado. O banco que acaba de sofrer 950 milhões de francos de perdas, então as mais elevadas da sua história, enfrenta uma crise de confiança dos accionistas sem precedentes. Granziol percebe então que o UBS se arrisca a destruir o valor do seu banco privado sempre que houver uma queda da bolsa, isto é, aproximadamente de cinco em cinco anos. O financeiro suíço da zona germanófona, que conduziu o banco de investimento ao quinto lugar mundial, não deseja por isso incentivar uma interdependência acrescida entre estas duas actividades. Por seu lado, alguns accionistas também são favoráveis, já nessa época, a que o UBS abandone esta actividade. Entram em força os boatos de que o banco acabado de fundir se prepararia para ceder o seu banco de investimento, o UBS Warburg, ao Citigroup ou ao Chase Manhattan. Marcel Ospel, então director-geral, desmente categoricamente o boato. Muito ligado a esta estratégia, revê-la-á de cada vez, sem nunca convencer totalmente os accionistas. Em 1999, o chefe do UBS quer, pelo contrário, aumentar a velocidade e dar mais peso ao banco de investimento. Declara que o *investment banking* tem "uma importância estratégica", comprometendo-se a fiscalizar os riscos desta actividade. Em 2001, quando acede à presidência do conselho, Ospel afasta Markus Granziol em benefício de John Costas. É o próprio Luqman Arnold, então director do UBS, que comunica a decisão a Markus Granziol. "Hoje, é a decisão de que mais me arrependo", confidenciará o britânico no início de 2008, defendendo o regresso de Markus Granziol ao

UBS, como presidente do conselho de administração. A partir de 2002, Markus Granziol, que retomou a gestão de um negócio de família, exprime-se várias vezes na imprensa. As suas críticas ao modelo convergem com as de vários accionistas, entre os quais o banqueiro Konrad Hummler.

Sob o comando de John Costas, o banco de investimento é muito lucrativo entre 2001 e 2004, mas a ambição de Marcel Ospel mantém esta divisão sob forte pressão: ele aspira ao primeiro lugar mundial. Medido por esta "bitola", o desempenho do UBS nunca será satisfatório. Mesmo quando o banco bate os seus próprios recordes de lucros todos os trimestres, entre Outubro de 2005 e Junho de 2006, sustentados pelo poder de fogo da sua gestão de fortunas, recrimina-se amargamente por ainda não ser competitivo na banca de investimento e os accionistas dizem-se regularmente desiludidos com as suas classificações entre os concorrentes de Wall Street. A culpa é "de um posicionamento considerado insuficientemente agressivo nos produtos derivados", ou "dos custos operacionais demasiado elevados", ou ainda de um posicionamento que continua a não ser bom no *fixed income* (mercado obrigacionista).

Ainda assim, no início de 2005 o UBS chegou ao quinto lugar mundial dos bancos de investimento e domina todos os seus concorrentes nas acções globais. O banco de investimento representa 43 por cento dos rendimentos do UBS, enquanto a gestão de fortunas representa apenas 40 por cento. O objectivo já não está tão longe de ser alcançado. Portanto, o UBS trabalhará a dobrar em 2005 e 2006 para ficar à frente do mercado "quente" do momento: os créditos hipotecários titularizados.Com pressa de rentabilizar a divisão, o banco suíço segue a estratégia mais especulativa de então e acaba por voltar, no final de 2007, ao ponto de partida.

No fim de contas, o UBS nunca terá batido os seus concorrentes de Wall Street no seu próprio terreno. Apesar deste voluntarismo estratégico, o banco não estava naturalmente dotado para correr riscos desta envergadura: gerou lucros enquanto os mercados geravam lucros, mas a sua cultura de risco enfraquecera em Nova

Iorque, não o deixando nada preparado para uma reviravolta dos mercados. A sua administração nunca fez uma verdadeira avaliação da expansão fulgurante da divisão norte-americana nos mercados complexos do crédito.

Este balanço bastante fraco contrasta claramente com a grande facilidade com que o UBS se impôs na área da gestão de fortunas. Só em 2005, o banco atraiu o montante recorde de 148 mil milhões em activos de clientes, ou seja, o equivalente a um banco privado de média dimensão! Esta divisão, que rendeu 25 mil milhões de francos ou 78 por cento dos rendimentos operacionais de 2007, representa, doravante, o futuro do UBS. Um analista do Morgan Stanley calcula que quatro quintos dos lucros do UBS em 2009 provenham da gestão de fortunas suíça e internacional e das actividades suíças. Sinal dos tempos, em Junho de 2008 o banco anunciou a transferência de 70 banqueiros de investimento para a sua gestão de fortunas, após o encerramento de actividades no banco de investimento norte-americano.

Desde logo, como se há-de proteger, de futuro, a gestão de fortunas contra tais catástrofes? A ideia de uma separação do banco de investimento, que o UBS pôs em prática a partir de Agosto, não resolve, em si, o problema.

Na realidade, esta separação não pode ser parcial. Tem de ser total, para não deixar a menor dúvida quanto à solvência do grupo. Com efeito, mesmo que as divisões já não comuniquem uma com a outra, continuam a fazer parte do mesmo grupo. Ora, a percepção de solvência dependerá sempre do conjunto e a "obrigação factual de assistência" ainda poderá ser válida em caso de dificuldades, segundo os especialistas consultados. Mesmo que as duas divisões estejam juridicamente separadas sob o mesmo tecto, conservarão uma reputação de solvência comum. Enquanto cada divisão for susceptível de ser solidária com o resto do grupo, isso não é solução. É por isso que não há senão uma solução radical: a venda do banco de investimento. Não existe uma solução intermédia satisfatória.

Esta solução estava prevista no plano apresentado por Luqman Arnold a Sergio Marchionne, administrador independente do UBS, em meados de 2008. A divisão sofreria uma cisão e depois uma fusão com outro banco de investimento anglo-saxónico, ou então seria cotada em bolsa separadamente. Mesmo que o UBS mantivesse uma ligação de capital de 20 por cento, por exemplo, o Investment Bank tornar-se-ia uma sociedade realmente independente, com o seu próprio balanço e o seu próprio capital. Uma solução para a qual o UBS poderá encaminhar-se até ao final de 2008.

Se esta hipótese se concretizar, marcará o fim de uma era, a dos *one banks*, mesmo que o Credit Suisse continue a encarnar a melhor expressão disso. A década de 2000 foi muito marcada pelo modelo "integrado" entre os grandes bancos suíços. Primeiro o UBS e de seguida o Credit Suisse apresentaram este famoso *one bank model*, que pretendia fazer com que os clientes do banco de investimento – os directores das grandes empresas – tirassem proveito dos extraordinários serviços da gestão de fortunas privadas. Tanto o UBS como o Credit Suisse adoptaram este modelo com o objectivo de criar máquinas de lucro, maximizando as sinergias entre as suas duas divisões. O modelo integrado foi elevado ao estatuto de doutrina no UBS a partir de 2001, com a aquisição da PaineWebber nos EUA. É verdade que, durante os melhores anos, o UBS podia atribuir sem dificuldade uma parte dos seus lucros a estas vendas cruzadas entre divisões. Assim, em 2001, anuncia com orgulho que os clientes do banco nova-iorquino PaineWebber, que acaba de adquirir, investiram em produtos desenvolvidos pelo seu banco de investimento. Além disso, a sua divisão de gestão institucional (*UBS Asset Management*) lançou "soluções para as fortunas privadas" destinadas à UBS PaineWebber. Esta última teria, por fim, "contribuído, através das suas competências e da sua experiência, para a transformação das actividades de gestão de fortunas do UBS na Europa". Não há dúvida de que as sinergias funcionaram em benefício do grupo durante algum tempo. Num período ideal, a lógica de um banco que alie a gestão de fortunas e a banca de investimento, uma espécie de fábrica de produtos, serviços e consultoria financeira, é sensata. A gestão privada, mas também a gestão institucional e a banca de retalho, funcionam idealmente como unidades de distribuição através das quais o banco de investimento vende as suas prestações aos clientes. Daí as sinergias e as interpenetrações bem reais que, aliás, travam actualmente a separação do grupo do seu banco de investimento.

O UBS pretendia, com este modelo, captar e fidelizar as maiores fortunas do mundo, servindo, ao mesmo tempo, as suas necessidades em termos de banca de investimento (vender a sociedade, cotá--la em bolsa, estabelecer uma fusão com outra empresa) e de banca privada (investir o património familiar junto do UBS e beneficiar de consultoria sofisticada).

Contudo, a crise de 2007 mudou as cartas do jogo. O risco parece actualmente demasiado significativo para que um banco divida o seu balanço entre actividades estáveis e sensíveis ao factor da reputação (gestão de fortunas) e actividades potencialmente especulativas e de risco muito elevado (banca de investimento). Os resultados dos primeiros meses de 2008, durante os quais todas as divisões do UBS sofreram ao mesmo tempo por causa da crise do seu banco de investimento, foram uma demonstração eloquente do fracasso do modelo integrado.

O contexto global também oferece uma imagem negativa do sector norte-americano da banca de investimento. Em Março de 2008, a queda e a venda catastrófica do Bear Stearns, a quinta maior empresa de Wall Street, e depois, em Setembro de 2008, a falência do Lehman Brothers, que pôs em perigo o conjunto do sistema financeiro, demonstraram os riscos das práticas desenvolvidas nos EUA depois de 1999, na sequência da revogação, por Ronald Reagan, do Glass--Steagall Act. Esta lei promulgada em 1933, após a queda da bolsa de 1929, separava rigorosamente as actividades comerciais dos bancos das suas actividades de mercado. Uma instituição não podia estar activa em ambas as áreas, precisamente devido aos riscos imprevisíveis das actividades bolsistas. Na ausência de tal separação, os bancos de investimento lançaram-se na banca comercial, enquanto os bancos comerciais de origem comercial, como o Citigroup e o UBS, desenvolveram fortemente as suas actividades de mercado, imitando o Goldman Sachs, um banco de investimento puro, tendo a sua cultura de mercado uma base menos sólida.

O doloroso fracasso do UBS e do Citigroup em algo de que o Goldman Sachs sai ileso talvez não seja acidental. A posição do banco de investimento no seio do UBS parece, actualmente, mais frágil do que nunca.

No início de 2008, o banco continuou a defender este modelo, que é a obra de 15 anos de Marcel Ospel. Contudo, as perdas líquidas de 26 mil milhões de francos acumuladas entre Julho de 2007 e Junho de 2008, que ultrapassam as de todos os outros bancos vítimas do *subprime*, e a persistência de mais de 50 mil milhões de activos tóxicos no balanço do grupo criaram uma falta de confiança tal que o UBS foi asfixiado pelo congelamento do mercado de refinanciamento, aliado aos levantamentos de dinheiro em massa por parte dos clientes, tornando indispensável a intervenção do Estado. No entanto, a sanção mais implacável é, no fim de contas, a queda da cotação das acções, prova da condenação firme dos accionistas em relação à nova equipa de gestão, à estratégia e à estrutura do grupo. Continua tudo por provar.

O UBS defensivo, o Credit Suisse ofensivo?

A retirada do UBS dos EUA, segundo as hipóteses colocadas por alguns investidores, poderia ser ainda mais radical. Especula-se, com efeito, sobre a venda muito em breve pelo UBS da sua unidade US Wealth Management. Trata-se de actividades de gestão de fortunas internas obtidas pelo UBS aquando da aquisição, em 2000, da PaineWebber. Esta casa de corretagem e gestão nova-iorquina ocupava, quando o UBS a adquiriu, o quarto lugar no mercado. Contudo, mesmo oito anos depois da sua aquisição, não apresenta um desempenho convincente. No segundo trimestre de 2008, os clientes do UBS retiraram oito mil milhões de francos desta unidade.

Além dos problemas de imagem que o UBS enfrenta no mercado interno dos clientes privados norte-americanos, a unidade US Wealth Management desilude com os seus desempenhos. O preço demasiado elevado pago pelo UBS pela aquisição da

O UBS NA HORA DA RETIRADA

PaineWebber ainda pesa, actualmente, nas contas do grande banco. No mercado interno dos clientes norte-americanos "desafogados", o banco suíço nunca conseguiu alcançar os seus principais concorrentes norte-americanos, o Citigroup e o Merrill Lynch. Um desempenho que contrasta fortemente com o seu sucesso fulgurante na gestão de fortunas na Ásia, onde a sua reputação parece, hoje em dia, relativamente intacta. Em 2008, a própria administração deu a entender estar pouco satisfeita com os progressos e a dimensão da sua gestão de fortunas norte-americana. Além disso, a detenção, nos EUA, de Bradley Birkenfeld, um antigo consultor de clientes do UBS suspeito de incitação à evasão fiscal, arrefece todas as actividades do UBS com os clientes norte-americanos. O banco já pôs fim às suas antigas actividades, exercidas a partir da Suíça, com os clientes norte-americanos transfronteiriços. Quanto às actividades de consultoria e gestão exercidas em território norte-americano, serão inevitavelmente afectadas pelo redimensionamento do seu banco de investimento.

"Se o UBS reduzisse a sua actividade de banca de investimento nos EUA, teria interesse em vender, na mesma altura, a sua gestão de fortunas norte-americana, pois esta apresenta poucas sinergias com as actividades internacionais de banca privada", considera um analista do Société Générale.

Estes argumentos devem ser levados a sério, pois neste momento o UBS procura obter liquidez para reforçar os seus fundos próprios e reestruturar o seu banco de investimento. Em meados de 2008, fontes informaram-nos de que esta unidade fora alvo de uma análise estratégica, pois revelava-se pouco prioritária para o grupo, que confirmou este facto no dia 12 de Agosto de 2008, quando indicou que o cerne da sua actividade englobava a "gestão de fortunas internacionais", da qual esta unidade não faz parte.

A retirada do UBS dos EUA deixaria alguém feliz: o Credit Suisse. O grande banco poderia ocupar o espaço deixado vago. Com efeito, o grupo de Brady Dougan prepara precisamente uma ofensiva no mercado norte-americano da gestão de fortunas internas. O Credit Suisse quer lançar-se neste segmento, aproveitando um momento em que o UBS, o Citigroup e o Merrill Lynch, os três maiores gestores de fortunas do mundo, que dominam o mercado dos clientes privados norte-americanos, estão em má situação.

O UBS estaria interessado em vender a sua filial norte-americana de gestão de fortunas e o Credit Suisse talvez fosse o comprador. A instituição com 150 anos aproveita as reestruturações para contratar equipas do UBS, do Merrill e do Citigroup nos EUA. Simbolicamente, durante o primeiro trimestre de 2008, o Credit Suisse tornou-se, pela primeira vez, o maior banco suíço em capitalização bolsista. O seu valor, de cerca de 64 mil milhões de francos, disputava este estatuto de forma muito renhida com o UBS, que oscilava a cada dia entre 63 e 64 mil milhões de francos.

Sendo que o "poder de fogo" do Credit Suisse na banca privada e as perdas limitadas nas suas outras actividades fazem dele um dos bancos mais bem preservados da crise, o momento parece o ideal para realizar aquisições.

O mercado interno dos clientes privados norte-americanos evolui, com efeito, de um modelo de serviços de corretagem anglo-saxónico para um modelo de banca privada ao estilo europeu. O UBS não conseguiu fazer evoluir a sua unidade de gestão norte-americana de uma corretora para um banco privado. Talvez o Credit Suisse considere que obterá melhores resultados. O mercado local das fortunas norte-americanas tem atractivos para um banco suíço em plena forma: a maioria dos bancos privados da Suíça e do Liechtenstein abandonaram, desde há muito, a actividade de gestão de activos de clientes norte-americanos não declarados. Aliás, o próprio Credit Suisse saiu deste mercado em 1998. Aconselhar e gerir as fortunas de clientes transfronteiriços é demasiado perigoso, como prova o caso Birkenfeld, cujas confissões quase custaram ao UBS a sua licença bancária nos EUA.

Em contrapartida, o mercado dos clientes norte-americanos declarados já é bem diferente: a maior concentração de fortunas privadas do mundo encontra-se fixada localmente na América do Norte. Aqui, os activos de milionários (*high net worth individuals*) totalizam 20 biliões de dólares.

O UBS NA HORA DA RETIRADA

Para o UBS, as prioridades estão noutro local, do lado da Ásia, onde domina o mercado da gestão de fortunas (ver Capítulo 11).

Além disso, o grupo de Marcel Rohner tem de limitar ao máximo a sua exposição, ainda muito elevada, aos riscos de litígio e de queixas colectivas potencialmente onerosas nos EUA. Uma retirada das margens do Atlântico pode contribuir para isso. A venda da actividade de gestão norte-americana seria, além disso, susceptível de tranquilizar os accionistas do UBS quanto aos riscos de litígios futuros com as autoridades. "Os accionistas do UBS não se arrependeriam desta divisão", assegura o analista bancário do Julius Bär.

No fim de contas, o UBS e o Credit Suisse parecem encontrar-se numa encruzilhada, que os vê seguir dois rumos muito diferentes pela primeira vez em dez anos. O Credit Suisse parece capaz de conservar um modelo integrado de gestão de fortunas e banca de investimento, juntamente com uma sólida presença norte-americana, mesmo que o seu perfil de risco e de lucros venha a reduzir-se no futuro. Pelo contrário, avista-se o aparecimento de um novo UBS, centrado essencialmente na gestão de fortunas, pouco presente no mercado norte-americano e voltado para a Ásia. Onde o Sol nasce...

CAPÍTULO 11

Viragem a Leste

Enquanto o UBS procede à análise estratégica das suas prioridades, muitos argumentos defendem uma estratégia mais centrada
na Ásia do que nos EUA. O grande banco perdeu 50 mil milhões
de dólares no mercado norte-americano. O fisco dos EUA, no caso
Birkenfeld, abalou a sua credibilidade junto dos clientes, exigindo o
levantamento do sigilo bancário e a troca de informações sobre um
certo número de clientes. Os sacrifícios do grupo suíço nesta zona
revelam-se pesados nos últimos dez anos. Geraram um balanço medíocre, sancionado pelos seus accionistas.

No UBS, tal como noutros bancos, as repercussões da crise no
mercado *subprime* arriscam-se a provocar contracções estratégicas no
mercado norte-americano, a favor de mercados financeiros mais flo-
rescentes. "Uma presença nos EUA implica um excedente de exigências regulamentares que irá influenciar as margens de lucro dos bancos
neste mercado. As instituições bancárias e os investidores voltar-se-ão
para a Ásia", prevê Burkhard Varnholt, estratega do banco Sarasin.
Muitos especialistas partilham do seu prognóstico. Os EUA verão a
sua quota no total de lucros calculados para 2008 no sector da banca
de investimento contrair-se para menos de 40 por cento, enquanto a
Europa e a Ásia verão o seu peso aumentar para 60 por cento do total,
segundo um relatório do Morgan Stanley e da Oliver Wyman.

O "século asiático" beneficiará um UBS orientado para Singapura e para a China.

É compreensível: além dos efeitos da crise no mercado norte-americano, as economias emergentes da Ásia oferecem os mercados de capitais mais lucrativos do mundo, pois aí se criam empresas de dimensão mundial. O continente vive, neste momento, uma verdadeira explosão de fusões, aquisições e entradas em bolsa, as actividades geralmente designadas pela expressão *corporate finance*. Assim, entre Janeiro e Maio de 2008, as fusões e aquisições nos países emergentes atingiram um volume recorde de 332 mil milhões de dólares, desdenhando o abrandamento mundial. A China foi a grande impulsionadora das transacções: tem um peso de 19 por cento neste volume de negócios, segundo um relatório da Dealogic. Estes valores contrastam com os do mercado mundial, que viu os volumes das transacções diminuir para metade num ano, sob o efeito da crise norte-americana. Os países emergentes sairão claramente vencedores desta crise, segundo a empresa de consultoria McKinsey, que prevê que, em 2010, os rendimentos do *investment banking* e dos mercados de capitais nestas regiões sejam tão elevados como os da América do Norte, enquanto em 2006, antes da crise, atingiam apenas metade. A Ásia representará a maior parte, ou 66 por cento, desses rendimentos.

Na Ásia, a tendência já vem a desenhar-se há uma década. As empresas asiáticas pagaram aos bancos de investimento um volume de comissões que aumentou 80 por cento nos últimos dez anos, segundo um estudo do Credit Suisse. Actualmente, o essencial dos rendimentos (entre 40 e cem por cento) dos bancos internacionais na Ásia é retirado destas actividades dos mercados de capitais. Além do aumento das fusões e aquisições, há outras actividades que desenvolvem a procura dos serviços bancários: o recurso mais frequente das empresas ao financiamento através do mercado bolsista, o crescimento estrutural do mercado de opções e derivados e a multiplicação de projectos de infra-estruturas que exigem financiamentos.

Na China, em particular, a preferência pelos mercados de capitais poderia tornar-se a norma, como nos EUA. Com efeito, o governo tenta limitar os empréstimos bancários para evitar a sobrecarga, obrigando as empresas a recorrer a meios de financiamento alternativos, como a bolsa. Muitos analistas e banqueiros salientam que os mercados de capitais da Ásia estão apenas a dar os primeiros passos. Após a série de entradas em bolsa de grandes bancos chineses, a multiplicação esperada de fusões e aquisições no Império do Sol Nascente gerará um fluxo incessante de negócios para os bancos.

Esta abertura crescente ao mercado de capitais criou novas e enormes capitalizações bolsistas fora dos EUA. A progressão da dimensão destas novas capitalizações bolsistas é fulgurante. No final de 2007, as grandes empresas dos países emergentes representavam 20 por cento das mil principais sociedades mundiais, enquanto em 2000 esse valor era de cinco por cento, salienta o estudo *Mondialisation 2.0*, publicado em Maio de 2008 pela Ernst & Young. Após as recentes entradas em bolsa na China, três dos quatro maiores bancos chineses estão entre os dez "pesos-pesados" bancários mundiais em capitalização bolsista.

Facto revelador, a classificação da *Fortune Global 100*, lista sagrada que os bancos de investimento consultam para saber em que terreno hão-de "caçar", apresenta em 2007 várias empresas de países emergentes: a Sinopec (China) e a China National Petroleum (China) estão muito à frente do UBS, da Siemens, do JP Morgan Chase, do Carrefour ou da Hewlett Packard em termos de volume de negócios. A lista conta igualmente com a Pemex (México), a Gazprom (Rússia) e a Mittal (Índia). Tantos potenciais clientes para os bancos de investimento ocidentais. As empresas de consultoria como a McKinsey também "farejaram o bom tacho": andam há algum tempo a "fazer a corte" às empresas asiáticas, multiplicando os estudos sobre as empresas chinesas, tendo em vista perfilar-se como consultoras de eleição.

"Seja como for, as empresas globais deslocam-se para onde os fluxos de comissão serão gerados, isto é, para onde se encontram as maiores empresas do mundo", resume um banqueiro de investimento.

Nos últimos anos, o mercado norte-americano ultrapassava sempre o resto do mundo, gerando as melhores comissões. Os bancos norte-americanos deviam a sua superioridade ao facto de metade das operações provir das empresas norte-americanas, em particular as maiores, que figuram na classificação *Fortune 500*. Em 2004, o UBS vangloriava-se, por exemplo, de ter uma taxa de penetração de 60 por cento nas maiores empresas do outro lado do Atlântico. Era absolutamente indispensável ter directores de empresas norte--americanas no livro de endereços para exercer a profissão de banqueiro de investimento. Muito activas nos mercados de capitais, as sociedades dos EUA utilizam a 80 por cento o mercado de capitais para as suas necessidades de financiamento, ao contrário de outras zonas, tais como a Europa, onde as empresas continuam a preferir os empréstimos bancários tradicionais aos aumentos de capital em bolsa, segundo os nossos interlocutores no ramo.

Nova Iorque também sempre dominou claramente as actividades de transacção em bolsa desde o período pós-guerra, pois o seu próprio mercado financeiro continua a ser o maior e o mais líquido do mundo, gerando metade dos volumes de transacção. Esta situação durará, provavelmente, alguns anos, pois poucos mercados financeiros são actualmente capazes de alcançar o norte-americano. Como explica Fareed Zakaria, redactor-chefe da revista *Newsweek International*, "a dimensão do mercado norte-americano de acções, obrigações, depósitos, créditos e todos os outros instrumentos financeiros excede sempre o de qualquer outra região do mundo, mas as outras regiões vêem as suas reservas financeiras aumentar muito mais depressa, sobretudo os países asiáticos".[*]

Os mercados asiáticos remodelam o mundo financeiro. Hong Kong recolhe actualmente o essencial das novas cotações asiáticas, o que doravante a classifica à frente de Nova Iorque em termos de volumes totais de entradas em bolsa. Além disso, Hong Kong torna-se o centro dos investidores em acções da Ásia emergente. Segundo a *Reliance Money*, a corretora do grupo indiano Anil Dhirubhai Ambani, dos 20 mil milhões de dólares investidos em 2007 no mercado indiano por investidores institucionais estrangeiros, uma proporção de 70 por cento transitou por empresas de Hong Kong.

---

[*] **N. A.** Fareed Zakaria, "Is America In Decline? Why The United States Will Survive The Rise Of The Rest", *Foreign Affairs*, Maio/Junho de 2008.

Distinguindo-se pelo seu dinamismo no contexto flagelado da crise norte-americana do mercado *subprime*, as finanças asiáticas brilharam em 2007. Quando a indústria dos fundos de investimento da Europa e dos EUA estava moribunda, os asiáticos representaram 90 por cento das compras de fundos de investimento europeus transfronteiriços (domiciliados no Luxemburgo e em Dublin), segundo a European Fund and Asset Management Association (EFAMA), e investiram mais em fundos de investimento norte-americanos do que os investidores norte-americanos. O afluxo de capital asiático para os fundos de investimento da Europa poderá atingir entre seis e oito biliões de dólares nos próximos cinco anos, calcula a EFAMA.

Por outro lado, os profissionais asiáticos de gestão ocuparam o topo do pódio em 2007, na área mais específica: a da gestão alternativa. Com efeito, os gestores de *hedge funds* asiáticos realizaram melhores rendimentos do que os seus pares norte-americanos e europeus, segundo um estudo da *Greenwich Associates* e da *Global Custodian*. Dois terços deles deram a ganhar aos seus clientes mais de dez por cento ao ano. Pelo contrário, só metade dos *hedge funds* norte-americanos e europeus recenseados geraram mais de dez por cento de rendimento. Além disso, os fundos alternativos da Ásia tiveram claramente menos pedidos de reembolso de clientes do que os dos seus concorrentes.

A Ásia seduz tanto no sector da banca de investimento (mercado de capitais) como no da gestão de fortunas. "A crise nos EUA leva as empresas de Wall Street a acelerar os seus planos com vista a reforçar as suas actividades de gestão de fortunas, de modo a tirar proveito do crescimento na Ásia", escreve Huw Van Steenis, analista do Morgan Stanley. As fortunas de milionários asiáticos deverão crescer, em média, dez por cento ao ano até 2010, ou seja, acima da taxa de crescimento global de seis por cento. A China, Taiwan, a Coreia e a Indonésia terão este crescimento. O crescimento futuro do UBS, nos dois sectores fundamentais em que opera, tem, portanto, fortes possibilidades de se concentrar na Ásia. Tanto mais que o banco suíço, tal como os outros grandes bancos mundiais, sofre a pressão dos seus accionistas com vista a restabelecer a rentabilidade perdida. Não tem outra opção senão voltar-se para os mercados em crescimento. Em Maio de 2008, Jerker Johansson, o novo director do banco de investimento do UBS, realçou que as melhores oportunidades de crescimento para as actividades de mercado se encontravam na Ásia, América Latina, Rússia e Europa de Leste, antes de acrescentar que o UBS ocupa aí um excelente lugar.

O UBS não é, de longe, o único. O reposicionamento dos grandes bancos ocidentais a favor dos mercados asiáticos decorre neste preciso momento. "Os bancos de investimento mundiais redireccionam os seus recursos humanos e financeiros para os mercados emergentes, que consideram uma nova fonte de rendimentos para compensar o 'tempo de vacas magras' que se inicia nos seus mercados internos", escreve a empresa de consultoria McKinsey. Um dos maiores bancos norte-americanos, o Citigroup, está na vanguarda desta estratégia: o seu novo director, Vikram Pandit, anuncia que 25 por cento dos efectivos do grupo situar-se-ão, de futuro, na Índia e no resto da Ásia. Sinal dos tempos, a ascensão fulgurante deste indiano à frente do Citigroup confirma a tendência dos grupos anglo-saxónicos para escolher "indianos globais" para dirigir empresas ocidentais, fazendo lembrar o percurso de Rajiv Gupta, antigo director-geral da Hewlett Packard, Arun Sarin, antigo director da Vodafone, e Indra Nooyi, directora e presidente da PepsiCo.

Outro gigante bancário mundial, o britânico HSBC, insere-se na mesma tendência. O director do grupo, Stephen Green, anuncia que o banco prosseguirá o encerramento de actividades diversas nos EUA, uma iniciativa que começou já no início de 2007, devido aos efeitos da crise. Em contrapartida, seguirá uma estratégia ofensiva na China e na Índia. Stephen Green calcula que "os países emergentes de forte crescimento representem, um dia, 60 por cento do volume de negócios do grupo". À semelhança do UBS e do seu accionista Luqman Arnold, o banco HSBC foi criticado de forma reiterada pela sua exposição ao *subprime* norte-americano por um investidor activista, Knight Vinke, que é a favor da venda dos negócios norte--americanos do HSBC. Por agora, Stephen Green considera "impensável" uma retirada total dos EUA.

Porém, impensável era também a rapidez com que os equilíbrios mundiais se transformaram. "No início de 2008, o fórum de Davos dava uma imagem eloquente da situação do mundo: as instituições financeiras ocidentais, ruindo sob as perdas da crise do crédito, mantinham a discrição. As delegações asiáticas, russa e árabes pavoneavam-se como os novos senhores das finanças mundiais." Este relato, feito por Jean-Pierre Lehmann, professor de Economia Política Internacional no IMS, em Lausanne, exprime o sentimento de muitos estrategas mundiais. Estamos numa fase de transição da qual resultará uma nova ordem mundial, na qual os EUA partilharão a sua situação hegemónica com as potências asiáticas e, em particular, a China, prevê Jean-Pierre Lehmann.

Para o financeiro Georges Soros, a recessão norte-americana de 2008 afectará apenas ligeiramente a economia chinesa, que a atravessará sem esforço e, nesse processo, conquistará um poder relativo considerável. "O New American Century Project de George Bush transformar-se-á mais rapidamente do que o esperado em New Asian Century", escreve o pioneiro dos *hedge funds*.

"Entramos no século asiático", anuncia também Burkhard Varnholt da Sarasom & Cie. "A antiga ordem mundial perdeu a sua referência, que eram os EUA, e assenta, doravante, em vários mercados emergentes." De acordo com Varnholt, ainda mais do que todos os outros ciclos económicos anteriores, o abrandamento actual do crescimento norte-americano marca o início deste século asiático. A Ásia, diz, terá a maior influência sobre a evolução económica mundial, "que conquistou a autonomia em relação à liderança económica norte-americana de uma forma totalmente inédita". A expansão económica mundial não acabou, o seu funcionamento simplesmente mudou, conclui o economista. A Ásia representará 50 por cento da economia mundial no prazo de 50 anos. A região da Ásia-Pacífico já produz 37 por cento da riqueza mundial. Em 2007, a China contribuiu, sozinha, para 17 por cento do crescimento global, ou seja, claramente mais do que a economia norte-americana.

Por isso, os *investment banks* nova-iorquinos não hesitam em reorientar as suas prioridades para a Índia, a China, a Rússia, a Europa de Leste, o Brasil e o Golfo. A crise *subprime*, porém, já os fez ficar um pouco para trás. Isto porque, nestes mercados, surgem concorrentes menos afectados pela crise norte-americana. Os bancos asiáticos, russos e árabes contam captar cada vez mais operações até agora asseguradas pelas empresas de Nova Iorque, Londres, Frankfurt ou Zurique. "As empresas da Ásia recorrerão cada vez menos aos bancos norte-americanos e europeus para a intermediação financeira", considera Joseph Stiglitz, professor de Economia na Universidade de Columbia e prémio Nobel da Economia em 2001. "Aumentarão o capital junto de instituições locais. Para quê pagar a instituições norte-americanas por opera-ções que, doravante, podem fazer localmente?" Em suma, a inter-mediação financeira é como os automóveis: mais dia, menos dia, os asiáticos também iam entrar nesse negócio. Contudo, no pri-meiro trimestre de 2008 o Credit Suisse, o JP Morgan e o Citi-group dominavam manifestamente as transacções das empresas asiáticas nos mercados de capitais. Contudo, o "braço de ferro" concorrencial poderá modificar-se em breve.

As empresas indianas e chinesas já estão a dar início à expan-são para seguirem os asiáticos ricos no estrangeiro. Instalam-se, por exemplo, em Jersey, um centro financeiro considerado um paraíso fiscal, onde asiáticos ricos expatriados investem o seu dinheiro. A ilha anglo-normanda que pertence à Grã-Bretanha atrai estes clientes, pois especializou-se em meios de gestão patri-monial transfronteiriços (os *trusts*), oferecendo benefícios fiscais. Os bancos indianos ICICI e HDFC estarão em condições de aí iniciar operações bancárias, assim como um dos cinco maiores bancos chineses que pretendem prestar serviços de banca privada, julga saber o *site* especializado www.wealthbulletin.com. Convém saber que as fiscalizações dos câmbios são extremamente restriti-vas nestes países: os indianos ricos não são autorizados a enviar para o estrangeiro mais de 200 mil dólares, enquanto, para os chineses, esse valor é de 50 mil. Os asiáticos que não residem no seu país resistem desde logo a repatriar os seus lucros, sabendo que já não poderão voltar a enviá-los para o estrangeiro, e investem-nos em centros *offshore*. A partir daí, o muito rentável mercado transfronteiriço da diáspora chinesa e indiana é cobiçado, já não apenas pelos bancos ocidentais, mas também pelos bancos asiáticos.

Para os bancos chineses, a ofensiva internacional também passará pelas aquisições. Com efeito, estes novos "dragões" bancários conservam a sua força de ataque, pois pouco sofreram com a crise *subprime*, tendo-se exposto pouco ao mercado imobiliário norte-americano. "A crise norte-americana oferece uma oportunidade aos bancos chineses com aspirações globais de se expandirem no estrangeiro", considera um estudo da McKinsey. Quando começaram a "ir às compras" pelo mundo, à procura de oportunidades de investimento, as instituições financeiras chinesas passaram, num instante, do estatuto de alvo para o de predador. Em 2007, as instituições financeiras da China continental adquiriram, por 20 mil milhões de dólares, sociedades internacionais. Entre as suas compras recentes, o fundo soberano CIC adquiriu uma participação de três mil milhões de dólares no fundo de capital-investimento norte-americano Blackstone e 9,9 por cento do Morgan Stanley; a seguradora Ping An adquiriu cinco por cento do grupo belga Fortis; o China Development Bank adquiriu uma participação de três por cento no Barclays; e, o China Construction Bank comprou o Bank of America na Ásia. A tendência manter-se-á, prevê a McKinsey. Enquanto investidores, os grupos financeiros chineses estão numa posição de força para decidir investir ou desinvestir. Doravante, recebem imensas propostas de investimento, que aceitam ou rejeitam caso a caso.

Indirectamente, os bancos ocidentais não podem ignorar que, no futuro, são os excedentes comerciais asiáticos e os petrodólares do Golfo que irão gerar as comissões dos bancos de investimento, assim como as fortunas entregues aos bancos privados. A este respeito, o UBS tem um aliado de primeira escolha no Estado de Singapura.

O segredo de Singapura

O UBS é actualmente o maior banco privado da Ásia. Aí, geria cerca de 200 mil milhões de francos em 2007, o que o coloca à frente do Citigroup e do HSBC. "Um multimilionário asiático em cada dois é cliente do UBS", tinha prazer em dizer Peter Wuffli, antigo director do UBS, em 2006. Estará o grande banco pronto para entrar no "século asiático"?

O UBS, que se tornou a principal vítima da crise do mercado norte-americano *subprime*, não encontrou outro salvador, no final de 2007, senão o Government of Singapore Investment Corporation (GIC), raro investidor a ser capaz de colocar imediatamente na mesa 11 mil milhões de francos. Há males que vêm por bem: no momento em que o mercado norte-americano lhe vira as costas, reservando-lhe uma queda ruinosa, queixas sem fim dos investidores e investigações persistentes das autoridades fiscais e bolsistas, está provavelmente na hora da viragem estratégica.

A chegada do fundo GIC tem qualquer coisa de providencial. Quem diria que o Estado de Singapura estaria, um dia, em condições de influenciar tão directamente a estratégia do maior banco suíço? É uma justa reviravolta, pois o UBS implantou em Singapura a sua mais forte presença no estrangeiro. Aí, emprega mais de mil colaboradores e, ao todo, trabalham três mil pessoas para o grande banco na região da Ásia-Pacífico.

Ainda há dez anos, os países asiáticos debatiam-se com uma grave crise económica, enquanto a fusão UBS/SBS dava origem a um invencível colosso helvético. Actualmente, é um UBS fragilizado que assiste, mais resignado do que empreendedor, à chegada do fundo de riqueza soberana de Singapura, com oito a nove por cento do capital.

Na realidade, no momento em que o poder financeiro do mundo se concentra nas mãos dos fundos de riqueza soberana asiáticos e o crescimento futuro dos mercados de capitais e das fortunas privadas se encontra na Ásia, consuma-se o "casamento" entre o UBS e Singapura com os melhores presságios. Os benefícios de uma expansão futura do banco na Ásia são consideráveis. Mesmo que suscitem receios no mercado financeiro suíço, revelam-se, afinal, bem menos destruidores do que a expansão norte-americana. Neste sentido, mesmo que o UBS não tivesse escolhido, de livre vontade, um accionista asiático tão preponderante e o investimento financeiro do GIC nas acções do UBS se revele, por enquanto, muito decepcionante, Singapura e o UBS deram um golpe de mestre a nível estratégico.

A "asiatização" do UBS não constitui, em si, um problema. Pelo contrário, o UBS e Singapura formam uma equipa vencedora. Os accionistas têm motivos para se alegrar com esta evolução. Abre ao UBS uma porta ainda maior para o desenvolvimento das fortunas dos milionários desta região.

Quanto ao mercado financeiro suíço, vê os interesses da sua principal instituição bancária afastarem-se cada vez mais. Até à data, o grande banco suíço já cria mais de dois terços do seu valor acrescentado fora da Suíça.

Não tem escolha. O mercado europeu transfronteiriço, ponto essencial do comércio tradicional do UBS e dos outros bancos suíços, é um mercado do passado. A localização da Suíça no centro da Europa fez dela o destino favorito do dinheiro europeu depositado no estrangeiro. A Suíça gere 28 por cento dos activos transfronteiriços alemães. O UBS gere 55 por cento de activos privados europeus ou 500 mil milhões de francos, dos quais uma parte significativa é alemã. Esta situação tornou o mercado financeiro e o seu maior banco alvo de ataques cada vez mais violentos vindos da outra margem do Reno e dirigidos contra o sigilo bancário e a legislação suíça, que distingue entre fraude e evasão fiscal. Enquanto a União Europeia sobe o tom, já nada garante que, em 2013, aquando da renegociação dos acordos bilaterais entre a Suíça e a UE, Bruxelas não exija à Suíça uma troca automática de informações fiscais.

Claramente, nenhuma estratégia com futuro pode assentar no mercado europeu de gestão de fortunas transfronteiriças não declaradas. É na Ásia, a partir das suas bases de Singapura e Hong Kong, que o UBS captará as novas fortunas em crescimento. É já esse o caminho seguido pela instituição de Zurique. Entre 2004 e 2007, a quota de activos de clientes do UBS domiciliados na Ásia passou de dez para 19 por cento. É, de longe, a quota que mais aumentou.

De modo mais intangível, os investimentos do UBS no emprego e na formação bancária orientar-se-ão, forçosamente, mais para a Ásia. O UBS prevê formar, até 2010, nada mais, nada menos do que cinco mil banqueiros privados só no mercado de Singapura. O mercado financeiro concorrente da Suíça sairá seguramente vencedor.

O Estado de Singapura tem, claramente, a oportunidade de canalizar os investimentos do UBS para a Ásia, num momento crucial em que o grande banco se quer retirar das actividades de risco nos EUA. Estes novos accionistas teriam mais motivos para intervir na estratégia do banco porque sofrem na íntegra a descida da cotação do UBS na bolsa em 2008, que promete penalizá-los quando, no final de 2009, as suas obrigações se converterem em acções.

Não se deve subestimar as qualidades das estratégias destes investidores profissionais da Ásia. Administradores de Singapura poderão trazer um precioso olhar estratégico sobre esse continente, tendo assento no conselho de administração do UBS.

Além disso, Singapura e Hong Kong são duas jurisdições que, beneficiando de leis sobre o sigilo bancário, não estão vinculadas pelos acordos com a UE sobre a fiscalidade da poupança, que obrigam a Suíça a reter na fonte um imposto sobre os activos dos seus clientes europeus, nem por qualquer obrigação de trocar informações fiscais. Singapura tem, além disso, a vantagem de ser totalmente independente da China. É, portanto, a base asiática ideal para o UBS, devido às possibilidades que oferece aos clientes europeus de diversificarem o local de domiciliação da sua conta. Por outras palavras, os clientes europeus do UBS têm a possibilidade de transferir o domicílio da sua conta na Suíça para a filial de Singapura e, assim, fugir ao imposto europeu retido na fonte, beneficiando do sigilo bancário de Singapura.

Mais atractiva do que Guernesey, Mónaco ou Baamas, Singapura oferece um verdadeiro mercado bancário onde todos os grandes intervenientes estão presentes. O mercado está em pleno desenvolvimento.

Em 2005, a IBM Business Consulting Services calculara que os activos geridos na Suíça aumentassem a uma taxa anual de três por cento, enquanto em Singapura era de 20 por cento.

Todavia, não vale a pena tentar saber qual a quantidade de activos de clientes depositada da cidade-estado. Oficialmente, Singapura aparece como uma anã ao lado da Suíça: segundo a Autoridade Monetária de Singapura, a ilha tinha apenas 200 mil milhões de francos de activos privados depositados nos seus bancos em 2004, enquanto na Suíça eram cerca de 1,3 biliões. Em 2007, calculava-se que gerisse 300 mil milhões de francos de activos privados, enquanto a Suíça geria 2,3 biliões. Dever-se-á acreditar nesta comparação? O mais curioso é a misteriosa estagnação que os números de 2004 a 2007 indicam (200 a 300 mil milhões) para um mercado que devia crescer 20 por cento ao ano. Os números deveriam aproximar-se dos 400 mil milhões em 2007, sem ter em conta o efeito da "directiva europeia" que fontes bancárias não param de nos afirmar. Contudo, a Autoridade Monetária de Singapura recusa categoricamente fornecer informações quantificadas sobre os montantes reais da gestão de fortunas e ainda menos sobre os que dizem respeito aos clientes europeus. No *site* da instituição na Internet, pode ler-se que o mercado financeiro totaliza 734 mil milhões de dólares sob gestão, que provavelmente incluem, simultaneamente, o capital privado, institucional, os fundos de investimento, etc., mas não existe qualquer discriminação relativa aos activos privados. Mais importante ainda, nem sequer se sabe se o dinheiro investido em *trusts* domiciliados em Singapura está incluído no cálculo. Contudo, estes meios de investimento colectivo são muito valorizados pelos gestores independentes de Singapura.

A resposta a este enigma resume-se a uma palavra: sigilo. Na realidade, é possível que a directiva europeia sobre a fiscalidade da poupança de Julho de 2005 tenha beneficiado generosamente Singapura. É, com efeito, muito simples deslocar uma conta para um *booking center* da Ásia, onde o banco disponha de uma licença bancária. Foi o que fizeram todos os bancos suíços, quer seja o UBS, o Credit Suisse, o Julius Bär, o Pictet, o VP Bank ou o Sarasin.

É por isso que o sigilo de Singapura também é mantido pela Suíça, que se poderia imaginar como um mercado directamente concorrente: não o é em nada. Os seus bancos continuam a prosperar, em parte graças à existência de mercados com um sigilo bancário ainda muito vantajoso, como o Estado do Sul do Pacífico, com o qual completam a sua paleta de jurisdições. Esta solução de *booking center*, muito económica para os residentes europeus, é prova disso. Explicaria que a cidade-estado escondesse invejosamente as suas vantagens, com medo de se tornar alvo das autoridades europeias e norte-americanas. Isto porque se, de repente, apresentasse taxas de crescimento fulgurantes de activos transfronteiriços, chamaria logo a atenção dos países com fiscalidade elevada, tais como a Alemanha, a França e os EUA. E se Singapura desse por si, como a Suíça, sujeita a uma troca de informações fiscais com a UE e com um acordo bilateral de troca de informações com os EUA, uma boa parte das suas vantagens perder-se-ia. Isto é, as vantagens competitivas de que dispõe para os clientes privados ocidentais transfronteiriços, que também utilizam jurisdições como Londres e a Suíça. Seria uma pena renunciar a este "maná".

Pelo contrário, os clientes asiáticos são, em grande parte, adquiridos em Singapura, que conseguiu impor-se como o centro asiático de banca privada. Os bancos suíços, que historicamente geriam a maioria dos activos asiáticos a partir da Suíça, domiciliam actualmente as novas contas em Singapura. Por isso exigem uma forte presença local. Segundo um estudo da Exane, enquanto em 2005 60 por cento dos activos asiáticos eram contabilizados na Suíça e 40 por cento na Ásia, as proporções actualmente inverteram-se. "Pensamos que os activos dos clientes asiáticos serão, de futuro, essencialmente domiciliados nos centros locais", conclui a Exane.

No mercado destes clientes privados asiáticos, Singapura faz concorrência a Hong Kong e em breve, sem dúvida, fará a Xangai.

Entretanto, os negócios de Singapura correm às mil maravilhas. A política do silêncio parece dar os seus frutos. Neste contexto, o *trust*, um meio de gestão patrimonial que garante uma grande confidencialidade aos seus beneficiários e constituintes, parece ter um papel muito importante na ocultação das verdadeiras quantidades de activos depositados na ilha. Em Outubro de 2006, em Hong Kong, participantes na conferência STEP (Society of Trust and Estate Practitioners), a associação mundial de *trusts*, permitiram-se dizer que um bilião de dólares tinha trocado a Europa por Hong Kong e Singapura, para fugir à directiva europeia! Quando perguntámos por que motivo, neste caso, Singapura anunciava apenas 300 mil milhões de francos de activos sob gestão, David Chong, presidente da Portcullis TrustNet, o número um dos *trusts* em Singapura, confidenciou-nos: "Há bastante dinheiro europeu depositado em *trusts* que não está contabilizado nestes 300 mil milhões." Dois anos depois, em 2008, David Chong mostra-se menos conversador. O maior administrador de *trusts* de Singapura também relativiza os clientes europeus, respondendo-nos que "alguns são europeus", mas que "a maioria provém da Indonésia, Taiwan, China e Índia e que o seu interesse é o planeamento sucessório", minimizando o aspecto fiscal. Nada mais dirá.

O secretismo não diz apenas respeito aos activos privados em Singapura. Há também o silêncio do GIC. O fundo de riqueza soberana que entrou em Dezembro de 2007 no capital do UBS mergulhou num silêncio sepulcral desde 2008. Há que dizer que a sua chegada enquanto accionista do maior banco suíço suscitara acesas reacções. Os accionistas helvéticos, representados pela Ethos, a Actares e a Deminor, mas também Yvan Pictet, sócio do Pictet & Cie., tinham exprimido a sua frustração perante a ideia de o capital do UBS não ser aberto aos accionistas em geral. O discreto gestor do fundo, Ng Kok Song, concedera uma rara entrevista, em Janeiro, à revista *Bilanz*. Sem nunca se desfazer de uma linguagem cheia de rodeios perita em generalidades, apenas admitiu que era "no interesse do UBS e dos seus accionistas valorizar Singapura na sua estratégia", mas acrescentava que o GIC não pretendia reservar ao banco suíço um tratamento de favor. Contudo, o homem forte do GIC é também o fundador do Wealth Management Institute de Singapura, uma filial de outro grande fundo de riqueza soberana de Singapura: a Temasek. O Wealth Management Institute da

VIRAGEM A LESTE

cidade-estado colaborou, já em 2004, com a Swiss Banking School, que se envolveu com vista a formar no terreno especialistas locais da gestão de fortunas asiática. Os bancos helvéticos fixados em Singapura eram os primeiros a apoiar estas formações e, entre eles, o UBS. Portanto, foi graças à Swiss Banking School e aos grandes bancos suíços que Singapura pôde reduzir, ao longo dos anos, a sua dependência em relação ao recrutamento estrangeiro, formando especialistas locais com a "escola suíça".

Actualmente, Singapura emerge como um centro asiático específico para os actos de gestão centrados nos mercados da Ásia, que atraem um interesse crescente da parte dos investidores mundiais, nomeadamente norte-americanos e europeus. "Para o UBS, o desenvolvimento de actividades de corretagem locais poderá impor-se, pois os clientes do banco na Ásia anseiam por investimentos em acções e divisas asiáticas", considera um banqueiro. Sob a influência do seu accionista asiático, o UBS poderá, portanto, desenvolver actividades de transacção nesta região do mundo.

Não só a cidade-estado é um centro asiático de gestão de fortunas, como a própria população forma uma concentração de fortunas extremamente densa: em 2005 e 2006, Singapura teve um crescimento de 22 por cento de High Net Worth Individuals (indivíduos que dispõem que uma fortuna líquida de mais de um milhão de dólares), a maior progressão do mundo, e recenseava 12 mil indivíduos mais do que milionários, segundo o *Cap Gemini, Merrill Lynch, World Wealth Report 2007*.

A população da ilha, com uma forte componente chinesa e malaia, aproveita o desenvolvimento do seu sector financeiro, mas também a profusão de entradas em bolsa na região, que transforma grandes quantidades de capitais empresariais em patrimónios privados. Com efeito, os mercados asiáticos têm, para mais, a seguinte característica interessante: uma parte muito significativa da riqueza privada é gerada através das transacções nos mercados de capitais. Aqui, gestão de fortunas e *investment banking* são um só. Também neste aspecto o posicionamento do UBS é prometedor, devido à sua experiência histórica nos mercados de capitais, que completa aqui, idealmente,

259

a sua liderança na gestão de fortunas. Na China, o banco suíço já se apresentou em ambos os espaços simultaneamente. A partir de 2003, obteve o estatuto de investidor institucional qualificado da autoridade bolsista chinesa. Este autorizava-o a participar no mercado bolsista chinês. Em 2004, a sucursal do UBS em Pequim entrou em funcionamento e começou a oferecer depósitos em moedas estrangeiras, assim como serviços de câmbio e de pagamento. A partir de 2005, o UBS lançou uma co-empresa com uma sociedade chinesa de gestão de activos e outras parcerias neste sector, tendo posteriormente sido o primeiro a obter uma licença chinesa de gestão de *private banking*. A Ásia recebe-o de braços abertos.

Conclusão

Estamos em 2015. O banco suíço UBS já não tem senão uma actividade principal a nível global: a gestão das grandes fortunas mundiais, em que é número um. Voltou-se para a Europa e a Ásia. A sua experiência dos últimos dez anos nos mercados de capitais ocidentais permite-lhe, além disso, satisfazer o conjunto das necessidades dos empresários asiáticos. Quanto aos seus sonhos de grandeza em Wall Street, acabaram com a queda do mercado imobiliário norte-americano, que arrasou o seu balanço. Esta visão ainda era impensável no auge do triunfo do UBS, em 2007. Poderá ter sido o caminho para a sua regeneração.

A história dos primeiros dez anos do UBS, após a fusão, ficará marcada pelas suas ambições nos EUA. Chega ao fim com uma gigantesca jogada arriscada que acabou mal. Uma estratégia que nem parece dele? Certamente. Seguiu-a, porém, na esperança louca de realizar um velho "sonho americano". O de destronar o Goldman Sachs. Ora, este último conseguiu ganhar milhares de milhões na crise *subprime*. Seria necessário que o UBS desafiasse abertamente a "rainha" de Wall Street, em 2004? O UBS tem um património genético suíço. As suas forças não são as de um banco de investimento nova-iorquino puro.

Para colmatar o fosso transatlântico, o UBS mentiu a si mesmo. De 2004 a 2006, os seus lucros disparavam. As suas taxas de crescimento eram motivo de êxtase, como as façanhas de um vencedor da Volta a França. Antes de se descobrir que estava sob o efeito de anabolizantes. Os lucros do UBS nos EUA eram, em boa parte, quiméricos. Com a queda, é evidente que a falta de domínio do mercado norte-americano por parte do UBS tem origem no facto de este se ter deixado levar por uma forte cultura anglo-saxónica, relativamente pouco compatível com os valores que construíram o sucesso da sua gestão de fortunas. Contudo, o atleta em tratamento de desintoxicação saberá renascer. Isto porque os reequilíbrios mundiais jogam a favor do UBS. O declínio de Wall Street e a inclinação do poder económico para a Ásia fazem dele um dos intervenientes bancários paradoxalmente mais bem posicionados.

A recuperação do grande banco passará, provavelmente, por uma enorme viragem estratégica, na qual dará uma maior importância estratégica à Ásia do que aos EUA.

Esta mudança permitirá ao banco voltar a ser dono do próprio destino. A entrada do Estado de Singapura no capital do UBS graças à crise talvez seja a oportunidade para o banco se expandir de forma mais resoluta neste continente prometedor.

Ao contrário da sua situação nos EUA, onde o banco era dominado pela superioridade dos conhecimentos técnicos anglo-saxónicos, que idealizava, e pelas exigências de remunerações muitas vezes vertiginosas dos seus especialistas norte-americanos, o UBS goza de uma maior serenidade perante os seus colaboradores asiáticos. É mesmo o banco suíço que introduz, muito claramente, a cultura e os conhecimentos técnicos suíços em Singapura, enquanto se adapta, sem ter de perder a identidade, às novas especificidades de Xangai.

As forças do UBS, com as quais pode realmente conquistar o mundo, são, no fim de contas, as que vai buscar às tradições seculares do mercado financeiro suíço.